Adelaide von Hauswolff

Verbannt nach Russland.
Reisetagebuch
1808–1809

*Als ich meinen Herrn Vater
in die Kriegsgefangenschaft
begleitete*

AF280329

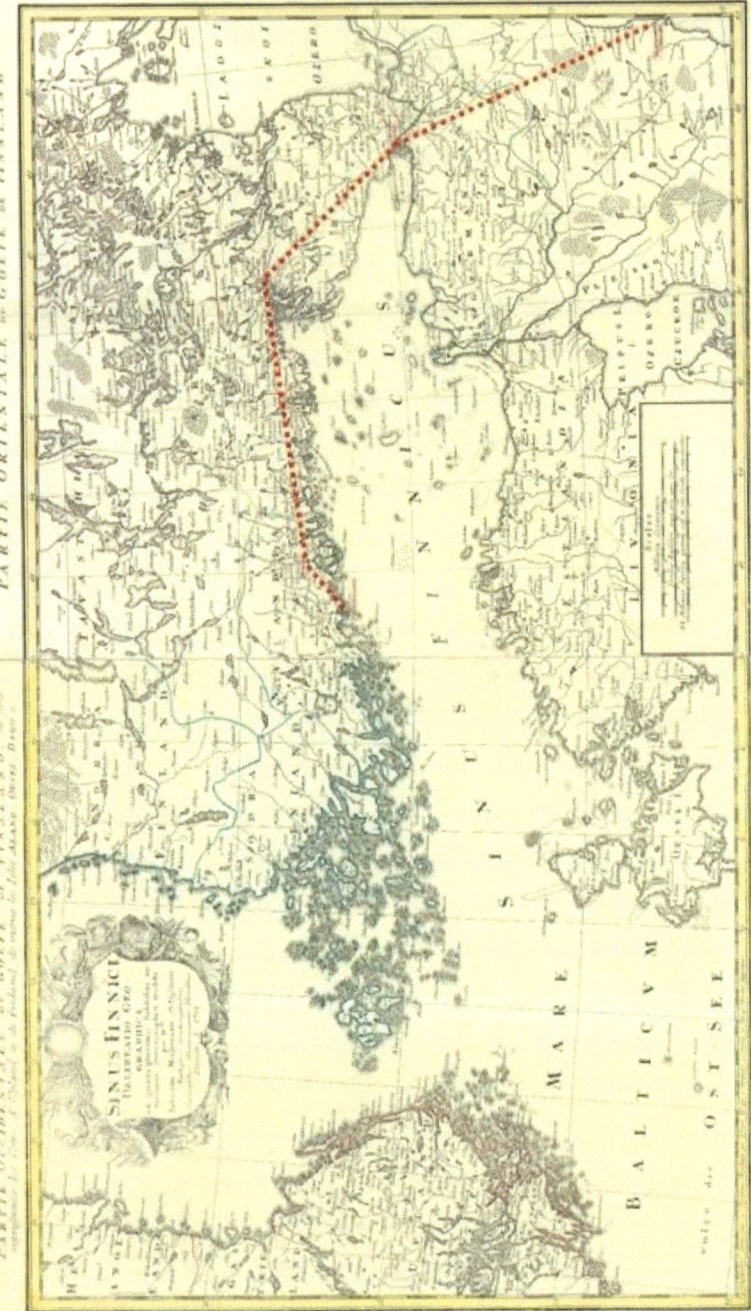

PARTIE ORIENTALE DU GOLFE DE FINNLAND

PARTIE OCCIDENTALE DU GOLFE DE FINNLAND

SINUS FINNICUS

MARE BALTICVM

OST-SEE

Adelaide von Hauswolff

—

Verbannt nach Russland.
Reisetagebuch
1808–1809

Als ich meinen Herrn Vater

in die Kriegsgefangenschaft

begleitete

Aus dem Finnischen übersetzt und herausgegeben

von Gerald Wantzlöben

Bibliografische Information der Deutschen Nationalbibliothek: Die Deutsche Nationalbibliothek verzeichnet diese Publikation in der Deutschen Nationalbibliografie; detail-
lierte bibliografische Daten sind im Internet über http://dnb.dnb.de abrufbar.

Finnische Fassung:
Adelaide von Hauswolff, *Päiväkirja sotavankivuosiltani Venäjällä 1808–1809*,
Aus dem Schwedischen übersetzt und herausgegeben von Petri Rinne. SKS 2024

Deutsche Übersetzung: Gerald Wantzlöben
Lektorat: Felicitas Wieczorek
Korrektorat: Felicitas Wieczorek
Einbandgestaltung: Emmi Kyytsönen

Einbandbilder: Alexander Roslin (1768), Nationalmuseum.
            Jean Francois Bosio 1804, Rijkmuseum
Karten: Tobias Mayer (1751), Partie Occidentale & Orientale dv Golfe de Finnland
https://www.doria.fi/bitstream/handle/10024/104917/5920500.jpg

Verlag: BoD · Books on Demand GmbH, Überseering 33, 22297 Hamburg,
bod@bod.de

Druck: Libri Plureos GmbH, Friedensallee 273, 22763 Hamburg

ISBN: 978-3-7693 6871-0

Inhaltsverzeichnis

An den deutschsprachigen Leser 7

Vorwort von Petri Rinne 9

Tagebuch Adelaide von Hauswolff 16.07.1808–09.04.1809 23

Postscriptum verfasst von Cecilia Bååth-Holmberg (1912) 191

Anlagen 238

Quellenverzeichnis 244

Verweise 245

Stationen von Adelaides Reise / Masseinheiten und Gewichte 249

An den deutschsprachigen Leser

Im Mai 2024 wandte sich Petri Rinne – ein guter Bekannter aus Finnland – an mich, ob ich Interesse hätte, ein historisches Tagebuch im Kontext des Finnischen Krieges von 1808–1809 ins Deutsche zu übersetzen. Petri stand gerade im Begriff das von ihm aus dem Schwedischen ins Finnische übertragene Reisetagebuch von Adelaide von Hauswolff (1789–1842) zu veröffentlichen. Ich sei doch Übersetzer für Deutsch und der Vater von Adelaide, Gustaf von Hauswolff, in Stralsund geboren. Meine besondere Beziehung zu Vorpommern – ich habe fünf Jahre in Greifswald studiert – sowie mein großes Interesse an Geschichte und Reisethemen generell machten das Angebot, mein erstes Buch zu übersetzen, außerordentlich interessant und verlockend. Daher musste ich nach kurzer Überlegung einfach zusagen!

Wer zunächst mehr über die historischen Hintergründe zum Finnischen Krieg (1808–1809) erfahren möchte, und somit auch, wie es zu der beschriebenen Gefangenschaft kam, dem sei die Lektüre des Nachworts von Cecilia Bååth-Holmberg aus dem Jahr 1912 empfohlen. Wer jedoch mit dem eigentlichen Tagebuch und der Einführung von Petri beginnt, den erwarten unmittelbar die Reisebeschreibungen aus Sicht einer 19-jährigen jungen Frau.

Das Tagebuch von Adelaide von Hauswolff ist eine historisch einzigartige Beschreibung der gesellschaftlichen Umstände, wie Adelaide sie während der Verbannung nach Russland 1808/1809 antrifft. Mit wachem Auge nimmt sie wesentliche Facetten des Lebens im Russland jener Zeit wahr. Dank ihres feinen Gespürs macht sie die Bekanntschaft von Menschen unterschiedlichen Standes und schildert akribisch deren Umwelt.

Mit Charme, Offenheit und Gewandtheit spielt sich Adelaide – die Verbannte – in viele Herzen der gehobenen russischen Gesellschaft. Sie führt dem Leser die Faszination der großen Städte im damaligen Russland vor Augen und beschreibt pittoresk Landschaften und Bauwerke aber auch Sitten und Bräuche. Adelaide lässt uns an ihren sehr persönlichen Gedanken teilhaben, die sie für „ihre Jeanette" in einem Tagebuch festhält. Eine Veröffentlichung war ursprünglich nie geplant(!) Vielleicht ist das auch der Grund, warum man die Authentizität der Aufzeichnungen zu keiner Zeit in Frage stellt. Am Ende kehren die von Hauswolffs nach Porvoo in Finnland zurück, wo Adelaide auf dem Landtag Zeuge entscheidender Momente der finnischen Geschichte wird. Dieses historische Zeitdokument ist nicht nur ein fesselnder Reisebericht, sondern es gewährt auch einen tiefen Einblick in das Leben in Russland und Finnland inmitten der turbulenten Ereignisse zu Beginn des 19. Jahrhunderts.

Derart inspiriert, möchte sich der Leser dann ja vielleicht selbst ein Bild über die Verhältnisse zu Beginn des 19. Jahrhunderts verschaffen. In diesem Fall lege ich ihm bei einem Besuch von Helsinki unbedingt auch einen Abstecher auf die vorgelagerte Insel Suomenlinna – dem damaligen Viapori und heutigen UNESCO-Welterbe – ans Herz. Nach einer kurzen entspannten Bootstour kann man hier auf den Spuren von Adelaides Kindheit und Jugend wandeln, oder, wie Petri es in seinem Vorwort ausdrückt: Lesen und Reisen können neue Welten eröffnen!

In diesem Sinne wünsche ich angenehme Lesemomente bei detailgetreuen Schilderungen und danke Petri von ganzem Herzen, der uns dieses Erlebnis ermöglicht.

Sastamala und Seebach im März 2025

Gerald Wantzlöben

Vorwort

von Petri Rinne

In den letzten zwei Jahrhunderten wurde das Reisetagebuch von Adelaide von Hauswolff (1789–1842) über ihre Reise in die Kriegsgefangenschaft nach Russland zweimal in Schweden veröffentlicht. Adelaide war die Tochter eines adligen schwedischen Offiziers. Nach der Übergabe der Festung Viapori (des heutigen Suomenlinna) an die Russen im Frühjahr 1808 kam ihr Vater in Kriegsgefangenschaft, wohin sie ihn im Alter von 19 Jahren begleitete. Im Frühjahr 2022, nachdem Russland die Ukraine angegriffen hatte, bat ich die Königliche Bibliothek Stockholm um Erlaubnis, das Tagebuch ins Finnische übersetzen und veröffentlichen zu dürfen. Es erschien mir an der Zeit, an die Anfangsdämmerung der Unabhängigkeitsentwicklung Finnlands und die großmachtpolitischen Bestrebungen jener Zeit zu erinnern, die von unserer im Entstehen begriffenen Nation geschickt genutzt wurden. Allerdings ist das Tagebuch auch aus vielerlei anderen Gründen interessant, u. a. aus dem Blickwinkel der Geschichte der Adels- und Handarbeitskultur, der Erziehung und Reiseliteratur – überhaupt handelt es sich um einen der wenigen Texte, die von einer jungen Frau verfasst und in Finnland erhalten blieben. Sie haben es verdient, nun endlich ins Finnische übertragen zu werden.

Ich selbst bin durch Ahnenforschung auf das Tagebuch gestoßen und ordne es in meinem Vorwort in die lange Kette der zwischen Ost und West abwägenden Generationen und Menschenschicksale unseres Landes ein, wobei ich die Familie mütterlicherseits als Beispiel nehme: wie aus unseren schwedischen, königstreuen Vorfahren von Generation zu Generation finnische, republikanische Verteidiger unserer Unabhängigkeit wurden.

In den letzten zwei Jahrzehnten haben mich häufig Dienstreisen in Verbindung mit „Leader", der Gemeinschaftsinitiative der Europäischen Union zur Entwicklung des ländlichen Raums, von Finnland aus auch in andere Gebiete des ehemaligen russischen Kaiserreichs geführt: u. a. ins ländliche Lettland, wo nur noch die Ruinen einer von sowjetischen Bombern angegriffenen Kirche stehen, nach Abchasien in Georgien, wo Bewohner von Küstenstädten am Schwarzen Meer von der Bombardierung ziviler Wohnblocks während des Georgienkriegs erzählen, und im Herbst 2014 nach Moskau, wo Vertreter der Zentralregierung der Föderation – darunter der Enkel des in der Kiewer Oper ermordeten ehemaligen Ministerpräsidenten des Kaiserreichs, Pjotr Stolypin – in einem Café am Rande des Roten Platzes erklärten, wie die wegen der Besetzung der Krim verhängten Sanktionen den Westen letztendlich selbst treffen würden. Ich reiste in die Konfliktgebiete nach Nordirland, auf den Balkan und nach Mosambik, wo Vertreter der verschiedenen Parteien erklärten, dass Kriege stets zwischen den Machthabern geführt und nicht von den einfachen Bürgern begonnen werden. Verschiedene Religionen, Nationalitäten, Stämme, Sprachen und Ideologien können Jahrtausende lang in Harmonie nebeneinander existieren, solange ihre Führer nicht beginnen, Konfrontation zu schüren und Feindbilder über ihre Nachbarn zu verbreiten. Wie ein leidgeprüfter kroatischer Soldat im bosnischen Mostar sagte: „Nach dem Krieg war ich der erste Mensch aus dem Westteil der Stadt, der in Zivil über die Neretva in den Osten, auf die bosniakische Seite ging – wer hätte auf mich schießen sollen, sie kannten mich ja seit meiner Kindheit."

Bei der Entwicklung der internationalen Pilgerroute von König Olav dem Heiligen konnte ich auch die von Adelaide beschriebenen uralten Klöster und Kirchen von Nowgorod (in der Wikingersprache „Holmgård"), die Pracht von St. Petersburg, das auf einem alten Handelsposten der finnougrischen Stämme gegründet wurde, und den Turm der Burg des Heiligen Olav in Wyborg kennenlernen. Nur wenige scheinen sich noch daran zu erinnern, dass es die Wikinger, also die „Rus" aus ihrer Heimat an der schwedischen Ostseeküste (Roslagen) waren, die vor mehr als tausend Jahren das Reich der Rus gründeten und ihm ihren Namen gaben.

Wenn wir über Russland sprechen, dann sprechen wir also auch über unsere eigene Geschichte. In der Wechselbeziehung zwischen den Kulturen vereinigte sich für den späteren Verlauf der Entwicklung Russlands Vertrautes mit Fremdem, so wie Adelaide die Unterschiede zwischen unseren Ländern mit scharfem Auge in ihrem Tagebuch beschreibt. So empfand sie beispielsweise die russische Saunakultur als hervorragend. Die Hauptstadt des Landes der Rus, einer Großmacht jener Zeit, war Kiew, ein ausgezeichneter Handelsplatz am Zusammenfluss der Flüsse Dnjepr und Desna. Bei Ankunft der Wikinger um das Jahr 700 war dies allerdings nur ein kleines, von Slawen bewohntes Kuhdorf. Von Kiew aus ruderten die Wikinger weiter aufs Schwarze Meer und bis nach Konstantinopel (Istanbul). Auch heute noch sind Kiew, St. Petersburg und Nowgorod sehr westlich orientiert.

Der Text dieses Buches folgt dem Original-Tagebuch von Adelaide von Hauswolff, das in der Königlichen Bibliothek von Stockholm aufbewahrt wird, und basiert auf der überarbeiteten Ausgabe des 2007 in Schweden veröffentlichten Tagebuchs „*Journal hållen under resor i Ryssland då jag följde min far i hans fångenskap 1808–1809.*" [*Tagebuch, geführt auf Reisen in Russland, als ich meinen Vater in seine Gefangenschaft 1808–1809 begleitete,* d. Übers.]. In ihrem Vorwort stellt die literarische Übersetzerin Margareta Marin das Werk, seine Verbindung zum Original-Tagebuch und ihre redaktionelle Arbeit wie folgt vor:

Dieses Tagebuch hat Adelaide von Hauswolff auf ihrer ungewöhnlichen Reise nach Russland in den Jahren 1808–1809 geschrieben, als sie im Alter von 19 Jahren ihren Vater auf dessen erzwungener Reise begleitete. Ihr Vater, Major Gustaf von Hauswolff[1], gehörte bis zur Kapitulation im Mai 1808 zur letzten schwedischen Garnison von Viapori (das heutige schwed. Sveaborg, fin. Suomenlinna).

Im Juli 1808 wurden die Offiziere von Viapori ins Exil gezwungen. Im Nachwort zu diesem Buch findet sich eine ausführliche Darstellung der Ereignisse, die zur Kapitulation führten.

Als Adelaide sich von ihrer besten Freundin Jeanette verabschiedete, versprach sie, während der Reise Tagebuch zu führen. Eigentlich hätten die Mädchen gern Briefwechsel geführt, aber beide waren sich darüber im Klaren, dass dies aufgrund der schlechten Postverbindungen schwierig sein würde. Stattdessen hielt Adelaide in ihrem Tagebuch die unüberwindbar scheinenden Herausforderungen der Reise, ihre lakonischen Notizen über die vielen ereignislosen Tage und ihre ständige Sorge um ihren depressiven Vater fest.

Heute wird das Tagebuch in der Königlichen Bibliothek von Stockholm aufbewahrt. Außerdem existieren zwei handschriftliche Kopien, eine in der Königlichen Bibliothek und eine im Militärarchiv. Vieles deutet darauf hin, dass Adelaide die Kopien selbst angefertigt hat und auch eine davon behalten wollte – das Original hatte sie Jeannette geschenkt. Die Kopien enthalten auch eine Reihe kleinerer Detailänderungen gegenüber dem Original, die nur ihr selbst bekannt sein dürften.

In der ersten veröffentlichten Ausgabe des Adelaide-Tagebuchs, die 1912 unter dem Titel „*Journal hållen under resor i Ryssland då jag följde min far i hans fångenskap 1808–1809.*" [*Tagebuch, geführt auf Reisen in Russland, als ich meinen Vater in seine Gefangenschaft 1808–1809 begleitete*, d. Übers.] gedruckt wurde, hat die Herausgeberin Cecilia Bååth-Holmberg[2] viele Streichungen vorgenommen; mitunter wurden einzelne Sätze oder ganze Absätze gestrichen, zu mehreren Tagen fehlen die Notizen und es gibt kaum Fußnoten. Im Gegenzug enthält sie ein langes Vorwort, das im Nachwort zu diesem Buch enthalten ist.

Cecilia Bååth-Holmbergs Vorwort/Nachwort ist ein emotionaler und patriotisch gefärbter Bericht über die dramatischen Ereignisse, die zum Fall von Viapori an die Russen führten. Aber Gegenstand ihres Interesses sind nicht nur die politischen Verwicklungen. Es sind auch persönliche und private Ereignisse, die Adelaides Familie betreffen. Helena von Hauswolff, Gustaf von Hauswolff's Ehefrau, verliebte sich in Carl Wilhelm Reuterskiöld, der ebenfalls Offizier in Viapori war, und ging mit ihm erneut die Ehe ein. Cecilia Bååth-Holmberg konzentriert sich jedoch vor allem auf das Komplott, in das Helena Reuterskiöld – Adelaides Mutter – und einige andere Offiziersfrauen aus Viapori verwickelt waren. Gegen Bezahlung kollaborierten sie mit den Russen, um den Verteidigungswillen der Festung zu untergraben.

Eine der aktivsten Teilnehmerinnen an diesem Komplott war Gustafva Sofia Hjärne, „Frau Hjärne", die ihren Mann ebenfalls auf seiner Reise in die Gefangenschaft nach Russland begleitete und in Adelaides Tagebucheinträgen immer wieder sehr positiv als fröhliche und angenehme Reisebegleiterin erwähnt wird. Es ist klar, dass sowohl Adelaide als auch ihr Vater (und möglicherweise auch der Ehemann von Sofia Hjärne) nichts wussten von Sofias Beteiligung an dem oben erwähnten Komplott, das wesentlich zu deren Inhaftierung mit all ihren Strapazen beigetragen hatte.[3]

Es ist nicht ganz klar, in welcher Reihenfolge die beiden Teile dieses Buches, das Tagebuch und der Essay von Cecilia Bååth-Holmberg, gelesen werden sollten. Letzteres kann man entweder als notwendige Einführung zum Verständnis des historischen

Kontextes oder als Kommentar betrachten. Ich habe mich für Letzteres entschieden und den Aufsatz als Nachwort angefügt, da ich der Meinung bin, dass Adelaides Tagebuch, das ohne jeden Gedanken an eine Veröffentlichung verfasst wurde, bei der Lektüre von Cecilia Bååth-Holmbergs ziemlich pompöser Darstellung im Hintergrund bleiben könnte. Ich empfehle dem Leser, der sich aufgrund der recht komplexen historischen Ereignisse in den dramatischen Jahren 1808 und 1809 unsicher fühlt, ein Geschichtsbuch – am besten auch einen Stadtplan und einen Reiseführer über St. Petersburg – zur Hand zu nehmen, denn Adelaide beschreibt viele der berühmten Gebäude, Straßen und Plätze der Stadt in einer Weise, die die Neugier des Lesers weckt.

Das Tagebuch ist voll von französischen Ausdrücken oder „schwedischen Übersetzungen" französischer Wörter – der Einfluss der französischen Sprache war zu dieser Zeit enorm. Einige sind in Fußnoten erklärt, aber dort, wo ich die Bedeutung als offensichtlich erachtet habe, habe ich das Fremdwort weggelassen (z. B. couleur = Farbe, obligera = verlangen).

Was die Rechtschreibung betrifft, so waren die Regeln zu Beginn des 19. Jahrhunderts noch nicht vollständig verfestigt, was sich auch in Adelaides Tagebuch widerspiegelt. Die Punkte, die am meisten abweichen, wurden korrigiert, so dass im Buch jetzt von Ganoven statt von Schurken die Rede ist, um nur ein Beispiel zu nennen. Die Schreibweise der Namen wurde jedoch beibehalten. Adelaide konnte bei ihrer Ankunft in Russland kein Wort Russisch und wurde, wie auch andere Schweden, an Dolmetscher verwiesen. Mit der Zeit lernte sie jedoch, sich hinreichend gut zu verständigen.

Sie konnte jedoch kaum Russisch lesen und schreiben, oder wie sie selbst am 17. Dezember 1808 schreibt: „Ich spreche ein wenig, aber ich kenne keinen einzigen Buchstaben." Das bedeutet, dass viele russische Orts- und Personennamen so geschrieben werden, wie sie sie ausgesprochen gehört hat, was sich in vielen Fällen von der korrekten Schreibweise unterscheiden dürfte.

Bei der Übersetzung alter Texte muss man entscheiden, wie weit man im Hinblick auf einen moderneren Sprachgebrauch gehen sollte. Ich habe versucht, den Text so flüssig, mitreißend und geistreich beizubehalten, wie Adelaide ihn für ihre Freundin geschrieben hat. Oft geht es auch um die Frage, welche Zielgruppen angesprochen werden sollen. Ich widme die finnische Ausgabe meinen Töchtern Aino und Elli, die bald in das Alter von Adelaide kommen – und all den anderen mutigen „Mädchen", wie meiner Mutter und meiner Schwester! Die Übersetzungsarbeit ist zugleich der letzte Gefallen unserer Familie, den wir Vater und Tochter von Hauswolff erweisen können, denn meine Ururgroßmutter Sophia Malmström und mein Ururgroßvater Gustaf Sarell waren nach dem Finnischen Krieg deren Kammerzofe bzw. Kammerdiener, also in den gleichen Rollen wie Kammerzofe Stille und Kammerdiener Sarström im Reisetagebuch von Adelaide.

Sophia und Gustaf stammten aus schwedisch-sprachigen, königstreuen Reiterhof- und Kaufmannsfamilien in Uusimaa und Südwestfinnland. Sie lernten sich in jungen Jahren bei den von Hauswolffs in der Fabianinkatu in Helsinki kennen und wohnten bis zu deren Tod bei Adelaide und ihrem Vater. Ein weiterer zentraler Ort war das Geburtshaus von Gustafs Mutter in Loviisa, der Reiterhof Välli in Lohja (Wällans auf Schwedisch), mit dem viele finnische (Blåfield, Jägerhorn, Adlercreutz), schwedische (Gyllenhjärta) und deutsche (von Lunden) Militär- und Adelsfamilien verknüpft sind. Empfehlungen aus Välli hatten sicherlich ihre Bedeutung, als der junge Gustaf sich um Anstellung bei den von Hauswolffs bemühte. Auch Adelaide zog für ihre letzten Jahre mit ihrer Dienerschaft in die fruchtbaren Landschaften im westlichen Uusimaa, in die Nähe des Schlosses Mustio in Karjaa.

Die ursprüngliche Bevölkerung Finnlands, die in Adelaides Texten nur in Nebenrollen erscheint, fragt sich bei der Lektüre des Tagebuchs leicht, mit wem sie sich in diesem Geflecht aus Geschichte und Verschwörungen identifizieren soll. Jeder Leser möge seine eigene Perspektive wählen, so wie die Berufsoffiziere damals ihre Armee wählten, und das unabhängig von ihrer Nationalität. Adelaide und ihr Vater, die dem Adelsstand angehörten, hielten dem schwedischen König zeitlebens die Treue. Sie würden niemals Russen werden! Selbst die Gefangenschaft der Oberschicht war „standesgemäß": Während sie an Vergnügungen teilnahmen, verhungerten die einfachen kriegsgefangenen Soldaten in Scharen. Durch die blau-weiße Brille betrachtet, können die „verräterischen, rebellischen" schwedischen Offiziere und ihre Damen, die dem russischen Kaiser in die Hände spielten, auch als die ersten Verfechter der Unabhängigkeit unseres Landes gelten, auch wenn ihre Motive manchmal ganz persönliche waren. In den Turbulenzen der Geschichte gibt es gelegentlich einen Zeitpunkt, an dem selbst große Veränderungen möglich sind, und Einzelpersonen, die im Mittelpunkt des Geschehens stehen, dabei eine wichtige Rolle spielen, – mit oder ohne Maske.

Der russische Kaiser Alexander I. marschierte hauptsächlich auf Druck Napoleons in Finnland ein, um Schweden, einen Verbündeten Englands, zu destabilisieren. Am Ende von Adelaides Tagebuch wird Finnland auf dem Reichstag von Porvoo in den Rang einer „Nation unter Nationen" erhoben. Eine Abspaltung von Schweden wäre deutlich komplizierter, wenn nicht gar unmöglich gewesen. Bei ihrer Gefangennahme wurden meuternde Offiziere hingerichtet und, wie Adelaide es in ihrem Tagebuch beschreibt, „passten königlich und zaristisch Gesinnte nicht in dieselbe Theatervorstellung". Der Finnische Krieg blieb für Schweden der bislang letzte Krieg, den es als eines der am häufigsten Kriege führenden Länder erlebte. Zuvor hatten unsere Vorfahren jahrhundertelang buchstäblich ihr Blut in Polen, bei Lützen, Leipzig und Narva vergossen, wie es im Marsch von Pori heißt, und im 30-jährigen Krieg sogar noch weiter südlich bis nach Böhmen und Mähren. Ein Wunder also, dass sie überhaupt noch Zeit fanden, für Nachwuchs zu sorgen, während sie an den Fronten den Königen dienten. Zwischen einem kleinen Volk und einem kleinen Mann – zwischen West und Ost – muss man sich mitunter für eine Seite entscheiden, und dann hoffen, dass man die richtige Wahl getroffen hat.

Zum Zeitpunkt meiner Übersetzung haben Finnland und Schweden gemeinsam einen Antrag auf Mitgliedschaft in der westlichen Militärallianz NATO gestellt. Rund 80 Prozent der Menschen in Finnland und über 60 Prozent in Schweden sprachen sich für den Beitritt aus.

Aus welchem Blickwinkel man es auch betrachten mag, ich kann den Mut, die Klugheit und das Selbstvertrauen der 19-jährigen Adelaide nur bewundern, wie sie mit den Kriegsgouverneuren, Generälen und Generalsfrauen des feindlichen Landes verkehrte – und ihnen das Tanzen und Seilspringen beibrachte und dabei alle betörte. Mitunter bringen außergewöhnliche Bedingungen außergewöhnliche Persönlichkeiten hervor, auch wenn **gute soziale Fähigkeiten und Überstaatlichkeit** zur Erziehung der adligen Söhne und Töchter jener Zeit gehörten. Adelaides spontaner Gefühlsausbruch bei der Nachricht von der Besetzung der Åland-Inseln beschleunigte ebenfalls ihre Heimkehr.

Ich weiß nicht, ob Astrid Lindgren „*En svensk flickas dagbok under Krigsfangenskap i Ryssland 1808-1809*" [*Tagebuch eines schwedischen Mädchens während der Kriegsgefangenschaft in Russland 1808-1809*, d. Übers.] gelesen hat, aber es gibt viele Gemeinsamkeiten zwischen Adelaide und Pippi Langstrumpf, die zu

17

Schwedens populärster Kulturattraktion gewählt wurde (*Dagens Nyheter 2014*). Pippis hoch respektierter Vater ist Kapitän und König auf einer „Südseeinsel", ihre Mutter ein Engel im Himmel.

Im Alter von 22 Jahren ging Adelaides jüngerer Bruder Carl tatsächlich als Offizier der Krone auf eine Südseeinsel, in Schwedens letzte Kolonie Saint Barthélemy in der Karibik – und schrieb ebenfalls Memoiren über seine fast 20-jährige Reise in die Karibik und nach Südamerika. Die autobiografischen Schriften Carl von Hauswolffs sind Gegenstand der Abschlussarbeit von Heidi Pitkänen, Doktorandin an der Universität Turku. Wie seine Schwester war auch Carl belesen und schriftstellerisch begabt, was er in seinen Memoiren wie folgt beschreibt (Übersetzung von Heidi Pitkänen):

Der größte aller Maler ist die Erinnerung. Er zaubert mit dem Pinsel, seine Bilder verschwinden und tauchen wieder auf; er färbt dasselbe Leben auf tausenderlei Art, und nichts ist so dunkel, als dass es nicht manchmal in helleren Schattierungen erscheint, und nichts ist so hell, als dass es nicht manchmal auch bleich ist, oder von Düsternis bedeckt wird.

Die Untersuchung von Carls Texten hat auch den Einblick in die späteren Phasen der abenteuerlustigen von Hauswolffs ermöglicht. Nach dem Russisch-Schwedischen Krieg lebten Adelaide und ihr Vater in Helsinki, in den Straßen Fabianinkatu und Kluuvikatu. Nach Schweden wollte man nicht zurück, wo das gesamte Oberkommando der Festung Viapori wegen Hochverrats zum Tode verurteilt worden war. Gustaf von Hauswolff arbeitete in den 1820er Jahren u. a. im Vorstand der Sparkasse Helsinki. Im Jahr 1832 kehrte sein Sohn und ihr Bruder von den Weltmeeren in den Norden zurück. Seine Rückkehr nach Finnland beschrieb er wie folgt (Übersetzung von Heidi Pitkänen):

Am 18. August sah er sein Vaterland wieder, wo er sich einsam und unbekannt wiederfand; aber er wurde von seinem von den

Jahren gezeichneten Vater sowie seiner traurigen Schwester – seinen Verwandten – umarmt: Freunde aus seiner Jugend und alte Kameraden fand er nicht mehr. Er glaubte, dass die Sehnsucht, diesen geliebten Ort wiederzusehen und in diesem Land sterben zu dürfen, ihm half, seine auf der langen Reise geschwundenen Kräfte wiederzubeleben. Er suchte hier ein neues Leben, eine neue Zukunft.

Die in diesen Jahren durchlebten abertausende Stunden kamen ihm wie Jahrhunderte vor! Die Freunde und Verwandten, Freude seiner Jugend, das vertraute Heim – all das habe ich nicht mehr: meine Nächsten kennen die Stimme meines Herzens nicht, und sie haben vergessen, dass wir uns früher nahestanden.

Seine Rückkehr nach Finnland brachte Carl nicht das, was er sich erhofft hatte, und er war enttäuscht, als seine ehrgeizigen Goldminen- und Schifffahrtsprojekte scheiterten. Er kehrte nicht als wohlhabender Kolonialherr von jenseits des Meeres zurück, sondern mit leeren Taschen. Mit inoffizieller Unterstützung durch den schwedischen König hatte er sich u. a. an den umstürzlerischen Projekten Simón Bolívars in Kolumbien beteiligt und erlebte körperlichen und geistigen Schiffbruch, als Bolívar zur Abdankung gezwungen wurde. Seine schwedische Ehefrau Maria Lovisa von Greiff (1789-1877) hatte beschlossen, in Medellín zu bleiben und beantwortete auch die Briefe ihres Mannes nicht mehr. Carl teilte einen Teil seiner südamerikanischen Erlebnisse mit seinem Jugendfreund Fredrik Adlercreutz aus Viapori, aus dem ein Held der kolumbianischen und südamerikanischen Befreiungskriege wurde. Nach seiner kurzen Visite in Finnland kehrte Carl nach Schweden zurück. Er vertrat seinen Stand im Reichstag, bis er sich zurückzog, um für die letzten Jahre ein ruhigeres Leben bei Fabrikbesitzerfreunden zu führen. Carl starb 1843 in Stockholm als letzter nordischer Vertreter seines Geschlechts.

Carls Abenteuer in Südamerika sind auch im Yle-Podcast „Hauswolff, der Kolumbianer" zu hören, der 2023 im Rahmen der Audio-Serie „Auf dem karibischen Sklavenmarkt und in den Bergwerken des Kongo – Geschichten des finnischen Kolonialismus" erschienen ist.

Nach dem Tod Gustaf von Hauswolffs 1840 im Alter von 78 Jahren in Helsinki zog Adelaide für ihre letzte Zeit aufs Land nach Karjaa, in die Obhut des Fabrikbesitzers Magnus Linder ins Herrenhaus Mustio Bredvik in Lillgård, wo sie am 15. November 1842 im Alter von nur 53 Jahren verstarb.

Ihre Kammerzofe Sophia Malmström und ihr Kammerdiener Gustaf Sarell wurden noch im selben Jahr, am 28. Dezember 1842, im Alter von 25 und 32 Jahren in der Kirche von Mustio getraut. Man kümmerte sich bis zum Schluss gut um die Dienstleute. Nach zwei Jahren als Pächter auf dem Hof Bredvik Storgård in Mustio ging das junge Ehepaar Sarell nach Nastola in die Provinz Päijät-Häme, wo Gustaf eine Stelle als Verwalter auf dem Gutshof Koiskala bekam. Leider starb seine Frau Sophia im Alter von 28 Jahren an Wassersucht, und Gustaf kehrte nach Uusimaa zurück, um dort als Pächter zu arbeiten.

Ihr einziger Sohn Gustaf Wilhelm, geboren am 24. Februar 1844, wurde auf Empfehlung des Reiterhofs Välli im Alter von 14 Jahren als Geselle an einen Bäcker in Porvoo verwiesen, und erhielt 1875 das Recht, in Heinola, Päijät-Häme, eine eigene Konditorei zu betreiben. Vielleicht besorgt durch das Schicksal seiner Mutter, heiratete er die 18 Jahre jüngere, stämmige Rosa Wikman und arbeitete fast 30 Jahre, bis um 1900 als Unternehmer im sogenannten Malin-Haus in der Kauppakatu. In dem überwiegend finnisch-sprachigen Gebiet (etwa 10 Prozent der 1000 Einwohner Heinolas waren schwedisch-sprachig) und im Wirbel des Finnentums wurde Finnisch allmählich zur Familiensprache. Gustaf Wilhelms Töchter waren an der Organisation des Snellman-Festivals 1906 beteiligt, als 25000 finnische Bürger beschlossen, ihre schwedischen Namen zu finnlandisieren. Den Anstoß dazu gab die Presse: In Heinola wies die lokale finnisch-gesinnte Zeitung darauf hin, dass es in der Stadt viele „fremdländische Nachnamen" gebe. Als Beispiel nannte das Blatt den Namen Sarell. Die Töchter arbeiteten als Telefonistinnen bei der Orimattila Telefooni AG, die sich selbst als Unternehmen von „finnisch-gesinnten, demokratischen, echten Finnen" bezeichnete.

So war es auch dem Druck der Öffentlichkeit zu verdanken, dass im Snellman-Jubiläumsjahr die ältesten der drei Kinder von Rosa und Gustaf, die beiden Töchter Berta und Gerda Sarell, ihre Namen in Bertta und Gerda Saarentee änderten, sowie der jüngste Sohn, ein Einzelgänger und Vater einer Großfamilie, Gustaf Sarell, seinen Namen in Kustaa Sinisalo änderte. Hier endete auch die „gustafische" Ära unseres Familienzweigs, denn nach drei aufeinanderfolgenden „Gustafs" wurde Gustafs ältester Sohn und mein Ururgroßvater Frans benannt. Die königstreuen Sarells waren bereit für die Zeit der Republik. Die folgenden Generationen mussten ohne die Empfehlungen des Reiterhofs Välli klarkommen. Dennoch sind die Beziehungen zur schwedischsprachigen Bevölkerung stets herzlich geblieben, denn die Vielfalt der Sprachen und Kulturen ist der Reichtum einer kleinen Nation.

Der erwähnte Frans Sinisalo war während des Fortsetzungskriegs Motorradkurier des schwedischsprachigen Panzergenerals Ruben Lagus. Die Kriegshandlungen unserer Generationen endeten mit seiner Verwundung in Ääninen bei Petroskoi (heutiges Petrosawodsk) am 28. September 1941. Eineinhalb Jahre zuvor, am 12. Februar 1940, war sein jüngerer Bruder Arvi im Winterkrieg beim Inf.-Reg. Nr. 7 gefallen, nachdem die Summa-Front durchbrochen worden war. Nach diesen Opfern, die die Familien unseres Landes seit Jahrhunderten gebracht haben, konnten allein die nächsten vier Generationen in Frieden leben, ohne in den Krieg ziehen zu müssen, was vermutlich nicht nur in der finnischen Geschichte, sondern auch in meinem seit der Wikingerzeit abgeklärten, weitverzweigten Stammbaum mütterlicherseits ein Rekord sein dürfte.

Mein herzlicher Dank gilt letztlich allen, die mir bei der Übersetzung geholfen haben, insbesondere dem Cousin meines Großvaters zweiten Grades, Dr. Mikko Uola für seine Inspiration und Beratung, sowie der finnischen Literaturgesellschaft SKS Oppi ja Tieto Oy, deren wohlwollende Haltung es ermöglichte, Adelaides Geschichte 215 Jahre nach ihrer Reise zum ersten Mal auf Finnisch zu veröffentlichen. Dank auch **an die Doktorandin der Universität Turku, Heidi Pitkänen (MA), für den nützlichen Austausch von In**formationen über die Familie von Hauswolff.

Im Russland des frühen 19. Jahrhunderts gab es viele Dinge, die auch Adelaide als kritische Beobachterin eines feindlichen Landes aufrichtig schätzte und bewunderte, wie etwa die fortschrittlichen Mädchenschulen, die allen offenstanden und sogar kostenlos waren. Hoffen wir, dass Fortschritt und Kultur eines Tages in die derzeitige russische Führung zurückkehren. Diktatoren neigen dazu, auch die Geschichte zur Waffe zu machen. Die Geschichte hat jedoch gezeigt, dass künftige Generationen sich eher an Friedensstifter erinnern als an Kriegstreiber wie „Wladimir den Ländersammler", die ihre eigenen Leute und ihre Nachbarn töten.

Möge nun die Polonaise erklingen und folgen wir den Spuren Adelaides auf ihrer Reise! Denn Lesen und Reisen können neue Welten eröffnen.

Sastamala, 12. Februar 2024

Petri Rinne

1808

Major Gustaf Hjärne und seine Frau Sofia Hjärne waren Adelaide und Gustaf von Hauswolffs geschätzte Reisebegleiter und enge Mitstreiter auf ihrer Reise nach Russland. Leider ist kein Bild von Adelaide oder ihrem Vater für die Nachwelt erhalten geblieben.

Das Bild ist veröffentlicht im Buch Adelaide von Hauswolff:
„Journal hållen under resor i Ryssland då jag följde min far i hans fångenskap 1808 och 1809" [Tagebuch, geführt auf Reisen in Russland, als ich meinen Vater in seiner Gefangenschaft 1808–1809 begleitete; d. Übers.]. Pontes 2007

SAMSTAG, 16. JULI

Am Nachmittag kehrte mein Herr Vater aus Helsinki zurück und teilte mir mit, dass beschlossen worden sei, dass er und viele andere am Montag, dem 18. Juli morgens in die Gefangenschaft nach Russland aufbrechen müssen. Mit Tränen in den Augen bat ich ihn, mich mitzunehmen. Er sah verschiedene Hindernisse für meinen Aufbruch, aber auf mein Drängen hin, und nachdem ich darauf verwies, dass man mich nicht von meinem Papa trennen könne, der seit mehreren Jahren sehr krank war (mir fiel noch manches mehr ein), willigte er schließlich ein. Ich war im Grunde meines Herzens froh, auch wenn ich dachte, dass die Reise beschwerlich und abenteuerlich sein würde. Schon bald machte ich Abschiedsbesuche bei meinen Nachbarn, die von dieser eiligen Entscheidung überrascht waren. Einige billigten sie, andere nicht. Mein Papa rief unsere Kammerbediensteten Stille und Sarström (beide waren schon seit Jahren bei uns) und fragte sie, ob sie bereit wären, auf Reisen zu gehen und das gleiche Schicksal mit uns zu teilen. Sie willigten ein, aber meine Kammerzofe hatte Angst, nach Sibirien zu müssen. Es war eine rührende Szene, denn sie baten auch spontan um eine geringere Vergütung, als sie bis dato hatten. Ich packte und bereitete alles vor, sodass wir am nächsten Tag in Helsinki waren.

MONTAG, 18. JULI

Um 4 Uhr nachmittags verließen wir Helsinki in Begleitung von 72 Personen, die mit Ausnahme eines russischen Offiziers und 42 Begleitsoldaten zu Fuß die gesamte Karawane bildeten. Es schmerzte mich sehr, meine Freunde zu verlassen, die nun traurig von mir Abschied nahmen; aber der Schmerz derer, die ihre Frauen und Kinder verlassen mussten, erschien schier unbeschreiblich. Frau Hjärne und ich waren die einzigen begleitenden Damen, obwohl es allen erlaubt war. Zu unserer Freude befanden sich in derselben Gesellschaft mehrere uns bekannte Herren, die uns oft aufheiterten. Nach zähem Verhandeln bekamen die Regimentsoffiziere zwei Pferde; die Unteroffiziere, Geistlichen und Schreiber je eines. Der Zug kam nur langsam voran, da wir nicht schneller fahren durften, als die Soldaten marschierten. Dieselben Pferde würden uns sechs Meilen (60 Kilometer) nach Porvoo bringen. Die Hitze war unbeschreiblich, vor allem in meiner kleinen überdachten Kutsche, in die meine Kammerzofe und ich kaum hineinpassten. Mein Papa fuhr im Pferdekarren bei Major Olivestam mit. Außerhalb der Altstadt, eine halbe Meile von Helsinki entfernt, erfrischten wir uns eine halbe Stunde und fuhren dann zur Glasfabrik Sipoo, wo wir mitten auf der Landstraße zu Abend aßen. Gegen Mitternacht kamen wir zum Bezirksvorsteher der Gegend. Dort verbrachten wir die Nacht.

DIENSTAG, 19. JULI

Um 8 Uhr morgens brachen wir auf. Einige Stunden reiste ich mit Frau Hjärne in ihrer Kutsche, was sich noch oft wiederholen sollte. Um 3 Uhr am Nachmittag erreichten wir den Zoll von Porvoo. Dort mussten wir auf einige Nachzügler warten. Wir saßen in mehreren kleinen Gruppen beisammen und aßen inmitten der Natur zu Abend. Als sich alle versammelt hatten, fuhren wir in die Stadt, wo alle untergebracht wurden. Mein Papa und ein paar andere wohnten kommod bei Leutnant von Törne und ich bekam ein kleines Zimmer mit Frau Hjärne bei einem Weber. Den Abend verbrachte ich bei Frau Gyllencreutz. Auch am folgenden Tag waren wir bei ihr zum Essen. Dort schrieb ich meiner lieben Jeanette.

MITTWOCH, 20. JULI

Eigentlich sollten wir am Morgen aufbrechen, aber der russische Kommandeur hatte die ganze Nacht gefeiert, sodass er unseren Tross erst am Nachmittag anführen konnte. Um 3 Uhr nachmittags kam es wegen der Pferde zu einem Streit zwischen Fähnrich Richter und unserem russischen Offizier, der Richter dreist mit der Faust schlug. Sofort wurde sich bei seinem Vorgesetzten, einem Hauptmann, beschwert. Der Vorgesetzte rief seinen Offizier zur Aussprache zu sich und im Beisein von Richter und einigen unserer Herren wurde dem Offizier eine Standpauke gehalten und mit Degradierung gedroht, doch nachdem dieser um Vergebung gebeten hatte, kam er noch einmal davon. Die Pferde von Porvoo würden uns nun in das 4,5 Meilen entfernte Loviisa bringen. Nach langem Warten fuhren wir los und kamen um 7 Uhr morgens in der Eisenhütte Koskenkylä in Pernaja an. Wir sollten unser Quartier in Bauernhäusern beziehen, weil die Fabrikbesitzer sagten, die Bauern seien abwesend, aber sie waren doch zu Hause. Daher mussten wir weiterfahren, um eine Bleibe für die Nacht zu finden. Wir fuhren bis 1 Uhr nachts und kamen in Pernaja bei Frau Rosenborg an, die Major Hjärne und Frau sowie uns aufnahm.

DONNERSTAG, 21. JULI

Am Morgen traf sich die ganze Reisegesellschaft im Kirchdorf von Pernaja. Als wir das Herrenhaus von Sarvilahti passierten, stand die Frau von Amtsrichter Morian mit ihren Töchtern an der Straße und sagte uns und unseren Bekannten Lebewohl. Um 12 Uhr erreichten wir Loviisa, wo uns die Bewachung aus Helsinki verließ. Major Hjärne mit seiner Frau und wir bekamen eine angemessene Unterkunft. Den folgenden Tag verbrachten wir mit Spaziergängen und Einkäufen.

FREITAG, 22. JULI

Um 9 Uhr am Abend brachen wir in Loviisa auf. Uns begleitete
Leutnant von Wulfert aus Wyborg, der sehr nett war und gut Schwedisch sprach, sowie sechs Kosaken. Um 10 Uhr passierten wir ein
Herrenhaus, wo Fräulein Aurore Blomstedt an der Straße stand, um
ihrem Bruder, der mit uns unterwegs war, Lebewohl zu sagen. Um
Mitternacht überquerten wir die alte Grenze an den Stromschnellen
von Ahvenkoski, in Pyhtää, 1,5 Meilen von Loviisa entfernt. Die
Russen hatten auf der schwedischen Seite Wachen postiert. Danach
beschlich mich ein seltsam unangenehmes Gefühl: Jetzt waren wir
in Russland. Das Wachhäuschen auf der russischen Seite der Grenze
war leer. Ab hier wurden an jeder Poststation die Pferde gewechselt.

SAMSTAG, 23. JULI

Um 3 Uhr morgens kamen wir mit Major Hjärne und seiner Frau im
Pfarrhaus von Pyhtää an. Dort ruhten wir uns einige Stunden aus.
Hier sowie in fast allen Gemeinden bis Wyborg wird sowohl Schwedisch als auch Finnisch gesprochen. Bevor wir das Pfarrhaus verließen, nahm ich gänzlich unbemerkt ein Bad im Fluss Kymijoki. Um
11 Uhr fuhren wir weiter, vorbei an der in den letzten Jahren erbau-
ten Festung Kyminlinna und der innerhalb ihrer Wallanlagen gele-
genen Stadt nach Korkeakoski, wo wir und einige andere im Pfarrhaus unterkamen. Dort kauften wir leckeren Lachs. Hier konnte man
ausgezeichnet Lachs angeln, aber die Hälfte des Fangs gehörte dem
russischen Kloster. Die Mönche vor Ort bereiteten dem hiesigen
Volk viel Ungemach. In der Ferne waren die Türme der Festung
Kotka zu sehen. Ich kam nachts nicht in den Schlaf; mein Zimmer
war voll von Bettwanzen und Mücken, die mich jedes Mal piesack-
ten, wenn ich mich hinlegte.

SONNTAG, 24. JULI

Es war Sonntag. Um 9 Uhr fuhren wir los und trafen viele Russen, deren Kleidung ziemlich amüsant aussah. Um 1 Uhr nachmittags erreichten wir Hamina. Hier wurden wir alle in einen großen Sitzungssaal gebracht, wo wir den Blicken der anwesenden russischen Garnison ausgesetzt waren; ich habe noch nie so unverschämte Leute gesehen. Nach vielen Mühen erhielten die Regimentsoffiziere schließlich anderswo eine Unterkunft; Major Hjärne mit Frau und wir bekamen ein gemeinsames Zimmer. Hier verließen uns Leutnant von Wulfert und die Kosaken; ich schrieb Briefe, die ich ihm mitgab.

Am Abend besuchten wir die Stadt, die klein und trostlos schien. Es gibt drei Stadttore und drei Vororte, Wiborgska, Saviniemi und Hietakylä. In letzterem befindet sich der Hafen. Die Stadt hat 1333 Einwohner. Die finnische Kirche ist aus Stein, die schwedische Katedralkyrkan ist vermutlich die einzige Domkirche aus Holz. Die Stadt ist teilweise befestigt. Die Entfernung zwischen Hamina und Loviisa beträgt sieben Meilen. Im großen Kirchensaal sangen unsere Herren sehr laut Volkslieder, was die Aufmerksamkeit auf sich zog. Doch wir wünschten uns gleichwohl, dass man sie in Schweden gehört hätte. Ich bin überzeugt, dass der Major vor Ort (ein ziemlich widerlicher Kerl, der jetzt betrunken war) eine Wache schickte, um eine strenge Hausordnung durchzusetzen, damit kein Offizier das Haus verlassen durfte. Das Bedauern unserer Herren war groß. Sie wurden wie Missetäter behandelt. Am nächsten Morgen wurde eine Beschwerde beim örtlichen Kommandeur eingereicht, und ein Unteroffizier musste die Peitschenhiebe auf seinem Rücken aushalten, die eigentlich dem Major zustanden.

MONTAG, 25. JULI

Um 1 Uhr nachmittags verließen wir diese Stadt, begleitet von einem Offizier und 20 Männern; unser Tross fand viele Gaffer, so wie es uns stets beschieden war. In der Vorstadt stand ein Mann, der zu meinem Kutscher auf Finnisch sagte: „Ach, du hast ja eine Menge Ganoven zu kutschieren!" Von allen unangenehmen Dingen, die mir bisher widerfahren sind, verursachte dies den größten Schmerz in meinem Herzen. An der Poststation Pyterlahti machten wir halt, um uns ein wenig zu erfrischen.

DIENSTAG, 26. JULI

Bei sengender Hitze setzte ich die Reise mit einem Teil unserer Begleitung fort und wir fuhren die ganze Nacht hindurch bis 7 Uhr am Morgen, als wir an einer Poststation hielten, die anscheinend solide gebaut, aber so schmutzig war, dass wir nicht hineingingen, sondern draußen blieben. Wir fühlten uns alle ziemlich ungepflegt. Unser erster Gedanke war es, Kaffee zu trinken, was stets etwas Tröstliches hatte, obwohl ich nur selten welchen trinke. Dann schliefen die Herren auf einem Hügel ein. Ich habe mich hingesetzt und gelesen. Als der Rest der Gesellschaft eintraf und sich ihrerseits ausruhte, machten wir uns auf den Weg; mein Pferd jedoch war in den Wald geflüchtet. Vielleicht säße ich immer noch da, wenn Leutnant Elfving nicht so freundlich gewesen wäre, mir sein Pferd zu überlassen. Er selbst reiste dann etwas unbequemer, bei jemand anderem. Die Pferde von Major Hjärne und seiner Frau ermüdeten, sodass ich viel früher als sie an der Poststation ankam, wo wir übernachteten. Ich hätte nicht geglaubt, dass es solch eine Behausung geben könne. Am besten schliefen vermutlich noch die Herren, die uns Damen stets aus Höflichkeit das einzige freie Zimmer überließen und selbst auf den Heuschober gingen. Wegen des Ungeziefers fand ich die ganze

Nacht keinen Schlaf, sondern ging die Straße auf und ab mit Major Hjärne, der auf seinem Lastkarren auch ziemlich schlecht schlief. Seine Frau nächtigte in ihrer großen Kutsche. Das Ungeziefer klebte bei mir sogar an der Kleidung.

MITTWOCH, 27. JULI

Am Morgen setzten wir unsere Reise mit neuen Pferden in Richtung Wyborg fort. Wir fuhren durch eine wunderschöne Landschaft und sahen Bauernhäuser, was selten war, da die Straße bisher buchstäblich ausgestorben und trostlos erschien. Um 3 Uhr am Nachmittag waren die hohen Türme der Stadt zu sehen. Wir hielten vier Werst (ca. vier Kilometer) entfernt in der Nähe eines schönen Herrenhauses, bis der Befehl des Gouverneurs eintraf, weiter in die Stadt zu fahren. In der Zwischenzeit besuchten die Herren den gepflegten Park; General Rydinger war der Besitzer dieses Anwesens. Der General und seine Damen liefen auf die Straße, um uns zu sehen, aber wir begannen kein Gespräch. Um 5 Uhr kamen wir am Zollhaus an und wurden mit Nachsicht darum gebeten, zur allgemeinen Kontrolle noch für eine Stunde draußen Platz zu nehmen. Ich versichere Dir, der ganze Ort war unterwegs. Die meisten lachten; so nahe, als wären sie auf die Stufen des Wagens geklettert, um einen wirklich guten Blick ins Innere zu erhaschen. Aus Wut kehrte ich ihnen dann den Rücken zu. Letztendlich wurden wir in die Stadt gelassen, unter Führung unserer Wächter, die auf den Marktplatz der Stadt vorausgingen mit der Menschenmenge hinter sich her. Nachdem wir dort eine Weile gesessen hatten, betraten wir die große Festhalle. Um 9 Uhr am Abend bezogen wir unser Quartier. Mein Papa und ich wohnten bei einem alten Kaufmann namens Schmitt. Sie behandelten uns in jeder Hinsicht fürsorglich; und wir hatten allen Grund, sehr zufrieden mit ihnen zu sein. Die Entfernung zwischen Hamina und Wyborg betrug elf Meilen.

DONNERSTAG, 28. JULI

Unsere lieben Gastgeber versorgten uns mit Essen und allem Notwendigen. Sie hatten drei Söhne. Der Älteste war ein netter Bursche, gerade zurück aus St. Petersburg. Am Fenster zeigte er mir Passanten und nannte von den meisten die Namen. Die ganze Familie unserer Gastgeber sprach Schwedisch und war auch sonst zu lobpreisen. Major Hjärne und seine Frau wohnten bei dem schwedischen Pastor Schröder. Ich besuchte sie. Dabei vereinbarten wir, der Stadt am nächsten Tag einen Besuch abzustatten.

FREITAG, 29. JULI

Am Nachmittag gingen wir in Begleitung des Pastors in die Stadt. Wyborg besteht aus der Kernstadt, der Festung der St.-Annen-Krone und mehreren anderen Festungsanlagen in der Umgebung. Die Stadt zählt 3161 Einwohner. Zunächst besichtigten wir die schwedische und die russische Kirche, die vergleichsweise ansehnlich sind; vor allem erstere wurde mit viel Geschmack gebaut. Diese Stadt brannte vor 14 Jahren ab, wobei nur drei Häuser übrigblieben. Heute ist die Stadt ziemlich gut ausgebaut; es gibt nur wenige Holzhäuser, und diese liegen etwas abseits. Die meisten Straßen sind breit und die meisten Steinhäuser haben schöne Balkone. Vor der schwedischen Kirche befindet sich ein Paradeplatz, der von größeren Bäumen gesäumt wird. Die Stadt hat ein Gymnasium mit fünf Lehrern und zwei Sprachlehrern sowie eine Privatschule für Jungen und eine weitere für Mädchen, wobei letztere als eine der am besten geordneten Lehranstalten gilt. Zu früheren schwedischen Zeiten war das Schulgebäude der Bischofssitz. Es gibt hier auch eine alte Burg, die heute als Gefängnis dient. Sie befindet sich neben einer langen und grundsoliden Brücke, die über einen bis in die Stadt reichenden Meeresarm führt. Wyborg hat zwei Vororte, Fredrikhamnska und

Petersburgska, die durch eine lange Brücke bzw. durch ein Feld von der Stadt getrennt sind. Diese befinden sich außerhalb der Befestigungsanlagen. Die Stadt ist stärker befestigt als Hamina. Nachdem wir all das gesehen und gehört hatten, kehrten wir nach Hause zurück und vereinbarten, morgen einen Ausflug in den berühmten Park von Mon Répos zu unternehmen.[4]

Die Bewohner von Wyborg sind wohlhabend. Viele angesehene Familien leben hier, aber jetzt sind sie alle auf dem Land. Dessen ungeachtet kommen sie mitunter mit eleganter Entourage in die Stadt, die Damen dabei meist hoch zu Ross und attraktiv gekleidet. Fast jeder hier spricht mehrere Sprachen. Es gibt drei Religionen, die lutherische, die griechisch-orthodoxe und die katholische, wobei letztere relativ wenige Vertreter hat. Die beiden anderen sind fast gleichwertig, weshalb Deutsch und Russisch hier die Muttersprachen sind. Wenn man den Gesprächen in der Stadt lauscht, könnte man meinen, dass Französisch die Muttersprache sei. Im Allgemeinen kleiden sich die Damen sehr fein, aber ohne Geschmack; sie kaufen Kleider der Nachbarn für so wenig Geld, dass sie wie Schaufensterpuppen aussehen. Mein Papa besuchte die Mutter des jungen von Wulfert, die sich über das Lob freute, das ihr Sohn erhalten hatte und welches er auch wirklich verdient. Auch Militärrat Knorring, der zuvor in Turku lebte, hatte sich hier niedergelassen. Er war gerade nach St. Petersburg verreist, aber mein Papa besuchte seine Frau (Igelström), von der man sagt, sie sei ausgesprochen nett.

Am Abend traf ein neuer Konvoi mit schwedischen Gefangenen ein, unter denen Hauptmann Björnberg unterwegs vor Sorge und Kummer leider schwachsinnig geworden war. Der Konvoi vor uns war noch immer hier vor Ort, sodass sich wohl gleichzeitig 150 Schweden in dieser kleinen Stadt aufhielten; aber jene, die zuerst hier ankamen, sollten am nächsten Tag die Reise fortsetzen.

Von den Russen hörten wir die absurdesten Geschichten über den Krieg. Sie wussten so gut wie gar nichts darüber. Uns allen wurde versprochen, dass wir in Wyborg bleiben könnten, aber als das nicht eintrat, wussten wir nicht, wohin man uns bringen würde. Wir befragten jeden, von dem wir dachten, dass er etwas darüber wüsste, jedoch fanden wir hierbei keinen Trost, denn sie sprachen immer von den am weitesten entfernten Städten des Zarenreiches – in 2000 Werst Entfernung – was wir aufgrund der Unfreundlichkeit der Einwohner, der Länge der Reise, unserer mangelnden Sprachkenntnisse etc. für unangemessen hielten. Ich war ziemlich traurig und rate keiner Frau, eine solche Reise zu unternehmen. Ich spürte, dass ich meinem Papa zur Last fallen würde; manche Freunde rieten mir umzukehren, aber ich hörte nicht auf sie. Meine Kammerzofe weigerte sich, weiter als bis St. Petersburg zu gehen; sie hatte ständig Angst, nach Sibirien geschickt zu werden und war schon sehr schwermütig. In Wyborg machte es auch bereits Schwierigkeiten, Briefe nach Hause zu schicken und von dort zu erhalten: Ich habe geschrieben und schreibe weiter, aber sie werden vermutlich nicht ankommen.

SAMSTAG, 30. JULI

Befehle wurden erteilt, die Reise fortzusetzen, aber da wir ihre „Eile" kannten, nahmen wir wie vereinbart eine Pferdedroschke nach Mon Répos. Es war das erste Mal, dass ich mit einem solchen Gefährt unterwegs war. Frau Hjärne und ich taten alles, um nicht herunterzufallen.

Mon Répos gehört jetzt dem deutschen Baron von Nicolay, der dank der Besonderheit des Ortes und durch sein eigenes Zutun und seinen Geschmack diesem Ort zu höchster Pracht und Schönheit verhalf; es ist das Paradies auf Erden. Der Park ist überaus groß (ich denke mir, dass er von der Art ist, von der ich die Engländer immer reden höre) und besteht aus wunderschönen Hügeln und Tälern, die von den schönsten Meeresarmen und Kanälen durchzogen werden, mit kleinen Bogenbrücken darüber. Überall fanden sich Tausende wundervolle Inspirationen, aber ich kann hier gar nicht alle beschreiben. Auf den Hügeln standen mehrere aus Stein errichtete Tempel mit prächtigen italienischen Büsten und sogar türkische Zelte und Hütten, solche in denen die Türken leben. Auf einer Landzunge neben dem Meeresarm befand sich eine Anlegestelle, auf der Büsten aufgestellt waren, beides aus weißem Marmor. Vor der Brücke stand auf einem Sockel die Göttin Minerva, welche Gänse und eine Schlange trug, die Wasser speien konnten, aber leider defekt waren. Auf einer schönen Anhöhe, von der aus man den größten Teil des Parks überblicken konnte, war ein prächtiger Pavillon errichtet worden. Er war in einen Salon und zwei kleine Räume unterteilt, in denen der Baron und seine Frau für gewöhnlich Ihre Mittagsruhe hielten. Im Salon standen kostbare Büsten in Lebensgröße. Am Hang des Hügels befand sich eine schöne Blumenterrasse, auf der die Grabstätte des Barons markiert war. Über dem Grabmal stand eine Büste des Barons. Auf dem Sockel war eine deutsche Inschrift zu sehen, die ich mir leider nicht gemerkt habe, aber sie enthielt einige geistreiche Worte und eine zu Herzen gehende Äußerung. Zwei malerische Treppen führten hinunter zur Gruft. Weiter oben im Felsen befand sich eine Höhle; an der Wand gegenüber dem Eingang war ein in Marmor geformter Kopf zu sehen, der aus dem geöffneten Mund Wasser spie. Die Höhle befand sich auf einem Felsen, der zum Meer führte. Nicht weit davon entfernt stand auf hohem Sockel der Wassergott Neptun. Schade, dass er von skrupellosen Halunken beschädigt worden war. An einem schattigen Platz befand sich eine große und prächtige *Volière* (Vogelhaus) mit einer großen Vielfalt an Vögeln. Auf der einen Parkseite war ein prächtiger Wintergarten und auf der anderen ein wunderschönes *palais* (Palast), wo die Herrschaft residierte. Wir trafen den Baron an einem wunderschönen, abgelegenen Ort, an dem er mit seinen Bauleuten beschäftigt war, einen Granitbrunnen zu bauen, der versprach, sehr schön zu werden. Hätten wir keinen sicheren Führer wie ihn gehabt, hätten wir uns vermutlich verirrt und den Ausgang nicht gefunden, denn es gab überall Labyrinthe. Eine seltene Tugend des Barons war es, dass er nicht nur jeden spazieren und sich umsehen ließ, sondern auch jenen erlaubte, die es sich leisten konnten und wollten, sich selbst für den Sommer ein Haus mit ein paar Wohnräumen zu bauen. Ich weiß nicht, ob mehr als nur eine Dame aus St. Petersburg diese Gelegenheit genutzt hat. Für den Unterhalt und die Gestaltung dieses bereits prächtigen Parks hatte der Baron 12000 Rubel im Jahr bereitgestellt. Der Gärtner war ein ehemaliger Hauptmann aus Österreich. Es schien mir unwahrscheinlich, durch den Park *revenue* (Gelder) einzunehmen.

Als wir Wyborg verlassen hatten, erfuhr ich, dass Baron von Nicolay einen prächtigen Ball veranstaltet, und er die Schweden, die sich noch in der Stadt aufhielten, dazu eingeladen hatte. Der Gouverneur hatte ihnen jedoch eine Teilnahme untersagt. Der Gouverneur erlaubte nur wenigen unserer Herren, diesen Ort zu besuchen. Auch meinem Papa wurde der Zugang verweigert, was vor allem uns, die wir bereits dort waren, am meisten grämte. In und um St. Petersburg gibt es kaum einen Ort, der bezaubernder ist. Ich versuche sicher umsonst, ein Bild vom Park zu malen – ich kann ihn einfach nicht hinreichend beschreiben. Aber vielleicht habe ich schon genug Zeit mit diesem Thema verbracht, das mir für immer im Gedächtnis haften wird. Nachdem wir all das gesehen hatten, fuhren wir nach Hause und verabschiedeten uns voneinander, recht zufrieden mit unserem Tag.

SONNTAG, 31. JULI

Heute sollten wir eigentlich eine deutsche Theatervorstellung besuchen, aber plötzlich befahl man uns, um 9 Uhr am Morgen abzureisen. Auch der Abschied von unseren lieben Gastgebern war für sie und mich sehr ergreifend. Es hat mich wirklich viel gekostet, diese anziehende Stadt zu verlassen; sie interessierte uns, da sie eine der altertümlichen schwedischen Festungen hatte. Wir konnten uns mit den Bewohnern in unserer eigenen Sprache unterhalten; wir schätzten deren Fürsorge und gezeigte Höflichkeit – mit einem Wort, von nun an sahen wir uns von allen Menschen verlassen. Wären wir nicht eine so große Gruppe gewesen und hätten nicht alle von uns St. Petersburg sehen wollen, wären wir in einer noch schlechteren Stimmung gewesen. Vor der schwedischen Kirche, in der ein Gottesdienst beginnen sollte, versammelten sich dieselben Menschen wie zuvor. Während wir warteten, nahmen einige der Herren daran teil; ich hätte sie gern begleitet, aber ich konnte meinen Wagen nicht verlassen, da die Abfahrt jederzeit losgehen würde. Nie hätte ein melancholisches Herz diesen Trost nötiger gehabt als mein eigenes Herz in jenem Moment!

Angeführt von demselben Offizier, der uns von Hamina nach Wyborg eskortiert hatte, sowie 20 russischen Soldaten fuhren wir um 11 Uhr am Morgen los. Unser Konvoi sah aus wie eine Gangsterbande. Der größte Teil der Herren hatte seine Kutschen in Wyborg stehen lassen und war auf Bauernwagen umgestiegen, da deren Kutschen auf den schlechten russischen Straßen vermutlich auseinanderfallen würden. Leutnant Wärnhjelm musste sich auf seinem Wagen festbinden, weil dieser kaputt war und die Räder unrund liefen. Es herrschte sengende Hitze.

Um 8 Uhr am Abend erreichten wir Kyyrölä. Wir amüsierten uns sehr über die Kleider der Frauen; wir fanden sie unglaublich schlecht gekleidet. Major Hjärne mit Frau und wir waren in einem Bauernhaus untergebracht, das recht sauber aussah. Vorsichtig legten wir uns auf dem Heuboden schlafen. Doch ich lag auch diese Nacht wieder wach.

MONTAG, 1. AUGUST

Ich stand früh auf und lief durch das Dorf, das ziemlich groß war. In der Nähe floss ein Bach, auf dessen anderer Seite eine besonders schöne Kirche stand. Aufgrund ihrer Innenausstattung gilt sie als die schönste und reichste aller russischen Dorfkirchen, was viel heißt. Hier gab es auch einen großen, schönen Sommerpalast namens Kratznazelo (Krasnoje Selo), der neben dem gesamten Dorf dem Sekretär des Gouvernements von St. Petersburg gehörte. Schon sehr früh begannen die Kirchenglocken in einem Klang zu läuten, der mich überraschte: Die Art, wie sie geläutet wurden, und der Klang waren dem der deutschen Kirche in Stockholm sehr ähnlich, aber hier läuteten die Glocken mit einem viel besseren Klang und Rhythmus. Die Menschen trafen schon früh zum Gottesdienst ein; wir Schweden schlenderten wie wir wollten völlig unbemerkt hinein und wieder hinaus.

Die Reise ging einige Kilometer weiter nach Kivennappa, wo die Pferde gewechselt werden sollten. Aber es gab keine und so mussten die meisten im Kirchdorf bleiben. Ich verirrte mich völlig und kam in Begleitung mehrerer Kavaliere in einem armseligen Bauernhaus im Wald an, einige Werst von der Kirche entfernt. Zu meiner Freude war mein Onkel de Frese bei mir, aber mein Papa, der mit Major Olivestam unterwegs war, war im Kirchdorf geblieben, ohne über mich Bescheid zu wissen, und ohne, dass ich von ihm wusste. An diesem Ort verbrachten wir die Nacht. Wir erhielten weder Zimmer noch eine Bettstelle, weder Essen noch Trinken, weil es das einfach nicht gab. Letztlich besorgte mir mein netter Onkel einen kleinen Speicher zum Schlafen und endlich traf auch mein Papa zu Fuß dort ein.

DIENSTAG, 2. AUGUST

Am Morgen unseres Abreisetages herrschte Chaos; es gab nicht genügend Pferde; einige bekamen welche, andere nicht. Somit mussten wir unsere Gruppe dezimieren. Leutnant Nassokin hatte Schwierigkeiten, meinen Wagen zu lenken, und mein Papa saß ziemlich unbequem hinten. Nachdem wir eine Weile gefahren waren, fanden wir an der Straße die Wärnhjelms, Hauptmann Ljungberg und ein paar andere ohne Pferde. Nach der zweiten Etappe stießen wir in der gleichen Weise auf mehrere weitere, bis wir schließlich die Majore Olander und Olivestam trafen, die gerade auf einem Feld waren und sich stärkten. Wir leisteten ihnen Gesellschaft. Anschließend fuhren wir in einen großen Ort mit Namen Walkjasari (Valkeasaari). Die Pferde wurden gewechselt. Major Hjärne und Gattin waren vor uns dort angekommen und übernachteten auf dem Heuboden neben dem Pfarrhaus. Weit davon entfernt hatten die Majore Olivestam und O-lander mit ihren Söhnen sowie mein Papa und Leutnant Nassok ebenfalls in einem kleinen Speicher neben einer Scheune Quartier bezogen. Wir streuten etwas Heu auf den Boden. Ich war Sauvegarde (Leibwächter) für sie, und habe meinen Posten draußen in meinem kleinen Wagen bezogen, der mir Wohn- und Schlafzimmer zugleich war. Meine Kammerzofe legte sich in den Gepäckwagen, der bereits randvoll war.

Kivennapa und Valkeasaari bilden die Grenze zwischen den Gouvernements Wyborg und St. Petersburg und grenzen an den Fluss

Raja (auch Siestar genannt), der früher die Grenze zwischen Schweden und Russland[5] bildete. An dieser Grenze erhebt sich ein großes, hässliches Backsteintor.

MITTWOCH, 3. AUGUST

Am Morgen waren die Pferde noch nicht eingetroffen. Wir blieben also im Ort und spazierten nun mit mehreren anderen zu einer nahegelegenen Papierfabrik, die grundsolide gebaut war und über vier Reißwerke und 16 Pressen verfügte und somit eine der größten ihrer Art sein dürfte. Sie wird Alexandrowna genannt und gehört einem Mitglied des Stadtrats von St. Petersburg mit Namen Olkow. Die Umgebung ist sehr schön. Wir durften nicht in den Garten der Fabrik gehen, wahrscheinlich hatte man dort Angst, dass wir – wie die Russen – etwas zerstören würden.

Am Nachmittag besuchten wir Major Hjärne und Gattin, die aber nicht in ihrer Scheune waren. Wir trafen Major Olander und einige andere, die uns bis zum alten Kirchturm begleiteten. Dieser war so baufällig, dass er wackelte, als wir ihn vorsichtig bestiegen. Von dort hielten wir nach den Türmen von St. Petersburg Ausschau und konnten wirklich in einer Entfernung von drei Meilen einige ausmachen. Wir sahen auch die Kleinstadt Siestarjoki, den Palast von Oranienbaum, die Festung Kronstadt und mehrere Kriegsschiffe. Der Himmel war klar und machte den Anblick noch bezaubernder. Am Abend, als wir alle in unserem kleinen Wagen saßen und Brei aus der Schüssel aßen, bemerkten wir, dass es zu regnen begann. Besorgt darüber setzten wir uns in die andere Ecke des Wagens, aber das half auch nicht. Darüber haben wir herzlich gelacht.

DONNERSTAG, 4. AUGUST

Am Morgen waren meine Beine von der Nacht in dem kurzen Wagen und den beengten Verhältnissen eingeschlafen. Wir unternahmen einen Spaziergang. Neben dem Zaun lag eine Egge, deren Spitzen aus Ästen gemacht waren – wir drehten sie um, und sie wurde unser gemeinsamer Esstisch. Am Nachmittag besuchte ich Major Hjärne und seine Frau. Frau Hjärne war eine Frohnatur mit tausenden Marotten, die mich zum Lachen brachten. Wir besuchten eine lustige Pfarrersfrau, die uns erzählte, dass sie bei Hofe in St. Petersburg gewesen sei. Die geschickten Fragen von Frau Hjärne brachten ans Licht, dass sie einst bei einer Hofdame Kammerzofe gewesen war. Jetzt war sie eine ungepflegte Gastgeberin in ihrer ärmlichen Behausung.

Am Abend gehörten wir zu den wenigen Glücklichen, die Pferde bekamen. Nachdem wir einige Zeit unterwegs waren, gerieten wir in ein schreckliches Gewitter mit Starkregen, so dass die Herren ganz durchnässt wurden. Zumindest waren die Straßen nicht mehr so staubig. Wir kamen an einem Herrenhaus vorbei, das gut gebaut zu sein schien, aber ich konnte es wegen der Dunkelheit nicht richtig sehen. Dann kamen wir durch ein Dorf, in dem ein berittenes Ulanen-Regiment auf dem Weg nach Finnland einquartiert war. Im Regen erreichten wir um halb Ein Uhr nachts das Kirchdorf Parkkala. Nachdem wir lange auf einer Anhöhe gewartet hatten, fanden wir eine verwahrloste Unterkunft und wollten uns ausruhen. Aber das Ungeziefer, das mir überallhin folgte, war auch hier, weshalb ich mich gleich zuerst in den Wagen und dann in den Flur im zweiten Stock flüchtete. Mein Papa und die anderen Majore lachten mich aus, als ich an ihrem Zimmer vorbeikam, aber nach einer Weile mussten sie es mir gleichtun. Außerdem waren die Leute hier habgierig und die Preise sehr teuer. Da wir als Nichtchristen galten, wollten sie uns nicht mal eine Tasse leihen, denn dann hätten sie nicht mehr selbst daraus trinken können.

FREITAG, 5. AUGUST

Am Vormittag regnete es. Wir hörten uns den Gottesdienst in der Dorfkirche an und schauten von deren Turm aus auf das nur neun Werst entfernte St. Petersburg. Die russischen Dörfer sind gut aufgebaut. Zu beiden Seiten der Landstraße bilden sie eine lange Straße aus zweistöckigen Häusern, die recht hübsch sind. In diesem Dorf wohnten Herren aus St. Petersburg, die im Sommer Zimmer von Bauern mieteten. Sie beobachteten uns genau und wir beobachteten sie. Erwähnenswert ist, dass unsere Gastgeberin, eine einfache Bäuerin, eine Nadel mit feinem Leinenfaden führte, mit dem sie durchsichtige Spitzentücher stickte. Noch vor dem Mittag trafen Major Hjärne nebst Gattin als Nachzügler ein.

SAMSTAG, 6. AUGUST

Früh am Morgen schickte der Offizier eine Depesche nach St. Petersburg und danach kam der Adjutant und gab uns die Erlaubnis, dorthin zu fahren. Wir kamen um 9 Uhr am Zoll an und fuhren über eine Stunde durch die Stadt, bevor wir unsere Wohnungen erreichten, die zu einer der Kasernen des Taurischen Palais[6] gehörten. Auf der Straße traf uns Oberst Wright, der Frau Hjärne und mir dazu gratulierte, dass wir nun Prinzessinnen von Tauria seien. Wir wurden von mehreren Soldaten aus Viapori empfangen, die schon lange hier waren. Ich wich aus, als ich sie sah; sie waren Deserteure. Ihre Kaserne lag der unseren gegenüber. Die Entfernung zwischen Wyborg und St. Petersburg beträgt 14 Meilen, und das letzte Stück führt durch einen elenden Sumpf unmittelbar neben der Stadt. Ein Offizier kam, um die Zimmer für drei bis vier Personen und die Küchen aufzuteilen. Es ist unmöglich zu beschreiben, wie unsere Wohnung aussah, denn es war das schmutzigste Zimmer, das ich je gesehen habe: kaputte Fenster, drei miserable Betten und völlig unbrauchbares Bettzeug, ein ungewöhnlich kleiner Tisch, kein einziger Stuhl. So hatten ihre Offiziere hier gelebt. Ich war schockiert. Die erste Aufgabe meiner Kammerzofe bestand darin, alles zu schrubben und abzukratzen, was sich ablösen ließ. Das dauerte bis zum Abend. Dieses Gebäude ist über 200 Ellen (120 Meter) lang, ein Stockwerk hoch und hat einen geraden Gang, der sich in Längsrichtung durch das ganze Haus zieht, mit Zimmern auf der einen Seite und einer gleichen Anzahl von Küchen ohne Schlüssel auf der anderen Seite. Wir hatten Glück, dass die Türen nummeriert waren, sonst hätten wir unsere Kammern nicht gefunden. Überall um uns herum wohnen russische Offiziere mit ihren Frauen und schmuddelige Leute.

Ich benötigte einen Hut, aber ich wusste nicht, wie ich einen solchen bekommen konnte. So lernte ich die Frau eines russischen Majors kennen, die im selben Haus wohnte und gut Schwedisch sprach. Sie aber sagte, dass der Weg zu den Geschäften soweit ist, dass es schon zu spät sei, noch dorthin aufzubrechen. Gleichwohl habe ich unsere kleine Wohnung in Ordnung gebracht, und es amüsierte mich zu sehen und zu hören, wie man Lebensmittel, Obst und alle möglichen Konfitüren kaufen konnte, ohne vor die Tür zu treten. Auf langen Gestellen tragen die Männer all das auf dem Kopf. Die Gestelle sehen aus wie unsere Gemüsetrockenkörbe und die Verkäufer tragen einen Klappstuhl unter dem Arm. Auf diese Weise ziehen sie den ganzen Tag umher, verkaufen lauthals schreiend ihre Waren, die sehr billig sind, vor allem gutes Brot, aber kein Knäckebrot, weil es das im ganzen Land nicht gibt. Mein Papa musste hier Bettzeug kaufen, denn in ganz Russland bekommt ein Reisender weder ein Bett noch Bettzeug, nicht einmal beim Übernachten in den besseren Häusern.

Am Nachmittag besuchten mein Papa und ich die Nachbarn, Major Hjärne nebst Gattin, Major Mannerstråle sowie die Hauptleute Ljungberg und Wärnhjelm. Diese wohnen am nächsten zu uns. Ich bin immer wieder begeistert von Ihrer aufmerksamen Höflichkeit und angenehmen Gesellschaft.

SONNTAG, 7. AUGUST

Am Morgen wurde allen Herren befohlen, sich zur großen Parade einzufinden, die jeden Sonntag abgehalten wird. Dann zogen die Truppen, die an diesem Tag nach Finnland marschieren sollten, am Zaren vorbei. Die Herren gingen davon aus, dass die Truppe 4000 bis 5000 Mann stark sein würde. Am Nachmittag unternahmen mein Papa und ich, Major Hjärne mit Frau, die Oberste Bergenstråhle und Wright, Oberstleutnant von Knorring und die anderen einen Spaziergang. Wir kamen an der noch unvollendeten Heiligen Marienkirche und dem Smolny-Kloster vorbei. In diesem Herbst werden die Schüler des Internats des Heiligen Marienklosters in dieses Gebäude umziehen, das recht geräumig ist und schön aussieht und mit Säulen errichtet wurde, mit denen die meisten Häuser abgestützt werden. All dies verdient eine ausführlichere Beschreibung, die ich hoffentlich späterhin geben kann. Das Taurische Palais, der kaiserliche Sommerpalast, war nun von außen zu sehen. Uns wurde versprochen, dass wir morgen das Palais und die Gärten ansehen könnten.

MONTAG, 8. AUGUST

Am Morgen wurden mein Papa und einige Offiziere zum Kriegsminister (Araktschejew) befohlen, um sie dazu zu bewegen, den Treueeid auf den Zaren zu leisten; aber das blieb ebenso erfolglos wie die Begrüßung unserer Herren durch Oberst Jägerhorn in Anwesenheit angesehener russischer Generäle und vieler Offiziere[7].

Mein Papa kehrte ihm den Rücken zu, andere standen steif da und einige lachten. Bei der Rückkehr nach Hause wurde mit Eifer und Belustigung über diese Begegnung gesprochen. Nota bene: Es wurde außerdem vermutet, dass Jägerhorn dem Kaiser den Treueeid geleistet hat.

Am Nachmittag besichtigte Frau Hjärne mit einigen Herren das Taurische Palais, während ich bei meinem Papa blieb, der beschlossen hatte, nicht auszugehen. Ich bekam dennoch eine Beschreibung vom Palais, als die Besucher zurückkehrten. Das Innere des Palais soll prunkvoll sein, während das Äußere nicht sonderlich prachtvoll wirkt. Es wurde von Fürst Potemkin errichtet. Zunächst betritt man einen großen Salon, der mit zahlreichen Gemälden geschmückt ist, von denen einige antik sind und aus Herculaneum (antike Stadt am Golf von Neapel) hergebracht wurden. Die Halle verfügt über zwei Säulenreihen mit einer Länge von mindestens 150 Ellen und einen großen Bereich mit Rasen und Wegen unter einem Kuppeldach, das bei festlichen Anlässen von einem Wintergarten in einen Garten verwandelt wird. Den Salon verzieren zahllose Spiegel aus Glas, die neun Ellen hoch und drei Ellen breit sind, sowie ein prächtiger Kronleuchter. Alle anderen Räume sind ebenfalls schön und mit vielen wertvollen Gemälden und anderen Kostbarkeiten ausgestattet. Die Kirche in einer Ecke des Palais' soll atemberaubend schön sein. Der Garten, der groß und prächtig ist mit vielen Teichen, Kanälen und Tempelchen, wurde ebenfalls besichtigt; in den Teichen gibt es ganz besondere Fische und im geschlossenen Hof drei Tiere, *Kängurus*. Sie sind graubraun gefärbt und haben ungewöhnlich lange Hinterbeine, die sie hauptsächlich zum Springen benutzen. Diese Tiere sollen von den Inseln der Südsee importiert worden sein. Obwohl ich meine liebe Pflicht, ja sogar Verpflichtung mir selbst gegenüber erfülle, den Wünschen meines Papas eigenständig zu folgen, muss ich gestehen, dass ich jetzt im Stillen bedauere, dass ich das nicht sehen konnte, wozu sich vielleicht nie wieder die Gelegenheit ergibt.

DIENSTAG, 9. AUGUST

Am Morgen gingen zwei ältere russische Offiziere in ihren vergoldeten Uniformen von Zimmer zu Zimmer mit Papier in der Hand und fragten: „Wer wohnt hier?" Mein Papa, der zu diesem Zeitpunkt mit einigen seiner Freunde beisammen war, erzählte mir, dass sie die Absicht hatten, jeden zu zwingen, einen Eid der Ehre und Treue gegenüber dem Kaiser zu leisten, begleitet von schönen Worten und Versprechen des Kriegsministers. Doch die Antwort war kurz: „Nein – wir sind schwedische Offiziere." Dann wurden wir zum Abendessen bei General Sprengporten[8] eingeladen. Einige der Jüngeren, die Heimweh hatten, gingen dorthin, bereuten es aber nach ihrer Rückkehr, da sie mit dem Eid drangsaliert wurden.

Heute reservierten wir eine Loge in der französischen Oper, die um 7 Uhr abends begann. Zusammen mit Major Hjärne nebst Gattin und einigen Herren fuhren wir sieben Werst an prächtigen Palästen vorbei, über schöne Brücken, Kanäle und sehr breite Straßen und erreichten das Opernhaus, das groß und prächtig ist; der Saal mit seiner Logenaufteilung ähnelt dem in Stockholm. Es fanden zwei Vorstellungen statt, die eleganter hätten aufgeführt werden können. Zwei Frauen haben gut gesungen. Die berühmte Madame George aus Paris ist jetzt an dieser Oper engagiert. Ich trug das Stiftsdräkten-Kleid des Stifts für alleinstehende Edelfrauen mit der großen, auffälligen Schleife.

MITTWOCH, 10. AUGUST

Am Morgen ging ich mit Frau Hjärne und Kapitän Ljungberg zu einem Spaziergang auf die Straße, vorbei am Taurischen Palais, dem Heumarkt an der Newa, dem Militärmuseum und vielen anderen Orten bis hin zur Michaelsburg, die auch als Schloss von Kaiser Paul I. bekannt war. Dieser Kaiser ließ es innerhalb von zwei Jahren als Geschenk für seine Gemahlin errichten. Über dem Eingang steht auf Russisch geschrieben: „Dies widme ich Dir, meine liebe Gemahlin!" Es handelt sich um dasselbe Schloss, in dem der Kaiser seine Tage beendete (er wurde 1801 in seinem Schlafgemach ermordet), und das deshalb völlig verwaist ist. Es liegt auf einer Insel, die von Kanälen umgeben ist; an zwei Seiten befinden sich Gärten, die Sommerpromenaden heißen. Von hier erblickt man den schönsten Teil der Stadt. Der Palast ist leuchtend rot und kunstvoll gestaltet, mit Skulpturen auf dem Dach, einem kleinen vergoldeten Turm und einem vergoldeten Fahnenmast. Alle anderen Gebäude des Schlosses sind in der gleichen Farbe gehalten. Vor dem Eingang zum Schloss steht das bronzene Reiterstandbild von Zar Peter dem Großen. Er ist in römischer Tracht mit einem Kommandostab in der einen und den Zügeln des Pferdes in der anderen Hand dargestellt. Auf der einen Seite des Sockels wird die Schlacht von Poltawa beschrieben, wo zu sehen ist, wie König Karl XII. sitzend auf einer Trage von zwei Soldaten transportiert wird. Auf der anderen Seite des Sockels ist eine Seeschlacht abgebildet, beide im Hochrelief gegossen. Auf dem Kopf des Zaren sitzt ein Lorbeerkranz, der von Madame Collot modelliert worden sein soll. Meiner Meinung nach lässt sich diese Statue nicht mit dem Reiterstandbild von König Gustav II. Adolf auf dem Markt von Norra Malm in Stockholm vergleichen.

Als Nächstes gingen wir zu den Sommerpromenaden, die von überdachten Kanälen umgeben sind. Allein auf der anderen Seite, gegenüber einer großen Straße, befindet sich ein sehr schöner gusseiserner Zaun, vermutlich sechs Ellen hoch, mit vergoldeten Verzierungen. Hier wurden nur wildwachsende Bäume wie Eiche, Ahorn, Linde, Birke, Fichte etc. gepflanzt. Außerdem gibt es hier viele Statuen und mehrere Teiche. Diese Promenaden sind zwar sehr schön, aber kein Vergleich zu Mon Répos. Entlang der Fußwege sind mehrere Herbergen. Eine davon ist ein kleines gelbes, zweistöckiges Steinhaus mit vielen in Stein gravierten Gemälden über den Türen und Fenstern; es ist ein weiteres der Häuser, die Peter der Große hier errichten ließ. An allen Kreuzungen hat man Stände, an denen allerlei Obst, Konfitüren, Weintrauben, Lebkuchen, Limonaden und andere stärkere Getränke verkauft werden. Neben allem anderen, sowohl Gewöhnlichem als auch Ungewöhnlichem, sah ich blaue und gelbe Himbeeren und große gelbe Erdbeeren. Orangen wurden für 5 Kopeken das Stück gekauft. Oh, wie ich diese verschlungen habe, und wie ich mich danach fühlte!

Anschließend besuchten wir die neue Kasaner Kathedrale. Sie befindet sich noch im Bau, liegt am Kanal, ist extrem groß und vielversprechend. Außen befindet sich ein Gang, der aus mehreren hundert Säulen besteht – innen war sie noch nicht fertig, ich sah nur 50 große und prächtig polierte Granitsäulen, die ein Kreuz bilden. Es wurde behauptet, dass diese Kirche in ihrer Pracht und Schönheit die zweit herrlichste der Welt sein wird. Aber man sagt auch, dass bei den Bauarbeiten jetzt ein wenig betrogen wird. Die alte Kirche von Kazan, die sich gegenüber befindet, wird abgerissen, wenn die neue Kirche fertiggestellt ist. Die griechisch-orthodoxen Kirchen sind normalerweise geöffnet. Also haben wir uns erlaubt, einen

Blick in eine besonders schöne zu werfen. Die Decke war mit prächtigen Gemälden und einem außergewöhnlich großen Kronleuchter geschmückt, von dem man sagt, dass er den zuvor genannten Kronleuchter im Taurischen Palais in den Schatten stellt; dort gab es unermessliche Reichtümer. Ansonsten ähneln sich alle griechisch-orthodoxen Kirchen – die Verzierungen und der Baustil sind fast überall gleich. Nach allem, was ich gesehen habe (außer die Kazaner), liegt der Unterschied nur im Glanz und den Reichtümern, die den Lebenstraum der Russen darstellen. Sie machen ihre goldenen und silbernen Göttinnen zu edlen Rittern von höchstem Rang. Es ist die Pflicht des Kaisers, sie in ihren Glanz zu kleiden. Und diesen ihren Glanz verzieren sie sogar mit Bändern.

Wir spazierten den Newski-Prospekt entlang, eine einen halben Kilometer lange und unglaublich breite Straße, die von Kanälen und prächtigen Häusern gesäumt ist. In der Mitte dieser Straße befindet sich ein breiter, erhöhter Sandweg mit einem niedrigen grünen Zaun auf beiden Seiten und angepflanzten Bäumen – hier und da mit kleinen Beeten. Dieser Weg ist nur für Spaziergänger bestimmt. Es sind stets viele Leute unterwegs, auch aus der besten Gesellschaft. An ihren Seiten ist die Straße gepflastert und breit genug, dass sechs bis acht Kutschen einander auf beiden Seiten überholen können. Nahezu alle Straßen sind ausgesprochen breit. Ich habe auch etwas gesehen, was in St. Petersburg nicht ungewöhnlich ist: Viele Privatpaläste haben verspiegelte Glasfenster, die zwar teuer und schön sind, aber den Stil der Gebäude verletzen, weil nicht alle Fenster aus diesem Material sind. Das habe ich mit Erstaunen hier und da festgestellt.

Auch die Läden haben wir uns mit großem Interesse angeschaut. Der Handelsplatz besteht aus mehreren großen Häusern und Rayons mit vielen Straßen dazwischen; er umfasste vermutlich über drei bis vier Blocks, und ich würde wagen zu behaupten, dass das Gebiet mindestens so groß ist wie ganz Helsinki. Die Häuser haben alle zwei Stockwerke und einen Balkon im oberen Stockwerk, in denen Geschäfte mit allerlei Kurzwaren und Accessoires untergebracht sind; dort verkauft man auch alle Arten von Leibwäsche etc. In der unteren Etage befinden sich Gemischtwarenläden mit allem, was man auf der Welt finden kann, und was den Passanten ständig mit großer Begeisterung angeboten wird. Das Flanieren ist unter einem Säulengang möglich, der vor Regen schützt. Jungen stehen mit Limonade und Likör in ihren großen Pumpflaschen bereit: Sie servieren die Getränke in recht sauberen Gläsern. Neben den Gemischtwarenläden gibt es auch Obstgeschäfte, die mit allen Arten von Obst gefüllt sind. Man findet auch spezielle Stände, an denen Konfitüre etc. verkauft wird, und sogar ein Geschäft, das Flohmarkt genannt wird, wo die Ärmeren alles Notwendige zu einem niedrigen Preis kaufen können: Egal wie alt und schäbig die Waren sind, sie werden trotzdem verkauft; sogar verrosteter Schrott, alte kaputte Eisenstücke etc. Dieser Bereich ist ziemlich groß und ein Ort, an dem sowohl verkauft als auch gekauft wird. Unser Diener erwarb gute Stiefel für einen Rubel. Für uns erstand er eine Rosshaarmatratze, ein Federkissen und eine Decke für 9 Rubel. Das Angebot an speziellen Schuhen ist erstaunlich groß. Zum Preis von 1 Rubel 25 Kopeken kaufte ich ein Paar der besten Qualität. In der anderen Richtung befindet sich der Lebensmittelmarkt, wo man mit einem vollen Geldbeutel sofort tausend Haushalte gut ausstatten kann. Aber all dies muss man sehen, um es richtig beurteilen zu können. Ich habe nicht alles gesehen und erinnere mich nicht einmal an die Hälfte von dem Gesehenen. Kurz gesagt: Ich fand den Einkaufsbereich groß und großartig; außerdem übertrifft die Sauberkeit jegliche Vorstellung. Nach über einer Meile Fußmarsch kehrten wir ziemlich müde nach Hause in unsere Kaserne zurück. Am Nachmittag wurden Oberst Wright,

Oberstleutnant Knorring und die Hauptleute Bergenstråhle und Lychou zur Reise nach Romanov (dem heut. Tutayev), in 709 Werst Entfernung von St. Petersburg, abgeholt. Eine unangenehme Aussicht auch für unsere nächsten Tage.

Die Speisen kosten hier unglaublich wenig. Wir waren zu dritt (unser Zimmermädchen erhielt Lohn und zahlte selbst): Das Abendessen bestand aus Graved Lachs, Rumpsteak, Fleischsuppe, Himbeeren und Milch, und die ganze Mahlzeit kostete nicht mehr als 25 Kopeken ohne Brot. Branntwein ist teuer, weil er mit einer hohen Steuer für den Kaiser belegt ist. Das Gros der Herren speiste mit Major Morelli und musste viel bezahlen. Die Zimmermiete und das Essen in den Küchen sind auffallend teuer. Viele Menschen fühlten sich nach dem Trinken von Newa-Wasser ziemlich krank, obwohl es mit Schnaps versetzt war. Wir aber fühlten uns ganz gesund – wir brauchten die aus Loviisa mitgeführten Tropfen für Heilzwecke nicht einzusetzen.

In Eile erhielten wir den Befehl, die Reise noch am selben Tag fortzusetzen, aber Oberst Bergenstråhle konnte mit dem Kriegsminister aushandeln, dass wir bis zum 12. bleiben durften. Der Adjutant kam dann dreimal mit verschiedenen Vorschlägen zu uns, dass unsere Herren den Treueeid auf den Kaiser schwören sollten, aber er wurde stets abgewiesen. Am Abend, nachdem wir zu Bett gegangen waren, betrat ein französischsprachiger Unteroffizier unser Zimmer und gab den Befehl, dass alle Herren am nächsten Tag zu Hause sein sollten, weil um 11 Uhr morgens der diensthabende General zu ihnen kommen würde.

DONNERSTAG, 11. AUGUST

Am Morgen zogen alle ihre Uniformen an und warteten, aber ein General wurde an diesem Tag nicht gesehen. Am Nachmittag traf ein neuer schwedischer Konvoi ein, darunter Hauptmann Standertskjöld[9], der mir berichtete, dass es meinen Freunden in der Heimat gut geht. Allerdings hat er keinen einzigen Brief mitgebracht, Post, die ich so sehnlichst erwarte, insbesondere von Jeanette.

Hauptmann Ljungberg hatte mir schon lange versprochen, mir einen Hut zu besorgen, da er den Laden täglich besuchte und es für mich ein weiter Weg war. An jeder Straßenecke gab es viele Fahrer mit ihren Mietdroschken (vossikka aus dem Russischen abgeleitet), aber unsere mangelnden Sprachkenntnisse gestalteten es stets äußerst schwierig, mit ihnen überein zu kommen. Die Vossikat waren auch zu teuer, weil es sich bei der Fahrt nur um eine kurze Strecke handelte.

Ljungberg war der Hutkauf gänzlich entfallen, und da wir am nächsten Tag weiterreisen würden, konnte ich nicht länger warten. Ich nahm den Diener mit und wir liefen zum Handelsplatz, obwohl wir uns beide nicht mehr an den Weg erinnern konnten. Nach manchem Umweg erreichten wir aber letztlich unser Ziel. Ich wäre trotzdem mit leeren Händen zurückgegangen, wenn nicht ein mir unbekannter Herr mir die größte Höflichkeit erwies und gezeigt hätte, wo sich die Hutgeschäfte befinden. Er half mir, einen Hut und andere Kleinigkeiten zu kaufen, was ziemlich lustig war, denn er konnte nur Russisch, und ich verstand kein Wort dieser Sprache, aber ich lernte zu sagen: „Wie viel kostet das?" und „das ist zu teuer". Ich habe auch gelernt, wie man mit Russen verhandelt: Wenn sie dir den Preis nennen, musst du „dumm" sagen und weggehen – dann rufen sie dir hinterher und senken den Preis ein wenig. Das sollte man so lange fortsetzen, bis die Ware für die Hälfte, manchmal sogar für ein Viertel der geforderten Summe verkauft wird. Als ich zum Beispiel sagte, ich wolle ein Hutband kaufen, wurde mir eine Schere, eine Elle oder ein Spiegel angeboten. Ich winkte und gestikulierte, und der Ladenbesitzer riss die Hälfte der Waren herunter, bis er es verstehen konnte. Der Spiegel wurde hervorgeholt, da ich sehen wollte, wie der Hut mir stehen würde etc. Mein zuvorkommender russischer Herr beschloss, mir zu folgen – er hat wohl bemerkt, dass ich mich in dieser unsagbar großen Stadt nicht sehr gut zurechtfand. Wenn ich mit ihm hätte sprechen können, hätte ich auf diese Höflichkeit gerne verzichtet. Unterwegs kamen wir an der Kaiserlichen Bibliothek, einem prächtigen Gebäude, vorbei. Er sprach die ganze Zeit und zeigte mir viele Dinge, aber er konnte sie nicht in Zeichensprache erklären – manchmal tat ich so, als würde ich verstehen, obwohl ich keine Ahnung hatte, was er meinte. In kurzer Entfernung zu unserem Haus winkten wir uns zum Abschied zu. Dann bin ich noch zehn Werst marschiert und kam spät heim, vor Lachen prustend, aber ziemlich erschöpft.

FREITAG, 12. AUGUST

Dieser Tag war für unsere Abfahrt vorgesehen. Morgens wollte ich spazieren gehen, aber außer mir hatte niemand Lust dazu. Mein Onkel de Frese war schon weg, und Papa ging selten mehr als nötig aus dem Haus. So blieb ich in unserem langweiligen Zimmer.

Um 11 Uhr am Vormittag traf der diensttuende General, Generalleutnant Capzewitsch mit drei Adjutanten ein. Da hatte ich Angst vor dem Urteil, das wir bekommen sollten. In unserem Zimmer nahm er in meinem Beisein meinen Papa und vier Offiziere hinsichtlich des Eides ins Verhör. Dann hatte ich das Vergnügen zu sehen und zu hören, wie entschieden und hartnäckig dieser ärmliche Vorschlag abgelehnt wurde. Der General setzte sofort eine finstere Miene auf und seine Gebärden wurde drohender. Er holte eine Liste mit den Namen derer vor, die versprochen hatten, den Eid zu leisten.

Aber im Zimmer gab es keine derartigen Feiglinge, auch wenn einige von ihnen ängstlich dreinschauten. Mit finsterer Miene und ohne sich zu verabschieden ging der General in ein anderes Zimmer. Alle verabschiedeten sich, nach einer Weile jedoch wurde mein Papa in einen anderen Raum befohlen, der voller Offiziere war. Dort hatte der General noch mehr Druck auf sie ausgeübt. Sie blieben dennoch unnachgiebig. Schließlich gestattete er uns von sich aus, uns in Gruppen von sechs bis acht Personen aufzuteilen, sodass wir in verschiedenen Städten des Reiches in vertrauter Gesellschaft auf bessere Tage hoffen können. Unsere Freude war groß. Eine solche Liste wurde unter Berücksichtigung der Wünsche jedes Einzelnen in aller Eile erstellt und dem General mit Dank vorgelegt. Doch als die Gruppen zu den jedem zugewiesenen Platz gingen, stellte sich heraus, dass der General eine völlig neue Einteilung vorgenommen hatte, die unserer eigenen Vorstellung so sehr widersprach, wie er es in seiner Dreistigkeit nur ersinnen konnte.

Sogar Tavast, der schwedische Pastor der Gemeinde von St. Petersburg, kam zu uns, um das Wort Gottes zu verkünden und uns auf unsere Reise zu geleiten; aber als er deutlich sah, dass unsere Soldaten ihn aus dem Fenster stoßen wollten, schlich er vorsichtig davon. Später wurden jedoch einige der nach Russland verbrachten schwedischen Soldaten durch eine ganz besondere Methode (die Hungerkur) in den Schoß der Gemeinde zurückgebracht. Als wir St. Petersburg verließen, waren von unseren 900 Männern bereits 300 gestorben.

Ein junger, höflicher russischer Offizier kam zu uns und meldete sich als unser Reisebegleiter. Uns wurde versprochen, dass wir in Nowgorod bleiben könnten. Da Versprechungen so oft gebrochen wurden, wagten wir nicht, uns über diese Hoffnung zu freuen, da die genannte Stadt nur 185 Werst von St. Petersburg entfernt ist.

Offiziere hatten das doppelte Tagegeld, solange sie sich in St. Petersburg aufhielten. Ein Regimentsoffizier erhielt 2 Rubel und ein Unteroffizier 1 Rubel am Tag. Für gewöhnlich betrug das Tagegeld die Hälfte dieses Betrags. 1 Rubel entspricht nicht mehr als 24 Schilling, obwohl in Finnland festgelegt wurde, ein erhöhtes Tagegeld zu zahlen: 32 Schilling am Tag!

Um 7 Uhr am Abend brachen wir gen Nowgorod auf. Zur Gruppe gehörten Oberst Bergenstråhle, Major Hjärne mit Frau, Hauptmann Hollsten, Adjutant Bergenstråhle, mein Papa und ich, sowie ein russischer Offizier namens Durazoff. Das erste Teilstück war lang, normalerweise betrug der Abstand zwischen den Stationen etwa drei schwedische Meilen. Es regnete und war ziemlich matschig. Meine Kutsche hatte einen kleinen Schaden. Dieser konnte jedoch schneller behoben werden, als ich erwartet hatte. Bevor wir am Zoll ankamen, dunkelte es bereits. Einige Werst außerhalb der Stadt sah die Gegend wunderschön aus, die zunehmende Dunkelheit verhinderte jedoch, dass wir unsere Umgebung gut erkennen konnten. Wir machten einen kurzen Halt und die Herren speisten. Dann bemerkte ich ein Leuchten in der Ferne: Raketen erhellten den Himmel, und kurz darauf begann ein schönes Feuerwerk. Durazoff, der französisch sprach, erzählte, dass die Kaiserin für ihren Gemahl ein großes Fest gab, das unglaublich viel Geld kostete. Dieses Fest fand auf einem Privatgrundstück statt; die Entfernung zwischen uns und dem Feuerwerk betrug fünf Werst, das Gelände war flach und der Anblick spektakulär. Wir setzten unsere Reise durch die Nacht fort, über unebene und fast überall marode Straßen, die in den Senken mit Holzknüppeln verstärkt waren. Major Hjärne und Frau, die eine große Kutsche hatten, mussten stellenweise zu Fuß gehen, weil sie in der Kutsche aufeinander stürzten. Ich weinte ein wenig vor Traurigkeit über unser Elend in meiner kleinen Kutsche, die ständig umzukippen drohte. Nachdem wir die Nacht auf diese Weise verbracht hatten, hielten wir in einem großen Dorf, in dem der Pferdewechsel stattfand.

SAMSTAG, 13. AUGUST

Im Ort trafen wir auf eine Reisegesellschaft aus Sibirien, ein Major mit seiner Familie. Sie hatten den seltsamsten Wagen, den ich je gesehen habe. Er war sehr lang, und seine Wände waren aus Fellen, durch deren Öffnungen die Herrschaften hinein klettern konnten. Nach dem Frühstück setzten wir unsere Reise bis zum Mittag fort und hielten dann erneut in einem größeren Dorf zum Abendessen. Dann ging die Reise bis in den späten Abend weiter. Die Nacht haben wir in einem kleinen Ort verbracht. Durazoff war der Schnellste von uns. Mein Papa, der seit St. Petersburg ohne Fahrzeug war, fuhr mit Durazoff auf einem schlechten Bauernkarren, und da diese Art der Beförderung unter seiner Würde war und Durazoff gewöhnlich schneller fuhr als wir auf den lausigen Knüppeldämmen, beschwerte sich mein Papa fürchterlich und sagte, er sei völlig erledigt.

SONNTAG, 14. AUGUST

Am Nachmittag um 4 Uhr kam Nowgorod in Sicht. In der Ferne ragten hohe Türme auf und die Stadt schien eine der großen und berühmten Schönheiten zu sein. Aber wie hat sie uns enttäuscht! Als wir um 5 Uhr in der Nähe der Zollstation waren, konnte man überall große alte Klöster sehen. Später in der Stadt sahen wir schmutzige Straßen, miserable Knüppeldämme und alte, schlechte Häuser – alles schien vom Zahn der Zeit schwer gezeichnet zu sein. Nachdem dies hinter uns lag, überquerten wir zwei über Talsenken führende Brücken und kamen zu einer Festung, die jämmerlich anmutete und wohl tausend Jahre alt sein musste. Auf der anderen Seite befand sich ein breiter Fluss, über den eine lange Brücke mit Schleusentoren führte. Als wir den Fluss überquert hatten, kamen wir in den anderen Teil der Stadt, der größer und schöner sein sollte, aber fast genauso hässlich war. Das Erste, was ich sah, war ein schmutziger Laden, in dem ein trübseliger Ladenbesitzer seinen Diener schlug – kurzum, alles machte einen äußerst unangenehmen Eindruck auf mich. Mit Erschütterung dachte ich an das Unbekannte, vielleicht auch an die lange Zeit, die ich in dieser Ecke der Welt verbringen würde. Da diese Straße täglich von Reisenden benutzt wird und uns keine Militärwachen von St. Petersburg begleiteten, kamen wir weder auf ungewöhnliche Weise in die Stadt, noch erregten wir zunächst große Aufmerksamkeit. Wir nahmen in einer recht ordentlichen Herberge Quartier. Der Gastgeber, ein Italiener, war höflich und wissbegierig, sprach mehrere Sprachen, schien aber die Kunst, seinen Gästen das Fell über die Ohren zu ziehen, am besten zu beherrschen; das erlebten wir beim Trinken von Tee, der ungewöhnlich teuer war.

Kurz nach unserer Ankunft bot sich ein Schwede als Dolmetscher an, aber das einschlagende Äußere des armen Mannes ließ uns zögern, ihn einzustellen. Er war auch eine tragisch-komische Figur – er behauptete, in Schweden und hier Buchbinder gewesen zu sein, und beklagte die Gleichgültigkeit der Menschen gegenüber dem Lesen, was ihn um den Verstand gebracht habe. Sein Name war Håkan Håkansson, seine Kleidung war bunt, jedes Stück Stoff hatte seine eigene *couleur*, er trug einen großen braunen Dreieckshut, der aussah, als wäre er aus alten Kalbslederstücken zusammengenäht worden. Wir trennten uns umgehend, weil wir uns für unseren Landsmann schämten. Nachdem der Oberst für Durazoff auf dessen Wunsch eine Bescheinigung ausgestellt hatte, dass dieser sich während der Reise uns gegenüber korrekt verhalten hatte, übergab

Durazoff dem Gouverneur dieses Schreiben und meldete unsere Ankunft. Bei seiner Rückkehr sagte er, dass alles zu unserem Besten arrangiert sei. Nachdem wir ihm für sein freundliches und mitfühlendes Verhalten uns gegenüber dankten, verabschiedete er sich und fuhr nach Moskau. Es liegt fast ausschließlich in der Verantwortung des Offiziers, der unseren Marsch anführt, alle Widrigkeiten zu mildern oder zu erschweren, die während einer solchen Reise auftreten können. Bislang hatten wir zwei angenehme und zwei unangenehme Reisebegleiter. Durazoff war gerade aus der Kriegsgefangenschaft in Frankreich zurück, wo er zwei Jahre verbracht hatte. Er erwähnte, dass er dort unsere gefangenen schwedischen Offiziere getroffen hatte, die zwar ziemlich schlecht, aber besser als die Russen behandelt worden waren.

Unverzüglich wurde die Unterbringung arrangiert, aber wir bekamen sie erst am nächsten Tag, also aßen wir zu Abend und übernachteten in der Herberge.

Die Straßen zwischen St. Petersburg und Nowgorod waren sehr gerade, wie mit dem Lineal gezogen und ohne einen einzigen Hügel, ziemlich breit, mit Knüppeldämmen und seitlicher Pflasterung, und nicht so marode und schrecklich wie auf der ersten Etappe.

MONTAG, 15. AUGUST

Früh am Morgen meldete sich ein zweiter Schwede als Dolmetscher, ein Zimmermann, der gegenüber dem vorherigen einen etwas besseren Eindruck machte. Er wurde akzeptiert. Um 9 Uhr machten die Herren den Antrittsbesuch beim Gouverneur (Wassilschikoff), wonach sie sich mit der Polizei auf die Suche nach einer geeigneten Unterkunft machten. Ihnen wurde die Möglichkeit zur Auswahl gegeben. In der Zwischenzeit amüsierte ich mich, indem ich die Leute auf der Straße beobachtete und ihre ausgefallenen Kleider studierte.

Da ich bereits russische Männer mit Bärten und Kaftanen bekleidet gesehen hatte, überraschten mich diese nicht so sehr wie die Frauen, die von hinten nicht wie Menschen aussahen. Sie hatten nämlich ein großes, flatterndes Tuch mit goldenen Blüten so über ihren Kopf gebunden, dass es die gesamte Frau verbarg. Ich sah nur die hohen Absätze an schlecht gemachten Schuhen und Latschen.

Die Herren waren nicht lange weg. Sie berichteten uns, dass der Gouverneur ganz nett gewesen sei, und dass alle eine Unterkunft bekommen hatten, wonach wir dorthin eilten. Auf der Straße hörten wir ein Lied, das laut schallte. Wir drehten uns um und sahen eine große Gruppe von Frauen, Männern und Kindern, die sehr langsam vorwärts marschierten. Der Zimmermann, der uns begleitete, sagte, es sei ein Leichenzug. Nachdem wir eine beträchtliche Strecke zurückgelegt hatten, kamen wir zum Haus eines reichen Kaufmanns, in dessen Haus wir unterkommen sollten. Wir wurden von einer vergnügten alten Großmutter und einem netten jungen Mädchen begrüßt, die uns in großer Gastfreundschaft in zwei möblierte Zimmer, die Küche und verschiedenen Komfort einwiesen. Ich glaube, die gute alte Großmutter hätte uns das ganze Haus überlassen, wenn es in ihrer Macht gestanden hätte. Nach einer Weile brachte sie uns getrockneten Fisch, den ich noch nie gegessen hatte, der aber gut schmeckte, sowie gutes Brot und Branntwein.

Am Nachmittag brachten wir unsere Sachen in Ordnung. Mein Zimmer lag neben dem eines jungen Mädchens; ihr Name war Blaga. Eine Glastür trennte uns voneinander. Ich hatte wirklich schöne Möbel. Die drei Gemälde, die die Wände schmückten, haben mir ganz gut gefallen. Es gab kein Bett, also schliefen ich und meine Kammerzofe auf dem Boden. Mein Papa bekam den großen Saal. Eine Trennwand teilte eine Ecke als Schlafzimmer für ihn ab.

DIENSTAG, 16. AUGUST

Am Vormittag kauften wir Geschirr und Lebensmittel. Der Gouverneur besuchte meinen Papa. Er war ein junger, unverheirateter Kavalier, ein wahrer Kammerherr mit vielerlei Fähigkeiten. Er wirkte intelligent, aber zurückhaltend und melancholisch. Er war sehr höflich und lud die Herren für morgen zum Abendessen ein. Am Nachmittag besuchten wir Major Hjärne und Gattin, die weit von uns entfernt wohnten. Sie waren mit ihren Gastgebern nicht zufrieden. Der Oberst wohnte von uns allen am besten, bei dem reichsten Kaufmann der Stadt, mehr als eine Werst von uns entfernt.

MITTWOCH, 17. AUGUST

Am Vormittag machte ich nähere Bekanntschaft mit Blaga, die mir die russische Sprache beibringen wollte. Sie zeigte mir ihren ganzen Schmuck, der aus vielen echten Perlen bestand, ihre ausgefallenen und zugleich kostbaren Kleider etc., und zu all dem sagte ich *khoroshiy* (sehr gut), das einzige russische Wort, das ich gelernt habe. Über einen Dolmetscher erzählte sie, dass ihr Vater mit Namen Wassilvjurna Tarras mit ihrer Mutter und ihrem Bruder 2000 Werst gereist war, um Salz für diese und einige andere Städte einzukaufen; dass sie schon lange fort sind und erst im Oktober zurückkehren würden; dass ihre alte Großmutter die Mutter ihrer Mutter sei, etc. Sie war neugierig auf meine Garderobe, die ich ihr zeigte, aber sie gefiel ihr überhaupt nicht. Ich habe schon einige Worte Russisch gelernt.

Um 3 Uhr am Nachmittag begab sich mein Papa zum Gouverneur zum Abendessen. Blaga und ich schlenderten in ihrem Garten herum. Ich habe gelernt, Sonnenblumenkerne zu essen. Sie schmeckten nach Mandeln. Um 5 Uhr zog Blaga sich an und ging dann mit ihrer Großmutter zum Beten in die Kirche. Papa kam ganz zufrieden nach Hause, nachdem er vom Gouverneur, der eine große und schöne Bibliothek besitzt, die Erlaubnis erhalten hatte, Bücher auszuleihen. Mein Papa hatte jetzt die Bekanntschaft einiger gelehrter Herren sowie des Landmarschalls vom Ritterhaus des Gouvernements und eines Franzosen gemacht, der General der Kavallerie in russischen Diensten ist und Quinsona heißt. Sie waren hier stationiert.

DONNERSTAG, 18. AUGUST

Am Morgen begann ich Handarbeiten zu machen. Uns gegenüber wohnt ein Polizeichef im Rang eines Majors. Er spricht nur Russisch. Mein Papa besuchte ihn, und dieser stattete ihm sofort einen Gegenbesuch ab, aber das Gespräch verlief schleppend und für mich merkwürdig, da sich die Herren der Pantomime bedienten, in der mein Papa weniger geübt ist als der Polizeichef. Dieser hat eine junge, gutaussehende Frau, die oft am Fenster sitzt – meinem Fenster gegenüber – und Handarbeiten macht. Wir sehen einander an. Ich würde sie gerne kennenlernen, aber sie spricht nur Russisch, was für mich Hexenwerk ist. Am Nachmittag kamen Mitglieder unserer Reisegesellschaft auf Besuch zu uns nach Hause. Jeder sprach darüber, was er gesehen und gehört hatte. Für den nächsten Tag lud uns der Oberst alle zum Abendessen ein.

FREITAG, 19. AUGUST

In allen Städten des Russischen Reiches wird jede Woche an einem bestimmten Tag Markttag gehalten. Hier in Nowgorod ist freitags Markt; dann kommen viele Landbewohner mit ihren Lebensmitteln, die man zu günstigen Preisen kaufen kann, in die Stadt. Manchmal jedoch sind die Preise nicht so billig. Im Landesinneren lernt man, mit wenig Geld auszukommen.

Heute hatte ich die Idee, mit der Großmutter auf den Platz zu gehen, wo der Markt stattfand. Mit Erstaunen sah ich, wie sie einen Sack mit abgetragenen Schuhen und einen weiteren mit altem Metallschrott mitnahm, die sie auf dem Markt einer Frau zum Verkauf überließ. Bauern und Arme kaufen dergleichen.

Nun kann ich von der Schönheit des Marktes berichten: Es war ein großer Markt mit vielen Ständen und Waren, die die Händler den Passanten nach russischem Brauch eifrig anboten. Ich, die ich mit niemandem sprechen konnte, fühlte mich bedrängt von all der erstaunten Aufmerksamkeit und der Erklärungen über mich, welche die Großmutter jedem Bekannten, den sie traf, geben musste. Das machte unseren Weg zum Markt quälend lang. Ich grübelte, ob die Russen von Natur aus neugieriger sind als unsere Leute. Wie ich aus dem, was ich gesehen habe, schließen kann, ist das in allen Gebieten, die ich besucht habe, der Fall.

Hier gab es keine feinen Leute (*bättre folk*) zu sehen, sondern nur Bürger und Bauern, die verkauften und kauften. Ich sah ein Sammelsurium an Wertsachen und Lumpen in einem süßen Durcheinander, verkauft von den hässlichsten und schmutzigsten Weibern und alten Männern, die die ganze Zeit über auf der nackten Erde im tiefsten Schlamm sitzen, denn der Markt ist nicht gepflastert. Im Winter sitzen sie auf Matten oder Fellen, die in einer geraden Linie im Schnee ausgerichtet sind; mitunter stehen sie auch im Kreis. Hier saß eine Großmutter, die die miserabelsten Zobelmuffe anbot; dort saß ein Alter mit rostigen Eisenstücken; hier ein Weib, das echte Perlen verkaufte; daneben ein anderes mit Gold und Silber; mit ihnen zusammen verkaufte eine Frau erbärmliche Lappen und wieder eine andere Frau Pfannkuchen; einige hatten Sauerkraut und wieder andere eine unglaubliche Menge an Gurken und Zwiebeln, die die größte *delice* (Delikatesse) in Russland darstellen. Es gab vielerlei Esswaren in rauen Mengen. Ich war froh, als ich mich von meiner Großmutter wegschleichen konnte, um diesem Chaos zu entrinnen. Ich kehrte mit dem Vorsatz nach Hause zurück, nie wieder einen Freitagsmarkt zu besuchen. Aber gern schicke ich meine Kammerzofe Stille zum Einkaufen dorthin.

Die im Herbst eingelegten Gurken werden von hier aus fassweise nach St. Petersburg gesandt; ein halbes Fass wird dorthin zum Einkaufspreis von 2,50 Rubel verkauft. In Salzlake eingelegt, sind die Gurken köstlicher als die in Weinessig eingelegten Gurken in Schweden.

Am Nachmittag gingen wir zum Oberst. Der Weg dorthin war sehr lang. Wir wohnten an verschiedenen Enden der Stadt, jedoch innerhalb der Festungsmauern. Ich habe kein einziges anständiges Haus gesehen, weder aus Holz noch aus Stein. Nach dem Tee machte ich mit ein paar anderen einen Spaziergang zu den Lastkähnen am Flussufer. Es handelt sich dabei um eine Art übermäßig breiter, langer und flacher Boote, die mehrere tausend Meilen quer durch das Reich über Seen und Flüsse treiben. Auf ihrem Weg nach St. Petersburg passieren sie alle Nowgorod, gefüllt mit Getreide und allen möglichen Lebensmitteln etc. Sie bringen ein bis zwei Jahre auf ihrer Reise zu; von hier bis St. Petersburg ist die Strömung so schnell, dass sie die zwei unförmigen Ruder nur selten zum Rudern benutzen müssen. Ich habe ähnliche Prahmen bereits in St. Petersburg gesehen, die Heu und Stroh dorthin brachten. Sie waren überdacht und sahen aus wie schwimmende Häuser auf dem Wasser. Da sie beim Umdrehen eine Gegenströmung erzeugen würden, können sie nicht von St. Petersburg zurückgebracht werden, sondern sie werden dort als Brennholz an einfache Leute verkauft. Dann kehrten wir zum Oberst zurück, aßen zu Abend und verabschiedeten uns um 11 Uhr.

Den Vormittag verbrachten wir zu Hause, aber am Nachmittag um 4 Uhr sind mein Papa und ich durch einen Teil der Stadt spaziert. Die Stadt war einst befestigt, und die alten Ruinen und Torfwälle sind noch erhalten. Wir liefen darauf und haben dabei einen großen Teil der Stadt und des umgebenden Landes gesehen. Hier gibt es mehrere Kirchen (alle griechisch-orthodoxe) und Gärten mit wenig anderem als Zwiebeln, Gurken und Kohl; ganz selten Obstbäume. Der Anbau von *Potatoes* (Kartoffeln) hat noch nicht das Vertrauen der einfachen Leute gewonnen, denn hier werden Rüben bevorzugt. Das umgebende Land ist, soweit das Auge reicht, ein Meer von flachen Feldern, ohne Baum, Felsen oder Anhöhen, und so soll es bis Moskau weitergehen – die Straße dorthin führt durch diese Stadt. Es gab viele Klöster zu sehen, die sich einst innerhalb der Stadt befanden, jetzt aber einige Werst außerhalb liegen, was eine Vorstellung von der einstigen Größe der Stadt vermittelt: Vor der Erbauung Moskaus soll sie die größte und prächtigste des Reiches gewesen sein, aber seit Zar Peter der Große St. Petersburg erbaute, ist sie so verfallen, dass nichts von ihrem Glanz übrig ist. Jetzt leben hier hauptsächlich Bürgerliche, die Handel treiben, besonders mit St. Petersburg. Sie sind sehr wohlhabend. Die Bevölkerungszahl beläuft sich auf etwa 11000 Menschen.

Unser Gastgeber hat einen kleinen Turm auf sein Steinhaus gebaut, was hier eine sehr gebräuchliche Form der Verzierung ist. Unter Blagas Führung bestiegen wir den Turm. Von dort aus sahen wir beide Teile der Stadt, die Festung, die Felder, sämtliche Klöster, einige Herrenhäuser, den Fluss mit seinen Lastkähnen und, eine Meile entfernt, den See, an dem der Fluss seinen Anfang nimmt. Dieser Ausblick war wirklich schön. Wir zählten, dass es in der Stadt 52 Kirchen und auch viele Kapellen gibt. Als wir auch die Kirchen um die Stadt herum zählten, kamen wir auf fast einhundert. Die griechisch-orthodoxen Kirchen liegen manchmal so dicht beieinander, dass ich den Sinn nicht sehe, es sei denn, dass in alten Zeiten jeder reiche Grundbesitzer seine eigene Kirche hatte. Die Anzahl der Kirchen gibt einen Hinweis auf die Zahl der Heiligen. Es kommt selten vor, dass zwei Kirchen die gleichen Heiligen haben, auch wenn die Wand einer Kirche stets voll von ihnen ist. Viele der Heiligen liegen in Silbersärgen in prunkvollen und luxuriösen Grabkapellen. Am Ende jeder Dorfstraße und auf den Brücken und Straßen der Städte gibt es Kapellen aus Holz, die einem Brunnenraum in unseren Gesundbrunnen ähneln. Dort brennen täglich Wachskerzen, um Passanten oder Vorbeifahrenden die Möglichkeit zur Begegnung mit den Heiligen zu geben. Alle Kirchen in Russland sind aus Stein, mit Ausnahme der schwedischen Kirche in Hamina.

Nachdem wir die Aussicht vom Turm genossen hatten, ging Blaga wieder ins Haus und ich zur Schaukel auf dem Hof. Sie ist ungewöhnlich, aber nicht gefährlich. Ich sitze dort jeden Abend mit meinen Handarbeiten. Oft laufe ich aber auch in den Garten und nasche Beeren.

SONNTAG, 21. AUGUST

Am Vormittag sah ich die Bürgerfrauen (die auf Russisch *Matoska* genannt werden) mit schmucken Kleidern in die Kirchen gehen. Ihre Bekleidung muss ich beschreiben – sie ist sehr speziell. Das Haar wird aus dem Gesicht gestrichen und zu einer langen, hängenden Peitsche mit straffen Bändern am Ende geflochten. Auf die Stirn wird eine gefaltete Perlenschnur gebunden, die aus kleinen echten Perlen besteht, aber am Rand große Perlen aufweist. Die Spitze ist etwa einen Viertelzoll breit und reicht bis zu beiden Ohren. Um den

Hals wird ein Stück gestärktes Papier gebunden, das an der Vorderseite 1,5 Ellen misst. Dort befindet sich ein breites Gold- oder Silberband in der gleichen Form mit Kunstperlen und mehrfarbigen Steinen bestickt; über all dem thront eine offene, eine Viertel Elle hohe Krone aus Gold- und Silberbändern. Am Hals ist eine ungewöhnlich breite, aus Borte genähte Taftrose befestigt. Oberhalb der Perlenspitze glitzert auf der Stirn eine Blume. Der große Ohrschmuck wurde aus echten Perlen gefertigt. Die Gesichter sind weiß und rot geschminkt, aber ihr Make-up ist solchermaßen, dass es die Haut nicht verfälscht, und sie normalerweise eine sehr schöne Haut haben. Die Zähne sind absichtlich geschwärzt, was für das ungewohnte Auge sehr störend wirkt. Die vollständig runden, wahrscheinlich acht Ellen breiten Röcke sind aus dickem Seidenstoff mit aufgestickten Gold- und Silberrosen gefertigt und um die Taille mit einem eine Viertel Elle breiten Goldband gerafft. Oberhalb des Rockes sitzt ein schmales Nadelmieder zwischen den Achseln, ärmellos und mit einem sehr tiefen Ausschnitt. Der Rock ist lang, unförmig weit, in der Taille in Falten gelegt und mit Papier zwischen dem Stoff und dem Futter versehen, damit die Falten schön bleiben. Der Rock ist an den Rändern mit goldenen Bändern eingefasst. Der Faltenstoff besteht aus feinem Leinen, ist im Brustbereich in Falten gelegt und so gerippt, dass eine breite, echte Perlenstickerei zum Vorschein kommt, die in der Regel aus sieben Schichten ziemlich großer Perlen besteht. Die Leinenärmel sind sehr weit und faltig, mit einem Innenfutter um das Handgelenk und einer Falte oberhalb des Ellenbogens. Die Ärmel sind aus besticktem Nesselstoff gefertigt. An den Unterarmen trägt man mehrere mit echten Perlen besetzte Armbänder. Die fein verzierte Schürze ist aus durchsichtigem Stoff und wird quer über die Brust fast bis zum Hals gebunden. Sie tragen eine große mit Gold oder Silber verzierte Stola. Ich habe viele Frauen mit Diamantringen und verzierten Schuhen gesehen, aber manchmal ohne Absätze. Bei bestimmtem Wetter ist ihr Gang etwas phantasievoll. Alle gehen gleich schwerfällig, und wenn sie sich grüßen, ist das ziemlich zeremoniell und einstudiert. Sie küssen sich zweimal, wie es im ganzen Reich üblich ist, sowohl bei den besseren Leuten als auch beim einfachen Volk. Fast alle von ihnen sind fett, dumm, überheblich, neugierig und ja, auch eingebildet.

Am Nachmittag überredeten wir Blaga mit uns in ein Mönchskloster außerhalb der Stadt zu fahren. Die Kirche war inmitten eines großen Burghofs errichtet, den hohe Mauern und viele verfallene Häuser umgaben. Auf der anderen Seite der Mauer befand sich ein Park, in den niemand durfte. Wir haben nicht einen Mönch gesehen, was uns zu dem Schluss brachte, dass es hier nicht sehr viele von ihnen gab.

Nachdem wir zurückkehrten, ging mein Papa zum Oberst, aber ich setzte meine Fahrt mit Blaga durch die Stadt zu einem Nonnenkloster hinter der anderen Zollstation fort. Freundliche Nonnen im langen schwarzen Habit mit Rosenkranz in den Händen kamen uns im Hof entgegen. Sie brachten uns zu drei Kirchen, von denen keine besonders schön war. Sie schienen arm zu sein. Ihre religiösen Regeln sind nicht mehr so streng wie früher. Sie gelten nun als im Ruhestand und erhalten nur 12 Rubel im Jahr von der Krone, was sie zum Betteln zwingt. Ihre Kleidung ist im Vergleich zu früher unverändert, ebenso wie die der Mönche. Aus den gelehrten Mönchen werden Bischöfe. Niemand sonst kann dieses Amt übernehmen. Einem Bischof ist es nicht erlaubt, zu heiraten. Andere Priester dürfen das, aber nur einmal. Nachdem wir den Nonnen etwas Geld gegeben hatten, fuhren wir mit Blaga zu ihrer Schwester Maryka Wassilvjuna, die verheiratet ist; sie bewirtete uns mit Tee und Konfitüre, danach fuhren wir mit unseren Wagen nach Hause.

Die Russen haben mehrere Fastenzeiten im Jahr, eine oder zwei davon dauern sieben bis neun Wochen. Dann nimmt man kein Fleisch, keine Milch, keine Eier, keine Butter etc. zu sich., nur Fisch und Wurzelgemüse. Die Adligen praktizieren diese Buße nicht sehr streng. Jetzt war gerade eine lange Fastenzeit, die bald zu Ende geht.

MONTAG, 22. AUGUST

Jeden Tag kommen hier viele Gefangene vorbei, die angeblich auf dem Weg nach Sibirien sind; heute war die Menge groß. Sie sind paarweise an Händen oder Füßen gefesselt, laufen ohne Mütze und betteln mit einem viel zu kläglich klingenden Lied; sie bekommen fast von jedem Almosen durch die Fenster. Ihre Wache besteht aus mehreren Bauern, die mit großen Knotenstöcken und Peitschen von einem Dorf zum nächsten ziehen. Ich habe gehört, dass die Gefangenen mehr als ein Jahr auf der Straße zubringen. Die Armen der Stadt dürfen nur samstags betteln; dann drängeln sie sich unter den Fenstern und bekommen normalerweise von jedem Almosen. Dies ist eine beträchtliche Zahlung, denn hier ist man sehr wohlwollend gegenüber den Armen. Das ist die einzige Seite, die ich an ihrer Religion schätze.

Der Landmarschall des Ritterhauses besuchte meinen Papa. Den Abend verbrachten wir bei Major Hjärne und Gattin.

DIENSTAG, 23. AUGUST

Wir wohnen in der Hauptstraße, und es macht mir Freude, die vielen Reisenden zu beobachten, die nach Moskau fahren und von dort kommen. Sie ziehen an unseren Fenstern vorbei. Nach St. Petersburg fahren täglich acht bis zehn unterschiedlich aussehende Kutschen, zusätzlich zu denen, die ohne Zwischenhalt durch die Stadt fahren.

Am Morgen lud uns unsere vergnügte Großmutter für den Abend zum Essen ein. Sie wird im ganzen Haus als *baboska* (Großmutter) bezeichnet – sogar wir tun das. Das Essen war für uns sehr ungewöhnlich, eine Mischung aus gut und schlecht. Mein Papa hat es nicht gemocht. Ich esse es wie jedes andere auch und vergesse sofort, was ich gegessen habe. Aber es war speziell, dass bei so reichen Leuten, wo wir zum ersten Mal zum Abendessen eingeladen waren, eine schmutzige, eingerissene und sehr grobe Decke auf dem Tisch lag und viel Unordnung herrschte, was hier überall der vorherrschende Makel ist.

Am Nachmittag war ich zu Hause. Gegen Abend machten mein Papa und ich einen Spaziergang zu den Wallanlagen. Bei unserer Rückkehr war General Quinsona eingetroffen, um sich von meinem Papa zu verabschieden. Er sollte mit seinem Kavallerieregiment nach Finnland marschieren.

MITTWOCH, 24. AUGUST

Am Vormittag sah ich eine Beerdigung. Diese finden in der Regel morgens statt und ziehen eine große Menschenmenge an, da sich alle zerlumpten Schaulustigen der Prozession anschließen. Wenn alle geladenen Gäste anwesend sind, wird ein Gottesdienst rund um den Leichnam abgehalten. Der Priester wirft Weihrauch darauf, und alle küssen die Hand des Toten. Dann gehen Männer und Frauen in folgender Reihenfolge in die Kirche: zuerst der Glockenspieler mit einer Schüssel Reisbrei, dann zwei Priester, die das Kreuz und den Heiligen tragen. Dann kommen einige Männer, die auf ihren Schultern den Sarg auf einer Bahre tragen, in dem der Verstorbene mit faltigem, bloßem Gesicht liegt; hinter dem Sarg tragen sie Sargdeckel und -himmel. Dann gehen Männer und Frauen ungeordnet hinein. Alle tun so, als würden sie weinen und klagen, und sie singen und blasen jämmerlich auf ihren Flöten, wozu der Glockenspieler sie musikalisch begleitet. Auf Beerdigungen der feinen Leute singen nur der Pfarrer und der Glockenspieler. Alle gehen barfuß, außer die Frauen. In der Kirche wird nochmals ein Gottesdienst abgehalten. Alle Gäste müssen einen Löffel Brei vom Kopf des Leichnams essen. Ich weiß nicht, was das zu bedeuten hat. Der Leichnam bekommt Geld, und von diesem Geld erhält der Zahlende eine Kerze, die er vor das Bild des Heiligen stellt, den er am meisten liebt. Dann wird der Leichnam wieder geküsst. Der Sarg wird zugenagelt und in der Kirche belassen (ich weiß nicht, wie lange), danach gehen alle zum Haus des Verstorbenen, um dort bewirtet zu werden.

Man berichtete mir, dass bei der Taufe eines Kindes das Kind das Abendmahl erhält. Ein kleines Kreuz, welches das ganze Leben getragen wird, ist um seinen Hals gebunden. Wenn Mädchen geboren werden, werden ihnen sofort die Ohren gestochen.

Am Nachmittag machten wir die Bekanntschaft eines alten Goldschmieds. Er sprach etwas Schwedisch und versprach, uns bei allem zu helfen. Wir hatten gehört, dass der Tischler, der unser Dolmetscher war, aus dem Gefängnis von Hämeenlinna geflohen und zudem ein Sünder war. Er wurde mit dem Befehl entlassen, nicht mehr wiederzukommen.

DONNERSTAG, 25. AUGUST

Prasnik bedeutet Feiertag, und den gibt es hier zwei- bis dreimal pro Woche, zusätzlich zu den Sonntagen. Manchmal ist es so, dass eine ganze Woche oder mehrere Tage hintereinander Feiertage sind, denn die Geburtstage, Namenstage, Amtseinführungen, Todes- und Begräbnistage jedes Heiligen, Apostels und verstorbenen Bischofs sind große Festtage. Es gibt auch Feiertage für Gott, Jesus, Maria, Adam und Eva etc. Der Tag der Thronbesteigung des Kaisers sowie die Geburts-, Namens- und einige Todestage der gesamten kaiserlichen Familie werden ebenfalls begangen. Alle Tage, an denen Frieden geschlossen wurde und insbesondere der Jahrestag der Schlacht von Poltawa sind ebenfalls Feiertage. Ihre Anzahl ist unglaublich. Die einfachen Bürger erachten all diese Tage für der Verehrung des Heiligen würdig und besuchen mit großer Hingabe die Gottesdienste. Sie sind so voller Eifer und Aberglauben, dass niemand ohne Mitleid darauf schauen kann, wie es in unserer Zeit eine so unaufgeklärte Nation geben kann. Daraus folgt auch, dass die Menschen relativ wenig arbeiten, die feinen Leute allerdings arbeiten umso mehr. In der Tat befolgt die Herrschaft nicht alle Regeln sehr streng, obwohl die meisten von ihnen in der Kirche mit ihren Kreuzzeichen, ihren Verbeugungen und ihrem Gesang sehr fromm sind. Aber manchmal lachen sie und reden laut über unwichtige Dinge, was man bei gewöhnlichen Menschen nie hört. In allen Zimmern und Bauernhäusern sieht man Heilige in den Ecken, mit einer Hängelampe davor, die an den Vorabenden der Feiertage angezündet wird und die ganze Nacht hindurch brennt. Jeder Russe, der hereinkommt, bekreuzigt sich vor dem Heiligenbild, bevor er jemanden anspricht. Über den Bildern hängen auch bunt bemalte Eier, die in der Osternacht dort platziert werden. Wenn Sie am Ostermorgen einen Russen auf der Straße oder im Haus treffen, und er Ihnen ein Ei gibt, müssen Sie ihn auf die Wange küssen. Sogar kaiserliche Personen sind gezwungen, diesen Brauch selbst mit den gemeinsten ihrer Untertanen zu befolgen.

Ihr Fest am 13. Tag nach Ostern [lt. Gregorianischem Kalender] ist eine der bedeutendsten und bizarrsten. Es beginnt am Morgen und heißt Jordan. Alle Kriegstruppen halten eine Parade an einem See, Fluss oder Teich ab, wo von Priestern Kerzen angezündet werden. Die Glocken läuten. Das Wasser wird geweiht. Das Kreuz wird ins

Wasser getaucht. Und das Bild des Erlösers wird beträufelt. Die feineren Leute werden mit geweihtem Wasser besprengt, es kommt jedoch fast immer vor, dass sich die einfachen Leute ins Wasser werfen, selbst wenn es so kalt sein muss wie möglich.

In ihren Schlafzimmern sieht man oft eine Wand voller silberner Heiliger in Holzrahmen, und in den Zimmerecken gibt es auch mehrere Schränke für die Heiligen mit Lampen und Eiern und schmalen Wachskerzen, die in manchen Häusern die ganze Nacht hindurch brennen. Vor diesen Heiligen bekreuzigen sie sich abends und morgens.

In einer kleinen Vitrine in meinem Schlafzimmer habe ich auch ein Porträt, das wirklich ein Meisterwerk des Zeichnens und der Malerei ist. Blaga will mir oft beibringen, wie man sich vor ihm bekreuzigt, aber so eine Lektion lehne ich ab. Dennoch habe ich Angst, dass wir als Heiden gelten; wir leben ja auch weitestgehend ähnlich, auch wenn wir hier unseren wahren Gottesdienst nicht praktizieren können. Und wenn man sieht, wie andere so eifrig bei der Sache sind, ist es anstrengend, unseren allmächtigen Herrn nicht öffentlich zu preisen.

Die Kirchen hier sind mehrere Stunden am Tag geöffnet, sodass jeder, der möchte, dort hingehen kann. Jeden Abend um 6 Uhr findet eine Andacht statt. Im Inneren gibt es keine Bänke; alle stehen vor dem Altarraum, der eine große Tür und zwei kleinere an den Seiten hat. Von dort kommen die Priester herein, einer nach dem anderen, werfen Weihrauch in die Runde und sagen etwas auf Slawisch, von dem ich nicht glaube, dass es alle verstehen. Oben steht ein Chor, eine Gruppe von Männern und Jungen, die fast ununterbrochen singen. In manchen Kirchen klingt der Gesang schön. Der Gottesdienst besteht hauptsächlich daraus und aus dem Glockenspieler, der ungewöhnlich schnell und viel über einem dicken Buch quasselt. Die Gemeinde (wohlgemerkt: die Mittelschicht inbegriffen) wirft sich in der Regel auf den Boden und drückt ihre Stirn vor den silbernen und goldenen Heiligen an die Erde. In dieser seltsamen Position liegen sie mehrere Minuten, und wenn sie aufstehen, bekreuzigen sie sich fast ununterbrochen.

Wenn ein Griechisch-Orthodoxer einen Lutheraner heiratet oder umgekehrt, muss die Trauung per Gesetz auf griechisch-orthodoxe Weise stattfinden und ihre Kinder werden in dieser Religion erzogen. Kein Russe geht jemals an einer Kirche vorbei, ohne sich zu bekreuzigen. Sie können auch lange Zeit stehen und Kreuze schlagen. Die Höflichkeit und der Respekt, den das einfache Volk anderen entgegenbringt, ist bewunderungswürdig. Zwei Bauern begegnen sich nie, ohne in Demut die Mütze zu ziehen und einander zuzunicken. Wenn sie sehr vertraut sind, küssen sie sich zweimal; die größten Missetaten bleiben jedoch unter dem Fell versteckt. Vor allem die Faulheit ist der große Makel des Bürgertums. Knaben scheinen nur dazu erzogen worden zu sein, Drachen zu bauen, die unter unaufhörlichem Lärm die Straße auf und ab fliegen. Die Hauptleidenschaften des Russen sind Singen und Stehlen, Saufen und Stillosigkeit in der gröbsten Art und Weise. An den *Prasnik*-Tagen ziehen junge bürgerliche Mädchen und Jungen normalerweise abends durch die Straßen, lärmen unter den Fenstern und singen johlend und schreiend, was nicht einmal die Leute bei uns zu Hause tun würden. Die Bauern und Bediensteten sind in der Regel Leibeigene; sie werden wie Vieh verkauft und gekauft. Ein Knecht kostet hier etwa 250 und eine Magd 120 Rubel. Während ihres Dienstes erhalten sie nur dürftiges Essen und sehr wenig Kleidung. Ansonsten liegt die Behandlung im Ermessen des Eigentümers: Es gibt darüber kein Gesetz. Es heißt, dass Kaiser Alexander ihr

Schicksal mildert und täglich versucht, diesen schändlichen Handel zu unterbinden. Es stimmt, dass er vor kurzem einen Ukas erlassen hat, dass, wenn jemand sein Eigentum (Bauern werden hier als Eigentum bezeichnet) aufgeben will oder dazu gezwungen ist, er es an niemanden außer an ihn verkaufen darf, und er dann jedem Bauern 500 Rubel geben und ihn sofort freilassen wird. Aber die armen Mägde werden bei dieser teuren Befreiung vergessen. Die Grundbesitzer haben jedoch das Recht, ihren gesamten Besitz auf einmal an jedermann zu verkaufen. Mitunter ist der unentbehrlichste Besitz der besseren wie der einfachen Leute eine gute Sauna; und die sind hier so gut ausgestattet, wie man es sich nur wünschen kann. Somit kommen sie der Sauberkeit ein gutes Stück näher. Meine liebe Blaga macht mir oft die Freude, diese Einrichtung zu benutzen. Außer bei langen festen Zeiträumen saunieren sie auch zweimal in der Woche, mittwochs und freitags. Dann trinken Sie Tee und Kaffee ohne Sahne. Tee wird reichlich verbraucht; er ist auch für 3 Rubel pro Pfund (410 g) erhältlich und sehr gut.

Ich glaube nicht, dass es irgendwo auf der Welt so viele Gurken gibt wie hier. Mit 5 Kopeken, was in unseren Münzen 6 Styliver (Silberöre) entspricht, füllt man einen Teller; jede Mahlzeit für fünf bis sechs Personen besteht aus großen Schalen randvoll mit Gurken. Wir essen jeden Tag eine ordentliche Portion davon. Russische Bauern bevorzugen sie frisch. Sie wissen, wie man alle Ackerpflanzen gut nutzen kann. Ich habe mit Staunen vieles gegessen, was ich für nutzlos hielt, beispielsweise Pilze, Kürbisse, Mohnsamen, Gräser etc.

Am Nachmittag machten mein Papa und ich einen Spaziergang zu den Ruinen der Burg, in der die erste Gattin des Zaren lebte: die arme Frau, wie beengt muss es ihr gewesen sein, in den dunklen Gewölben und mit Fensterläden vor den Fenstern! Die Leute reden immer noch davon, wie fleißig und betriebsam sie war. Sie soll eine Spindel und ein Spinnrad in der Burg hinterlassen haben, aber ich habe sie nicht gesehen.

Dann sahen wir uns die alte Festung aus der Nähe an. Sie erfüllt heute keinen Zweck mehr. Innerhalb der Backsteinmauern wohnt der griechisch-orthodoxe Metropolit in seinem Winterpalais, dem einzigen anständigen Gebäude in der ganzen Stadt, das jedoch nach eigentümlich russischem Geschmack gebaut wurde. Dieses Amt ist nach dem des Archimandriten von St. Petersburg das höchste im Klerus. Er renommiert hier mit seiner Bekleidung und ist ein netter junger Bursche. Neben seinem Palast steht die älteste, prächtigste und größte Kirche der Stadt – die Domkirche mit ihren riesigen Glocken. Vor einigen Jahren fiel eine von ihnen aufgrund ihres Gewichts zu Boden, wo sie noch immer im Boden versunken ist. Im Inneren der Festung befindet sich auch eine große Kaserne mit einem großen Platz in der Mitte. An zwei Ecken der Mauer befinden sich Türme: In einem lebte einst der Zar, jetzt wird er als Gefängnis genutzt. Außerhalb der Mauern befinden sich auf drei Seiten tiefe, trockene Festungsgräben und auf der vierten Seite der Fluss.

FREITAG, 26. AUGUST

Nachdem ich Stille auf den Markt geschickt hatte, ging ich selbst zu Blaga und lieh mir Geschirr von ihr aus, da Major Hjärne mit Frau und der Oberst mit seinen Herren zu uns zum Essen kommen werden. Morgen sind die Teetassen etc. gekauft, damit wir uns dann nichts mehr leihen müssen.

Am Nachmittag trafen unsere Gäste ein. Die Herren haben Karten gespielt. Frau Hjärne und ich gingen zu Blaga, um sie zu begrüßen, und sie kam, um uns zu sehen. Ich habe reichlich Sonnenblumenkerne angeboten. Beim Abendessen haben wir über den schlechten

Tisch gelacht. Dass die Durchführung des Abendessens bescheiden war, erfolgte in gegenseitigem Einvernehmen.

SAMSTAG, 27. AUGUST

Am Morgen ging ich mit Frau Hjärne einkaufen. Wir hatten schon so viel Russisch gelernt, dass wir allein zurechtkamen, denn Blaga hatte uns einige Wörter beigebracht. Hin und wieder spielen die Herren bei dem Italiener Billard, aber wegen der großen Entfernung haben sie nur selten Gelegenheit dazu. Mein Papa, der sich früher mit Lesen und Schreiben vergnügte und auf fröhliche Feste ging, ist hier unglaublich schwermütig, insbesondere da ihn bereits das Heimweh schmerzt und er nie lernen kann, Russen oder irgendetwas Russisches zu ertragen. Stille bereitete mir noch mehr Sorgen, denn wenn sie einen Russen traf, war sie fast immer unhöflich und gehässig ihm gegenüber. Ich konnte meinen Papa nicht dazu überreden, tolerant und geduldig zu sein, und auch Stille konnte ich nicht Einhalt gebieten, obwohl sie sich vor Sibirien fürchtete. Sie wollte nach Hause fahren. Ich befand mich in vielerlei Hinsicht in einer sehr schwierigen Situation, aber ich verlor weder meine Hoffnung noch meinen Mut, denn mein Papa war ansonsten liebevoll, wohlgesonnen und freundlich mir gegenüber – und ich weiß, wie ich Stilles Verhalten verbessern kann.

Die absonderlichen Gerüchte, die täglich über Schweden und den Krieg kursierten, selbst hier in der Ferne sowie die Ungewissheit, wie lange unsere Pein andauern würde, waren meine größte Sorge. Am Vormittag lud Blaga Frau Hjärne und mich zum Bad in ihrer Sauna ein, was wir gerne annahmen.

SONNTAG, 28. AUGUST

Am Vormittag lasen wir Bastholm[10]. Am Nachmittag besuchten wir Major Hjärne und seine Frau, wo auch die anderen Schweden anwesend waren. Frau Hjärne und ich amüsierten uns beim Beobachten der *Prasnik*-Festtagsgäste und stellten Vergleiche zwischen unserem alten Zuhause und diesem an. Die Herren haben diesen Spaß verpasst. Ich war erstaunt über die Art und Weise, wie die Frauen ihre Tücher trugen: Sie wickelten sie um ihre Hüften und Arme bis hinunter zu ihren Füßen. Wir vereinbarten, dass wir am nächsten Tag, ebenfalls einem *Prasnik*, den Passanten zur Kirche folgen würden, wo ein Gottesdienst stattfand.

MONTAG, 29. AUGUST

Um 9 Uhr am Morgen machten wir uns zu Fuß auf den Weg zu Major Hjärne und Frau. Der Dolmetscher war schon vor uns da. Um 10 Uhr ertönte auf der Straße ein frommes Lied, und kurz darauf erschien eine Prozession, angeführt von mehreren Priestern in festlicher Kleidung. Einer der Priester hielt ein Weihrauchfass in der Hand, ein anderer ein Kreuz, und zwei von ihnen trugen ein kleines Banner, dann kamen zwei Heiligenbilder, die in Lebensgröße auf eine Holzunterlage gemalt waren und von mehreren geistlichen Personen getragen wurden. Die Priester und die ganze Menge trugen keine Kopfbedeckung. Diejenigen, die dieser Prozession begegneten, blieben stehen, verneigten sich und bekreuzigten sich. Die Prozession wurde von einer großen, singenden Menge begleitet. Jetzt war es an der Zeit, in die Kirche zu gehen. Außerhalb der Kirche verneigten sich viele Menschen und bekreuzigten sich. An der Kirchentür trafen wir einen Tatarenfürsten (*knes*), den mein Papa kannte und der versprach, uns zu begleiten. Dieser Fürst war Rektor einer großen Knabenschule mit 95 Schülern.

Die Kirche war klein. Dank der Hilfe des Fürsten haben wir gerade noch gute Sitzplätze bekommen. Es waren viele feine Leute dort, die uns sehr neugierig beäugten. Der Fürst sagte, dass es sich um den *Prasnik* von Adam und Eva handelte, der in großem Pomp gefeiert wurde. Die festlich gekleideten Priester liefen umher und bereiteten einen vergoldeten Stuhl vor, der in der Mitte auf ein kleines Podest gestellt wurde. Dann wurde die große Tür des Heiligtums geöffnet. Der Metropolit schritt in seinem prächtigen, glänzenden Mantel in voller Würde heraus. Auf dem Mantel befanden sich verschiedene Ornamente. Außer uns verneigten sich alle und bekreuzigten sich. Der Metropolit hat ein angenehmes Äußeres und war bereit, ein paar Worte mit uns zu wechseln. Dann warf er Weihrauch auf die Leute, die sich immer wieder bekreuzigten. Nun trat er zurück in sein Heiligtum und die Tür schloss sich. Nach einiger Zeit wurde sie wieder geöffnet. Dann kam er mit einem mehrarmigen brennenden Wachsleuchter in der Hand heraus. Während er sprach, schwenkte er seine Kerzen so heftig über den Leuten, dass das Wachs über alle hinweg spritzte. Leider waren Frau Hjärne und ich dem Prälaten etwas zu nahe, sodass sie ein Andenken auf ihren Mantel bekam. Dann ging er zurück in sein Heiligtum und die Tür schloss sich wieder. Bald wurde sie zum dritten Mal eröffnet. Die Priester stellten sich in zwei Reihen auf, zwischen denen die beiden Hohepriester den Metropoliten zum oben erwähnten goldenen Stuhl führten, wo er Platz nahm. Der Gottesdienst wurde fortgesetzt. Gelegentlich sprach Seine Hoheit auch selbst und warf genüsslich Weihrauch in die Luft. Nachdem das etwa eine halbe Stunde angedauert hatte, stand er von seinem Stuhl auf. Als er das Heiligtum betrat, fand dort die Priesterweihe statt. Der Metropolit setzte sich auf einen Stuhl an der Ecke des Altars, der in der Mitte des Altarraums stand. Der angehende Priester ging vermutlich acht Runden um den Altar herum. Jedes Mal, wenn er an der Ecke des Metropoliten ankam, fiel er auf die Knie und küsste seine Füße, woraufhin der Metropolit immer ein paar Worte sprach. Der angehende Priester wurde vor dem Metropoliten eingekleidet, der ihm dann die Hände auf das Haupt legte, und so wurde er zum Priester geweiht. Einer der Priester hielt ein Handtuch und eine vergoldete Schale mit Wasser, in welcher der Metropolit oft seine sehr weißen und sehr schönen Hände wusch. Die Tür des Heiligtums wurde verschlossen, aber der Metropolit kam sofort wieder mit dem Kreuz in der Hand heraus. Neben ihm stand ein Priester mit einer Schale Wasser und einem Wedel. Die Würdenträger begannen dann, das Kreuz und die Hand des Metropoliten zu küssen, und er spritzte ihnen etwas Wasser ins Gesicht, was sie ziemlich begierig annahmen. Der Metropolit gab einigen derjenigen, die er am meisten bevorzugen wollte, eine kleine Kupfermünze, die sie einsteckten. Dann wurden mehrere Teller mit Äpfeln serviert; wir bekamen auch welche, aber sie schmeckten überhaupt nicht. Nun war die Zeremonie beendet.

Müde vom vielen Stehen gingen wir nach Hause. Wieder so ein großartiges Fest, von dem ich denke, dass es die Geschichte wohl nicht wiederholen kann. Sie glauben an Adam und Eva und betrachten andere religiöse Geschichten als absolut wahr, was ihre Neigung zum Aberglauben beweist. Daher ihre unnachgiebige Natur und ihre brutalen Gepflogenheiten. Ihre Lebensauffassung unterscheidet sich so sehr von der unseren, dass man sich von ihrer Grausamkeit und Verderbtheit überhaupt keinen Begriff machen kann. Stehlen, Lügen und Betrügen sind an der Tagesordnung. Trunkenheit und Schlägereien, Nachlässigkeit und Unordnung prägen ihr tägliches Leben.

Viele edle Sinnesfreuden sind verboten und viele natürliche Leidenschaften ausgelöscht. Priester genießen so wenig Anerkennung, dass sie nicht mit feinen Leuten zu tun haben können. Sie bekommen so wenig Lohn, dass sie in Scharen betteln und so unwissend sind, dass sie kaum ihre Muttersprache können. Sie wissen nicht das Geringste darüber, was in ihrem Land geschehen ist und geschieht – und sie wissen noch weniger darüber, was in unserem Volk und in anderen Völkern vorgeht. Der Grund für das alljährliche Fest von Adam und Eva ist folgender: Der heilige Apostel Andreas ist von Rom aus auf einem ungewöhnlich großen Mühlstein hierher gesegelt (der hier zu sehen ist). Was die Geschichte noch merkwürdiger macht, ist, dass zur Zeit Jesu die Kanäle von Nowgorod noch nicht fertiggestellt waren und es nicht möglich war, von Rom aus hierher zu segeln. Aber armselig ist der, der dieses Ereignis infrage stellt, und noch armseliger derjenige, der sich über diese Torheiten lustig macht. Solche absurden Institutionen schließen jede Art von Lernen und Verstehen aus und werden sicherlich so lange existieren wie dieses große Reich auch.

Der Bruder der Baboska unserer Herberge ist Quartiermeister und wohnt neben der Kammer meines Papas. Er ist jeden Tag betrunken und hält uns unerwünschte Vorträge. Um 4 Uhr am Nachmittag teilte er uns sein großes Glück mit: Im Zimmer meines Papas sollten wir heute Abend den Fürsten empfangen, den er hier untergebracht hatte. Gerade als mein Papa ihm hinter die Ohren geben wollte, trat ein junger Offizier ein, der meinen Papa höflichst bat, den reichen Fürsten Gorschakoff[11], der wegen seiner Intelligenz und Fähigkeiten in der ganzen Welt berühmt war, in seinem Zimmer wohnen zu lassen. Der Fürst sei verwundet und könne deshalb nicht die Treppe hinaufgetragen werden und es gebe in der ganzen Stadt keine geeignetere Unterkunft. Die Antwort meines Papas lautete: „In dem Fall, und wenn dem so ist, Unteroffizier, trete ich meine Kammer ab."

Alle Sachen meines Papas wurden sofort in mein kleines Zimmer gebracht.

Um 6 Uhr traf der Fürst mit seinem großen und prächtigen Gefolge ein. Aus der schönsten Kutsche, die ich je gesehen habe, wurde er auf einem mit Seide bezogenen Sessel ins Innere getragen. Die Fürstin und ihre Damengesellschaft wohnten im Haus uns gegenüber. Bald darauf kam sie mit ihren Gesellschaftsdamen in unseren Hof. Sie grüßte freundlich und entschuldigte sich dafür, dass ihr Mann uns aus dem Zimmer vertreiben musste, wenn auch nur für eine Nacht. Sie begann sofort, über die Gründe für den Krieg zu politisieren, woraufhin ich deutlich sehen konnte, wie mein Papa in Ärger geriet und in ernstem Ton antwortete: „Der König von Schweden will nicht ein Vasall von Bonaparte sein." Die Fürstin lächelte und riet meinem Papa, nicht mit jemand anderem so kühn wie mit ihr zu sprechen, die ohnehin einen besonderen Respekt vor unserem König habe, und fügte hinzu, dass Schweden sich zumindest rühmen könne, einen sehr standhaften Mann als König zu haben. „Aber Ihre Truppen sind besiegt, und wie kann man den Armeen und Ressourcen Russlands standhalten?" Dann winkte sie uns zu und ging in den Garten. Das Wetter war wunderschön. Der Arzt des Fürsten sprach meinen Papa auf Deutsch an und Papa antwortete auf Französisch. Dies erfolgte abwechselnd und lange Zeit im schnellen Zwiegespräch und kam mir seltsam vor. Die Fürstin kehrte zurück, setzte sich auf die Bank und forderte meinen Papa auf, sich ebenfalls zu setzen. Dann begann sie sich nach den Grafen Hans und Claes Wachtmeister zu erkundigen, die im letzten Krieg gefangen genommen worden waren. Neugierig wollte sie wissen, wo Graf Claes lebte, und ob er verheiratet sei. Die Fürstin stellte viele Fragen über Claes und bat meinen Papa, den Grafen zu grüßen. Sie schien fast vierzig zu sein und sah immer noch gut aus. Mit großer Nettigkeit

81

zeigte sie in ihrer Ansprache, ihren Antworten und ihren Manieren auch Wertschätzung. Dann ging sie zu ihrem Mann und kehrte nicht mehr zurück. Nachts klagte der Fürst so laut, dass mein Papa im Schlaf gestört wurde.

DIENSTAG, 30. AUGUST

Am Vormittag um 11 Uhr fuhren die Herrschaften, begleitet von mehreren Dienern, in sechs Kutschen weiter. Die Reise ging gen Moskau. Am Nachmittag versprach ich Blagas kleiner Schwester Tanja, einem 6-jährigen Mädchen, ein lila Taftkleid nach schwedischem Vorbild zu nähen.

MITTWOCH, 31. AUGUST

Am Vormittag waren wir wieder zu Hause und sahen mit Erstaunen, wie hier Tiere in Wagen nach St. Petersburg gebracht wurden. Die Wagen waren acht bis zehn Ellen (fünf bis sechs Meter) in vier Etagen hoch und erschienen wie Häuser aus Flechtwerk und Lehm. Im Erdgeschoss gurgelten Truthähne, im zweiten Stock schnatterten Gänse, Enten im dritten, und im vierten gackerten Hühner. Es sah komisch aus, wenn ihre Hälse durch die Latten hindurchschauten. Am Nachmittag wurden wir zum Oberst eingeladen. Mein Papa ging zeitig dorthin, aber ich blieb zu Hause.

DONNERSTAG, 1. SEPTEMBER

Am Vormittag zu Hause. Zum Sticken habe ich den Stoff für das Kleid auf einen Nährahmen gespannt. Am Nachmittag besuchten wir Major Hjärne und Frau.

FREITAG, 2. SEPTEMBER

Am Vormittag waren Major Hjärne und Gattin bei uns. Wir wollten sie gern den ganzen Tag hier haben, aber sie gingen wieder nach

Hause. Am Nachmittag machte ich Handarbeiten. Mein Papa war in der Herrenrunde und verbrachte sogar den Abend mit ihnen.

SAMSTAG, 3. SEPTEMBER

Heute herrschte zum ersten Mal regnerisches und schlechtes Wetter. Auch wir befanden uns in einer schlechten Stimmung. Am Vormittag machte ich Handarbeiten. Mein Papa hatte wie üblich einen schlechten Tag und fühlte sich nicht wohl. Am Nachmittag kamen Major Hjärne und Frau zu uns. Die Majore haben Patience gespielt. Dann schlug Major Hjärne vor, an den russischen Oberbefehlshaber und Generalgouverneur von Finnland, Fredrik Vilhelm von Buxhövden, nach Helsinki zu schreiben und um Verlegung nach Wyborg zu bitten: die Majore könnten sich auf die feierlichen Versprechen berufen etc., die sie erhalten hatten. Sie beschlossen, die Briefe[12] sofort zu schreiben und per Eilpost zu versenden. Nachdem wir zusammen gegessen hatten, gingen sie nach Hause.

SONNTAG, 4. SEPTEMBER

Wir lasen Bastholm. Den Nachmittag habe ich mit Frau Hjärne verbracht. Wir spazierten durch die Stadt und die Festungsanlagen. Frau Hjärne, die den Gottesdienst in der Kathedrale miterlebt hatte, weckte mein Interesse, am nächsten Sonntag ebenfalls daran teilzunehmen. Nachdem wir mit Major Hjärne und Frau zu Abend gegessen hatten, gingen wir nach Hause.

Auf dem Weg dorthin begegneten wir einer Herde von mindestens 200 Rindern, die größten und schönsten, die wir je gesehen hatten. Derlei werden fast jeden Abend nach St. Petersburg gebracht. Sie stammen aus Tscherkessien, sind lang und fast elf Fingerspannen (1,65 Meter) hoch und zumeist hellgrau. Ihr Fleisch ist sehr fett und schmackhaft.

MONTAG, 5. SEPTEMBER

Am Vormittag machte ich Handarbeiten und zuweilen beobachtete ich die vielen Reisenden, das ständige Hin und Her. Die Ausführung der Pferdegespanne und deren Beförderungsleistung ist imponierend. Selten nur sieht man einen Reisenden mit weniger als sechs Pferden an seiner Kutsche und oft habe ich eine Kutsche mit nur einer Person und acht Pferden gesehen. Die Fahrer bringen leere Kutschen mit, auch lange, wo man Rücken an Rücken sitzt, die je nach Witterung eingesetzt werden. Ich habe den Eindruck, dass nirgendwo so schnell gefahren wird wie in Russland. Trotz Knüppeldämmen, Kopfsteinpflasterstraßen und Schlamm können Sie die 20 Meilen (200 Kilometer) in zwölf Stunden zurücklegen.

Am Nachmittag besuchte uns Durazoff, der gerade aus Moskau zurückgekehrt war. Er erzählte, dass Moskau größer als St. Petersburg und ein Paradies auf Erden sei, und dass es Graf Löwenhjelm dort als Gefangenem gut geht, er Karten spielt und sich vergnügt. Durazoff setzte dann seine Reise nach St. Petersburg fort.

DIENSTAG, 6. SEPTEMBER

Am Nachmittag fuhr ich zu Major Hjärne und Frau. Mein Papa blieb zu Hause.

MITTWOCH, 7. SEPTEMBER

Am Vormittag kamen Major Hjärne und Frau zu uns. Sofort wurde der Patience-Tisch aufgestellt. Frau Hjärne und ich gingen einkaufen. Auf dem Rückweg bot man uns an, schwedische Butter zu kaufen, die wir bisher nicht bekommen haben, weil die Russen keine Butter kennen, sondern Biestmilch im Ofen zubereiten, die zwar gut genug zum Kochen ist, aber nicht fürs Butterbrot taugt. Hocherfreut kauften wir zwei Pud (altes russisches Gewichtsmaß, ein Pud entspricht 16,38 kg). Den Nachmittag verbrachten mein Papa und ich zu zweit.

DONNERSTAG, 8. SEPTEMBER

Am Vormittag saß ich über meinen Handarbeiten. Mein Papa traf den Gouverneur und kehrte mit Büchern nach Hause zurück. Am Nachmittag ging mein Papa zu Major Hjärne. Auch die anderen Herren waren zugegen.

FREITAG, 9. SEPTEMBER

Es geschah nichts Bemerkenswertes.

SAMSTAG, 10. SEPTEMBER

So ging es auch weiter. Ich beschäftige mich immer mit irgendeiner Handarbeit und mein Papa liest oder schreibt.

SONNTAG, 11. SEPTEMBER

Am Morgen fuhren wir zu Major Hjärne und Frau. Wir begleiteten sie in die Kathedrale; es waren nur wenige Menschen dort. Die Kirche ist ziemlich groß und unterscheidet sich etwas von anderen griechisch-orthodoxen Kirchen. Sie ist alt und dunkel, hat vielen Bögen und Säulengänge und mehrere prächtige Gruften, in denen Heilige und Apostel gut einbalsamiert ruhen. An Feiertagen werden die Deckel der Särge geöffnet und die ganze Gemeinde küsst deren Hände. Der Gottesdienst findet immer im gleichen Kirchenchor statt. In dieser Kirche war der Chor wirklich schön. Auf dem Heimweg trafen wir auf den Oberst, der uns zum Abend in sein Haus einlud. Ich entschuldigte mich und zog es vor, nach Hause zu gehen. Am Nachmittag schrieb ich Briefe, die ich mit der Post nach Finnland schickte.

MONTAG, 12. SEPTEMBER

Das Wetter war ausgesprochen schlecht. Um 12 Uhr kam Onkel Dålig (Fräulein Stille gab dem Quartiermeister diesen Namen, den er ruhig behalten darf) und teilte uns mit, dass acht bis zehn schwedische Offiziere eingetroffen seien. Unsere Freude und Neugierde wuchsen ins Unermessliche. Ich selbst bin auch losgerannt, um die Sache zu klären. Sarström wurde auf einen längeren Erkundungsgang geschickt. Jede Minute fühlte sich wie eine Stunde an. Schließlich kehrte er zurück. Nur drei der Ankömmlinge waren uns bekannt. Sie legten hier eine Ruhepause ein.

Am Nachmittag besuchten uns Major Nicander, Leutnant Hartvall und Fähnrich Halin. Ihr Ziel ist Kaluga, 890 Werst von St. Petersburg entfernt. Sie waren bereits sehr erschöpft und in Sorge wegen der fürchterlichen Straßen, aber sie wollten ihre Reise am nächsten Tag fortsetzen. Wir konnten sie nicht anders trösten als mit der Bemerkung, dass das Leben in Kaluga nicht halb so viel koste wie hier. Wir waren überglücklich, jemanden von zu Hause zu sehen und zu hören, dass es unseren Freunden gut geht. Major Nicander ging los, um den Oberst zu treffen, die anderen verbrachten den Abend mit uns.

Mit größter Empörung hörten wir nun, dass 13 unserer Offiziere und Unteroffiziere dem Kaiser in St. Petersburg – in der Kazaner Marmorkathedrale – auf Russisch den Treueeid geschworen hatten: einige von ihnen sind uns bekannt, aber ihre Namen sollen für immer und ewig ausgelöscht sein. Das versetzte uns nicht nur für den ganzen Abend, sondern sicher auch für längere Zeit in schlechte Laune. Wir hörten einige sehr beunruhigende Gerüchte über die Armee: Mein Papa erfuhr auch, dass sein bester Freund, Leutnant Magnus Blum, erschossen worden war. Unsere Gäste berichteten ebenfalls, wie Admiral Cronstedt[13] und diejenigen, die an ihn glaubten und seinem Rat folgten, jetzt in Schweden inhaftiert werden – und wo der Admiral bereits ein furchtbares Urteil erfahren hat. So ungewiss alles auch war, so hat uns letzteres doch am stärksten beeindruckt. Was auch immer geschieht, ich glaube fest daran, dass mein Papa seine Entscheidung nach Schweden zurückzukehren, nicht ändern wird.

DIENSTAG, 13. SEPTEMBER

Am Vormittag ging mein Papa zur Verabschiedung zu den Herren, die ihre Reise nun fortsetzten. Am Nachmittag wurde er krank, aber nicht ernsthaft. Ich glaube, das liegt an seinen Sorgen und Ängsten.

MITTWOCH, 14. SEPTEMBER

Mein Papa fühlte sich den ganzen Tag krank und ich war traurig.

DONNERSTAG, 15. SEPTEMBER

Papa geht es besser. Ich ging zu Major Hjärne und seiner Frau. Der Major kam mit mir nach Hause, um nach dem Befinden meines Papas zu sehen. Am Nachmittag trafen Major Hjärne und Frau, der Oberst und seine Herren ein und sind lange geblieben.

FREITAG, 16. SEPTEMBER

Papa ist wieder gesund. Wir machten einen Spaziergang auf der Moskauer Chaussee. Ich verbrachte den Nachmittag zu Hause und mein Papa bei den Herren.

SAMSTAG, 17. SEPTEMBER

Vormittags gingen wir mit Major Hjärne und seiner Frau einkaufen, aber wir haben nichts erstanden. Am Abend waren wir alle bei Major Hjärne und Frau zu Besuch.

SONNTAG, 18. SEPTEMBER

Am Vormittag ging ich mit Major Hjärne und Gattin in die Kathedrale, die voller Menschen war. Der Gottesdienst lief normal ab. Wir beschlossen, morgen wieder in die Kirche zu gehen, weil da ein großer Feiertag anstand. Am Nachmittag war mein Papa beim Oberst, und ich bei Blaga.

MONTAG, 19. SEPTEMBER

Um 9 Uhr am Morgen machten wir uns auf den Weg zu Major Hjärne und Frau. Unterwegs begegneten wir drei großen offenen Wagen voller Männer. Auf ihren Knien hatten Sie Falken, deren Augen bedeckt waren. Zusammen mit unserem Goldschmied-Dolmetscher gingen wir dann in die Kathedrale, um zu sehen, wie der Namenstag des Apostels Johannes gefeiert wird. Der Gottesdienst fand in der Grabkapelle statt und wurde in der üblichen Form abgehalten; allerdings mit dem Unterschied, dass der Sarg offen war und alle Johannes die Hand küssten, wie ich zuvor erwähnt hatte. Die Kirchenbesucher kaufen und stellen immer wieder Wachskerzen auf, die in unglaublicher Zahl brennen. Der Goldschmied, der einen der Priester kannte, verschaffte uns Gelegenheit, die Reliquien der Kirche zu sehen. Wir gingen einen sehr dunklen Korridor entlang zu einem Raum in einem der Türme. Anhand von Beschreibungen, die der Goldschmied schlecht übersetzte, wurden uns die Kleider oder vielmehr Lumpen des heiligen Moses gezeigt, die 1500 Jahre alt sein sollten, und Kleidung, die 500 Jahre lang im Boden gelegen hatte; die dicken Ketten, die Moses in seiner Jugend geschmiedet hatte; zwei seiner Stäbe, einer aus Holz und Eisen, der andere aus Kristall, sowie eine eigentümliche eiserne Lampe. Er selbst liegt in der Kirche begraben. Auch die Kleider des Heilands und der Apostel wurden gezeigt. Wir fragten, wie es möglich ist, Kleidung so aufzubewahren. Der Priester machte daraufhin das Kreuzzeichen (wie auch bei der Vorstellung jedes Kleidungsstücks) und schilderte, dass dies auf ihre Fürbitten zurückzuführen sei. Sie können also niemals verrotten, so sagte er.

In mehreren Kisten lagen spezielle ellenlange Kreuze, die mit großen Echtperlen verziert waren. Es schien, als seien sie sehr alt. Man zeigte eine seltsame und hässliche Kappe, die der erste Bischof trug, und auch einen Stoffbeutel, der einer Handtasche ähnelt; er wird am Arm getragen, wie ich dies beim Bischof hier gesehen habe. Die Priester küssen diesen Beutel in der Kirche. Die erste Zarenmütze war einfach und hässlich. Es wurde ebenfalls ein großes altes Kreuz hervorgeholt, in das ein Stück des Kreuzes des Erlösers eingelassen war. Uns wurden drei Altarkissen aus Samt gezeigt, die mit zahlreichen echten Perlen verziert waren und gleichzeitig griechische Inschriften auf der Oberfläche der Kissen trugen; wir sahen auch zwei große Goldbecher: einen hatte Fürst Potemkin gestiftet – er war sehr gut verarbeitet. Zwei Schränke enthielten Gold- und Silbergeschirr. Ich sah so vieles, sodass ich wehmütig wurde. In die gegenüberliegende Schatzkammer durften wir nicht hinein, sondern konnten nur das merkwürdige Schloss bewundern. Dann wurden wir in einen gänzlich dunklen Raum geführt, der mit alten, aus Holz geschnitzten Götzen in ihrer natürlichen Größe gefüllt war. Der Priester hatte eine kleine Lampe, mit der er sie alle nacheinander beleuchtete. Ich schenkte ihnen keine Aufmerksamkeit. Mich überkam ein unheimliches Gefühl, da ich mich für sehr glücklich in meinen religiösen Auffassungen hielt. In der Mitte des Fußbodens stand ein Modell des brennenden Ofens der Heiligen Drei Könige. Er war aus Holz und hatte einen Umfang von mindestens 25 Ellen. Ein paar Griechisch-Orthodoxe waren bei uns, und sie haben sich alle bekreuzigt. Welch ein Gegensatz! Wir Lutheraner waren völlig kaltherzig und sie waren so fromm und unwissend, dass sie ihre Kreuzzeichen sogar vor Götzen machten. In Wirklichkeit gibt es wenig Reichtum in den hiesigen Kirchen: Ich kann ihr Schicksal schon sehen. Also leb wohl, Religion und Russland!

Am Nachmittag kamen Major Hjärne und Frau zu uns. Wir wussten, dass der Metropolit im Sommer in einem Kloster außerhalb der Stadt wohnt, und da das Wetter schön war, beschlossen wir, Seine Heiligkeit zu besuchen. Das erste Kloster war drei Werst entfernt, aber dort wohnte er nicht. Wir fanden den Weg in einen großen Park, den die Mönche früher angelegt hatten. Die uralten Wege und dunklen Wandelgänge schienen um die Mönche jener Zeit zu trauern, die den Park völliger Zerstörung und Vergessenheit anheimgestellt hatten. Hier und dort gab es noch ein paar kleine Kapellen, aber sie waren völlig verfallen. Auf den Gemälden konnte man Kreuze erkennen und an der Decke ein Bild des Heiligen Geistes. Dieser Park hat mich derart beeindruckt, dass ich beschloss, ihn öfter zu besuchen. In der Ferne war ein weiteres Kloster zu sehen: Dort sollte der Metropolit wohnen. So begaben wir uns dorthin. Der Weg war etwas länger als gedacht, und Frau Hjärne und ich waren erschöpft. Bei unserer Ankunft stellten die Herren jedoch fest, dass der Metropolit auch dort nicht wohnte.

Nachdem wir das Kloster besichtigt und uns eine Weile ausgeruht hatten, kehrten wir durch die Felder zurück und kamen im Dunkeln nach 10 Werst Fußmarsch zu Hause an. So ging dieser Tag zu Ende, und wir erinnerten uns, dass es der Namenstag unserer guten Königin (Friederike) war. Wir tranken Tee auf Ihr Wohl. Der Goldschmied teilte uns mit, dass am nächsten Tag ein großes Fest im Nonnenkloster stattfinden würde. Wir beschlossen, mitzugehen.

DIENSTAG, 20. SEPTEMBER

Früh am Morgen gingen wir zu Major Hjärne und Frau und mit ihnen unter Führung des Dolmetschers zum Nonnenkloster. Obwohl es innerhalb der Stadt lag, war es ein ziemlich langer Weg dorthin. Die Kirche war nicht groß, aber sie war neu und ungewöhnlich schön, wirklich sehr schön: Sie war voll von fremden Menschen. Die Nonnen standen im Inneren der Kirche, mit Ausnahme der Äbtissin, die eine eigene Loge hatte, und zweier Nonnen, die sich während des Gottesdienstes um die Kerzen kümmerten. Wir nahmen neben der Äbtissin, einer älteren Dame, Platz. Sie lud mich sehr freundlich in ihre Loge ein; ich bedankte mich höflich und ging weiter, um die heilige Walburga zu sehen, den Gegenstand des heutigen Festes. Der Sarg war silbern und mit ihrem Bild versehen. Es handelte sich um eine wundervolle Arbeit. Walburga selbst wurde begraben, was ungewöhnlich war. Diese Heilige gilt als eine der wichtigsten. Die feinen Leute haben eine Anreise von 800 bis zu 1000 Werst, um diesem Fest beizuwohnen und die Bilder zu verehren – und sie tun dies gewöhnlich auch zu anderen großen Festtagen.

Hier wie überall haben sie spezielle Winterkirchen mit Kachelöfen: Sie sind kleiner, aber ebenso reichhaltig geschmückt mit Glanz und Ikonen. Die Äbtissin hat durch eigene Bettelei in St. Petersburg und Moskau so viel Geld gesammelt, dass sie diese Kirche hier bauen ließ. Nach ihrem Tod wird sie sicherlich als Heilige betrachtet – und sie wird hier einbalsamiert und begraben werden.

Die Tracht der Nonnen besteht aus einer langen und breiten Kapuze aus schwarzem, glänzendem Kamelhaar mit einem großen, runden

Seidenkragen in derselben Farbe. Um den Kopf wird ein hohes, schwarzes Band befestigt, von dem ein langer Schleier mit Rüsche herabhängt, der Gesicht und Rücken bedeckt. Am Arm oder in ihrer Hand tragen sie einen Rosenkranz. Nur arme Witwen und Mägde gehen in dieses Kloster. Unser Dolmetscher führte uns dann zu einem besonderen Bau, der die Ehre hat, eine Schaluppe (Segelboot) zu beherbergen. Diese wurde mit großer Sorgfalt erhalten, weil Kaiserin Katharina II. sie 1785 für die Reise von St. Petersburg hierher benutzte. Diese Schaluppe ist ungewöhnlich groß und kann vom Bug aus mit nur zwei Ruderpaaren und ohne Segel gerudert werden. In der Mitte der Schaluppe steht eine Kajüte mit sechs Schlafzimmern, Wohnzimmer, Küche und fünf Büroräumen. Das Dach ist mit Leder- und Baumwollpolsterung bedeckt, damit Ihre Majestät nicht durch das Trappeln auf dem Deck gestört werden. Alles war sauber und ordentlich. Jedes Jahr am Tag ihrer Ankunft wurde das Äußere des Hauses mit Außenfeuern beleuchtet. Das Haus hatte auch eine Wachstube. Am Nachmittag war mein Papa beim Oberst, und ich bei Blaga.

MITTWOCH, 21. SEPTEMBER

Den ganzen Tag zu Hause.

DONNERSTAG, 22. SEPTEMBER

Wir waren den Vormittag zu Hause und dann beim Oberst. Er berichtete, dass sein Diener letzte Nacht auf der Straße ausgeraubt worden sei und 30 Rubel verloren habe. Später stellte sich heraus, dass der Schreiber des Gouverneurs diesen Diebstahl begangen hatte.

FREITAG, 23. SEPTEMBER

Am Vormittag setzte ich meine Handarbeiten fort. Am Nachmittag ging ich mit der Großmutter einkaufen, aber auf dem Weg dorthin traf ich auf Major Hjärne und Frau, die auf dem Weg zu uns waren, sodass ich auch selbst nach Hause eilte.

SAMSTAG, 24. SEPTEMBER

Den Vormittag habe ich zu Hause verbracht. Den ganzen Nachmittag und bis in den Abend waren alle Schweden bei uns. Ich hatte viele Sonnenblumen- und Kürbiskerne sowie Mohnsamen für ihre Bewirtung gehortet.

SONNTAG, 25. SEPTEMBER

Nachdem ich wieder Bastholm gelesen hatte, ging ich um zu sehen, wie das Mütterchen und Blaga sich auf den Kirchgang vorbereiteten. Blaga nahm ein blaues Seidenband, das sie mit Silber bestickt hatte, um es dem von ihr verehrten Gott umzuhängen. Den Nachmittag verbrachten wir alle gemeinsam bei Major Hjärne und Frau. Frau Hjärne und ich gingen zu deren Wirtin, die mich dann in ihr reich verziertes Kleid steckte, worin ich zu den Herren ging. Es war für mich zu schwer und zu unbequem. Ziemlich spät auf dem Heimweg begegneten wir wieder Stieren und betrunkenen alten Kerlen. Wir beobachteten auch einen versuchten Diebstahl, den wir vereitelten. Am Abend geht stets ein Diener mit einer Laterne vor uns her.

MONTAG, 26. SEPTEMBER

Am Vormittag um 11 Uhr kam das Dienstmädchen der Frau des Polizeimajors, die uns gegenüber wohnt. Sie überbrachte Grüße von ihrer Herrin und lud uns zum Kaffee ein, ohne dass wir uns weiter kannten, als dass wir uns durch das Fenster gesehen hatten. Am Nachmittag war ich ratlos, wie unser Gespräch verlaufen würde. Bevor ich mich richtig anziehen konnte, kam ein Diener, dem ich dann in das Haus gegenüber folgte. Als ich ankam, begrüßte mich die Dame sehr höflich und äußerte ein paar Worte, die ich nicht verstand. Ich wurde mit allerlei Konfitüren und anderen Delikatessen verwöhnt. Ich sprach einige Worte, die ich gelernt hatte, aber bald gingen mir diese aus, und danach starrten wir uns nur noch an.

Eine junge Frau, die Schwester der Dame, kam ebenfalls dazu. Der Hausherr kam mit seiner einjährigen Tochter herein. Im Haus herrschten Ordnung und Sauberkeit. Sie sind glücklich. Die Diskussion wurde mit Hand- und Kopfbewegungen geführt. Am Abend traf ein schwedischer Soldat ein, der jetzt hier seinen Dienst in der Justiz versieht. Er wurde unser Dolmetscher. Die Dame sagte, dass sie sich freue, unsere Bekanntschaft zu vertiefen, und hoffe, mir ein paar glückliche Momente zu verschaffen, da sie dachte, ich sei traurig, weil ich viel zu Hause sitze etc. Sie hoffe und bat darum, dass ich sie von nun an als eine engere Bekannte und ihr Haus als mein eigenes betrachten würde, täglich dorthin käme etc. Ich bedankte mich und war froh, diese angenehme Bekanntschaft zu machen. Dann machten wir einen Spaziergang in die Stadt, und nach einigen Höflichkeiten verabschiedeten wir uns. Wir sind im gleichen Alter.

DIENSTAG, 27. SEPTEMBER

Am Morgen bedeutete mir meine Frau Major, in ihr Haus zu kommen, doch ich hatte keine Gelegenheit dazu. Ihr Name ist Ollika Wassilvjuna (Olga Wassiljevna). Ihr Mann: Meschamel Winakoro (Michael Winakuroff). Ihre Tochter: Ollika Meschamel (Olga Michaelowna). Es ist ein besonderer Brauch in Russland, dass sowohl Töchter als auch Söhne mit dem Vornamen des Vaters angesprochen werden. Der Nachname wird recht selten genannt, so dass ihre kleine Tochter Ollika Meschamel und nicht Ollika Winakoro hieß; dasselbe gilt für die Ehefrau – sie heißt nicht Winakoro nach ihrem

Mann, sondern Wassilvjuna nach dem Vornamen ihres Vaters. Hier gilt es als unhöflich, sie so zu bezeichnen, wie es bei uns üblich ist.

Obwohl das Wetter recht warm und schön ist, begannen alle Bürgerfrauen einen großen Muff ohne Pelzmantel oder anderer Oberbekleidung zu tragen, nur mit großen Schals und Netzärmeln, was einen skurrilen *contraste* darstellt. Ihr Pelz ist genau wie der einer Mantilla, mit der man keinen Muff tragen kann. Im Winter sieht man sie nicht in Muffe gekleidet, sondern nur zu dieser Jahreszeit. Den Nachmittag verbrachten wir bei Major Hjärne und Frau.

MITTWOCH, 28. SEPTEMBER

Am Morgen war ich bei der Frau des Polizeimajors, Ollika Wassilvjuna. Obwohl wir uns heute besser verstanden, ließ sie einen Dolmetscher kommen und fragte, ob ich sie am nächsten Sonntag zu ihrer Mutter und ihrer Tante begleiten wolle, die hier in der Stadt zusammenleben und bei denen ihre Schwester wohnt. So wurde es beschlossen. Sie wollte mich bis zum Abendessen dabehalten, aber meinem Papa zuliebe kehrte ich nach Hause zurück. Inzwischen hatte mein Papa dem Gouverneur seine Aufwartung gemacht und wurde eingeladen, jeden Donnerstagabend mit dem Gouverneur zu verbringen, da dieser da stets einen Empfang gibt. Er wollte, dass mein Papa mit den Besuchen ab morgen beginnt. Ich war den Nachmittag zu Hause und mein Papa bei den Herren.

DONNERSTAG, 29. SEPTEMBER

Den Vormittag verbrachten wir zu Hause. Am Nachmittag schickte mir Ollika Wassilvjuna erst Äpfel. Dann begleitete mich mein Papa zu ihr. Er traf dort auf Hauptmann Coronell, der französisch sprach und ein Mann mit guten Manieren war. Mein Papa, er und Winakoro gingen zum Abendessen zum Gouverneur. Frau Ollika und ich blieben zu zweit und verbrachten den Abend bis 10 Uhr gemeinsam.

FREITAG, 30. SEPTEMBER

Am Vormittag waren Major Hjärne und Gattin bei uns. Am Nachmittag und Abend waren wir alle beim Oberst, wo die Herren *Quadrille*[14] spielten. Mein Papa hat häufig Glück, sodass der Oberst knurrt.

SAMSTAG, 1. OKTOBER

Wir waren den ganzen Tag zu Hause, und es hat geregnet.

SONNTAG, 2. OKTOBER

Den Vormittag war mein Papa bei den Herren, und gemäß unserer Abmachung fuhr ich um 5 Uhr mit Ollika Wassilvjuna zum Haus ihrer Tante, einer alten Dame, deren Mann früher Offizier war, jetzt aber als Großhändler der reichste im ganzen Gouvernement ist, was schon viel besagt. Die Mutter von Ollika, die dort lebt, ist eine ältere Witwe. Alle schenkten mir ihre ganze Aufmerksamkeit. Wir spielten zum Vergnügen Karten, und gleichzeitig erklang für uns gute Instrumentalmusik. Sie verfügen über ihre eigene Kapelle. Ich hatte den Stern der Stiftsdräkten-Tracht angesteckt, was bei ihnen große Neugier hervorrief (stiftsstjärnan[15], siehe Bild auf der Buchrückseite). Sie konnten nicht verstehen, warum ich einen solchen erhalten habe. In Bälde ließen sie einen Dolmetscher kommen, der ihnen alles erklärte. Nachdem ich derart verwöhnt wurde, verabschiedeten wir uns und hörten viele Aufforderungen, doch öfter wiederzukommen. Meine Gastgeber heißen: Der Herr selbst Alexander Iwanowitsch Semefski. Seine Frau: Anna Ivanow. Ollikas Schwester: Anna Wassilvjuna. Ollikas Tante: Maria Ivanow.

MONTAG, 3. OKTOBER

Wir waren zu Hause. Nicht einen einzigen Brief haben wir erhalten. Es ist mehr als anstrengend, unter Fremden zu leben, ohne die geringste Nachricht über seine Verwandten und Freunde. Am Nachmittag und bis in den Abend gab es bei uns die gewohnte Gesellschaft.

DIENSTAG, 4. OKTOBER

Am Morgen bot mir die Baboska ein altes, kaputtes Sofa zum Schlafen an; bis jetzt lag ich auf dem Boden. Am Nachmittag war mein Papa bei den Herren, und ich bei Ollika Wassilvjuna.

MITTWOCH, 5. OKTOBER

Den Vormittag waren wir zu Hause. Der Herbst ist gekommen, in einem fort fällt Regen und Schneeregen. Am Nachmittag waren Ollika und ihre Schwester bei mir. Mein Papa fuhr zu Major Hjärne und Frau.

DONNERSTAG, 6. OKTOBER

Den Vormittag verbrachte ich bei Major Hjärne und Frau, die den Umzug in eine neue Unterkunft regelten. Ihre Gastleute veranstalten die Hochzeit für ihren Sohn, zu der der Major und Gattin am 9. eingeladen sind. Am Nachmittag kam Ollika zu mir. Wir gingen zu ihrer Tante und nahmen von dort ihre Schwester mit zum Handelsplatz, den wir durchstreiften bis es dunkel wurde. Den Abend habe ich bei ihr verbracht. Sie erzählte, dass ihre Tante sechs Kinder hat und mehrere Millionen Rubel besitzt. Ihr Mann verschifft und verkauft den ganzen Wein und Branntwein im gesamten Gouvernement. Wenn ich zum Beispiel Branntwein aus Russland gekauft habe, ihn aber auch nicht benötige, werde ich mit einer hohen Geldstrafe belegt, wenn ich ihn im Gouvernement an jemand anderen als den Verfrachter verkaufe.

FREITAG, 7. OKTOBER

Am Vormittag zu Hause. Am Nachmittag und Abend beim Oberst.

SAMSTAG, 8. OKTOBER

Am Vormittag machte mir Ollika Wassilvjuna eine Proposition und bat mich zu kommen. Ich half ihr, den Bezug für einen Hocker zu nähen, den sie ihrer Tante zu deren Namenstag am 28. Oktober schenken wollte. Die Oberseite ist eine Art Arrangement aus Patchwork- und Kordelstickerei, schön und sehr modern auf den Möbeln hier. Am Nachmittag ging ich mit Stille einkaufen, und von dort setzte ich meinen Weg zu Major Hjärne und Frau fort, die inzwischen in ihre neue Unterkunft umgezogen sind. Dann kehrte ich zu Ollika Wassilvjuna zurück und verbrachte den Abend bei ihr. Mein Herr Papa war beim Oberst.

SONNTAG, 9. OKTOBER

Am Vormittag luden wir unsere Gastgeber zum Abendessen ein und bereiteten das Essen so gut es ging nach schwedischer Art zu. Doch obwohl keine Fastenzeit war, haben sie unsere Speisen nicht angerührt. Sie stocherten in dem von uns angebotenen Essen herum, ohne einen Bissen zu nehmen, was Stille und mich ärgerte. Mein Papa ahmte sie (ich entschuldige mich) etwas zu sehr nach. Am Nachmittag waren wir zu Hause.

MONTAG, 10. OKTOBER

Den ganzen Tag zu Hause.

DIENSTAG, 11. OKTOBER

Mit Ausnahme von Frau Hjärne war die ganze Gesellschaft bis zum Abend bei uns.

MITTWOCH, 12. OKTOBER

Am Vormittag war mein Herr Papa unterwegs. Am Nachmittag suchte er Oberst Bergenstråhle auf, der vorgeschlagen hatte, dass wir drei Haushalte unseren Umgang solcherart vertiefen sollten, dass wir alle Nachmittage und Abende zusammen sind, und damit würde er noch heute Abend anfangen. Jeden zweiten Tag waren wir beim Oberst und an den dazwischenliegenden Tagen wechselten wir uns mit Major Hjärne und Frau ab. Obwohl Frau Hjärne diese Verteilung für ungerecht hielt, weigerte sich der Oberst, das zu korrigieren. Am Abend kehrten unser Gastgeber Wassilvjurna Tarras, seine Frau Afdortia Paulowna und ein junges Mädchen, ihre Verwandte aus Vassel, von einer langen Reise zurück. Die Freude im Haus war groß. Der alte Mann schien ein Ehrenmann zu sein. Er bedauerte nicht, dass wir hier untergebracht wurden. Für die Daheimgebliebenen brachten sie eine Menge Geschenke mit. Ich wurde mit Obst, Konfitüren und Brezeln verwöhnt.

DONNERSTAG, 13. OKTOBER

Am Vormittag machte sich mein Papa mit unserem Gastgeber bekannt. Der alte Mann lud uns zu einem reichhaltigen Frühstück ein und zeigte uns den Silberschmuck, den er der Kirche schenken wollte. Am Abend hatten Major Hjärne und Gattin die Gastgeberrolle, aber mein Papa war beim Gouverneur und ich zu Hause. Um sechs Uhr kam der alte Mann herein und bot mir Tee und frische Pflaumen an. Er war warmherzig und wohlmeinend und nannte mich ständig Karascha Aglajde (liebe kleine Adelaide).

FREITAG, 14. OKTOBER

Den Vormittag zu Hause. Ich ging die Gastgeberin begrüßen, eine junge, abweisende und schlecht erzogene Dame, das genaue Gegenteil ihres Mannes. Sie ist Blagas Stiefmutter, und ihre Launenhaftigkeit und Arroganz machten jegliche Freude und Miteinander im ganzen Haus zunichte, was dazu führte, dass man die wirklich nette Blaga immer seltener sah, und selbst dann meist mit Tränen in den Augen.

Mein Papa war zum Abendessen beim Oberst. Aufgrund des schlechten Wetters war ich bei Ollika. Während unseres Plausches bekam ihr Mann die Nachricht, dass schwedische Offiziere in der Stadt eingetroffen seien. Ich gab diese Neuigkeiten sofort an meinen Papa weiter.

SAMSTAG, 15. OKTOBER

Im Morgengrauen kam Hauptmann Levong zu uns. Er hatte nichts Neues zu berichten und auch nicht, wie es unseren Freunden in Finnland ging; nur beunruhigende Gerüchte. Er würde seine Reise sofort nach Tula fortsetzen, 908 Werst von St. Petersburg entfernt. Die anderen Mitglieder seiner Reisegruppe sind uns nicht bekannt. Die meisten von ihnen waren Unteroffiziere. Major Hjärne und Gattin sowie die anderen Herren blieben bis zum Abend bei uns.

SONNTAG, 16. OKTOBER

Wir frühstückten mit unserem Gastgeber, der witzig ist und auch ein großzügiger Mann und Menschenfreund zu sein scheint. Am Nachmittag will er in eine Stadt namens Stareruss (Staraja Russa) fahren. Bevor er losfuhr, kam ein Priester mit dem Glockenspieler, um den Gottesdienst abzuhalten und ihn für die 40 Werst lange Reise zu segnen. Der Abend wurde im Haus des Obersten verbracht. Dort gab mir Frau Hjärne eine ausführliche Schilderung der Hochzeit, die sie im Haus ihres früheren Gastgebers erlebt hatten. Am Tag der Hochzeit speist man in großer Runde mit den Eltern der Braut zu Abend, wozu die Eltern des Bräutigams nicht eingeladen sind. Um 7 Uhr am Abend fand die Trauung traditionell in der Kirche statt. Aber es war niemand vor Ort, der hätte beschreiben können, wie es von statten ging. Aufgrund des Andrangs gelangten unsere Herren nicht hinein. Bei den Eltern des Bräutigams kommt am Abend der Hochzeit eine andere Festgesellschaft zusammen, die sich bei ihnen genau während der Trauung einfindet, so dass die Eltern sich nicht sehen. Nach der Trauung gehen die frisch Vermählten mit dem Priester zu den Eltern des Bräutigams, die, sobald sie von deren Ankunft erfahren, in die Eingangshalle laufen, einen farbigen Teppich ausbreiten und sich davorstellen: der Vater mit einem Kreuz als Zeichen der Gottesfurcht, die Mutter mit einem Laib Brot und einem Salzstreuer als Zeichen des Wohlstands. Die Braut und der Bräutigam knien vor den Eltern nieder, küssen das Kreuz und das Brot, bekreuzigen sich und verbeugen sich mehrmals mit der Stirn bis auf den Boden, wobei die Eltern abwechselnd das Kreuz, das Brot und den Salzstreuer über ihren Köpfen hin und her schwenken. Dann reihen sich Braut und Bräutigam in die Gästerunde ein. Danach werden Wein, Konfitüren, Bier und Tee gereicht, während sich das Brautpaar in ein anderes Gemach begibt, wo das Bett unbedingt bis zur Decke mit Bettwäsche gefüllt werden muss. Der Tisch ist gedeckt und voller Speisen. An diesem Tisch saßen Major Hjärne nebst Gattin, die Priester und zwei der wichtigsten Gäste. Die Braut und der Bräutigam kommen herein und wurden ohne zu speisen an der anderen Seite des Tisches aufgestellt. Die restliche Festgesellschaft stand ebenfalls da und sah zu. Die Priester hatten sehr unbeholfen gegessen und gekaut. Mehrere Becher wurden schweigend geleert. Als die Priester aufstanden, wurden die Braut und der Bräutigam in das oben erwähnte Zimmer gebracht, bekamen etwas zu essen und blieben bis zur Ankunft der Brauteltern allein. Dann mussten diese und die ganze Festgesellschaft, die zuvor noch gestanden hatte, eine Menge Spuk und Rummel erdulden.

Die Priester hatten so viel gegessen, dass ihr *retraite* (Rückzug) von statten ging. Major Hjärne nebst Gattin zogen sich um 2 Uhr morgens in aller Stille zurück; so erlebten sie das Ende der Zeremonie nicht mehr. Sie fanden die Hochzeit zwar *curieuse*, aber mörderisch langweilig. Im Innenhof hatten zahlreiche Feuer gebrannt, und die Menge war wie üblich außer Rand und Band. So gingen bei Essen und Trinken mehrere Tage hin.

Anmerkung: Russen heiraten in der Regel sehr jung. Vor der Hochzeit wird kein Aufgebot bestellt. Dafür sollte, wie in allen Ländern, der gute Ruf sorgen. Beim Heiratsantrag fragt die Braut, wie viele echte Perlen der Bräutigam ihr schenken kann. Davon hängt das Ja oder Nein ab. In der Fastenzeit darf die Ehe nicht geschlossen, geschweige denn vollzogen werden. Nach der Hochzeit bleibt das Paar normalerweise lange Zeit bei den Eltern des Bräutigams. Der Pate darf sein Patenkind nicht heiraten, denn hier zählt die Patenschaft als Verwandtschaft.

MONTAG, 17. OKTOBER

Den Vormittag zu Hause. Am Nachmittag war das Wetter schlecht und die Straßen so schmutzig, dass ich nicht zum Haus von Major Hjärne und Frau gelangen konnte, also verbrachte ich den Abend bei Ollika Wassiljuna. In Russland ist es Brauch, nach dem Teetrinken und dem Verzehr verschiedener Marmeladen, Früchte, Konfitüren und Kerne bis zehn Uhr zu bleiben, sofern kein Essensgang mehr in Aussicht steht.

DIENSTAG, 18. OKTOBER

Da die Straßen nie gereinigt werden und alles Mögliche darauf geworfen wird, werden sie bei Regen so schmutzig, dass ich von nun an oft zu Hause bleiben muss; zumindest war es heute so. Es gibt hier zwar Mietdroschken, aber die sind teuer und ich fahre nicht gern damit. Mein Papa war beim Oberst.

MITTWOCH, 19. OKTOBER

Ich war bei Frau Ollika. Obwohl der Weg so kurz ist, gelangte ich nur mit Mühe dorthin. Am Nachmittag und Abend war die übliche Gesellschaft bei uns.

DONNERSTAG, 20. OKTOBER

Am Morgen kam unser Gastgeber von Stareruss nach Hause, fröhlich und freundlich wie immer. Den Nachmittag und Abend verbrachten wir beim Oberst. Unterwegs blieb ich so sehr im Schlamm stecken, dass ich fast meine Schuhe verlor.

FREITAG, 21. OKTOBER

Das Frühstück nahmen wir mit unserem Gastgeber ein. Als sie zu Abend aßen, kam der Großvater wieder zu uns und nahm mich mit an ihren Tisch. Zum ersten Mal aß Papa allein. Den Abend verbrachten wir bei Major Hjärne und Gattin.

SAMSTAG, 22. OKTOBER

Am Vormittag waren wir zu Hause und unterhielten uns mit dem Großvater, der gekommen war, um uns zu begrüßen. Er ist ungewöhnlich nett und wohlmeinend. Am Nachmittag verbrachte ich einige Zeit bei Ollika. Papa war zum Abendessen beim Oberst. Am Abend kam der Großvater wieder zum Gespräch und bat mich zum

Tee. Als ich zurückkam, folgte er mir mit Marmelade und Wassermelonen.

SONNTAG, 23. OKTOBER

Am Vormittag war mein Papa bei Major Hjärne und Frau. Der Gastgeber kam zu mir und fragte mich, ob ich ihn zum Angeln begleiten würde, um zu sehen, wie sie hier fischen. Als ich die Erlaubnis meines Papas erhielt, machten wir uns gemeinsam auf den Weg. Nach sieben Werst erreichten wir ein Dorf in der Nähe des Klosters, wo der Metropolit wohnte. Das war der Ort, wo Frau Hjärne und ich zusammen mit den Herren im Sommer vergeblich gesucht hatten. An Fisch herrscht normalerweise Mangel; er wird immer stückweise verkauft und ist teuer. In diesem Dorf wurde viel gefischt. So bereitetet man sich auf den Winter vor. Die Art und Weise, wie die Fische gefangen wurden, war nicht ungewöhnlich. Da wir lange dort saßen, haben wir viele Zander gefangen.

Nach dem Angeln gingen wir in die Kirche, um zu beten. Es waren einige Mönche dort; einer las laut aus einem Buch vor. Die Abenddämmerung brach herein und die Kirche war ziemlich dunkel, nur zwei Wachskerzen beleuchteten schwach die Heiligen und schwarzen Mönche, die wie Geister um uns herum schwebten. Ich begann zu zittern. Die Kleidung der Mönche besteht aus einem weiten schwarzen Kaftan und einer hohen Kappe in der gleichen Farbe mit einem langen Fächer auf dem Rücken, genau wie die Kosaken; außerdem halten sie einen Rosenkranz in ihren Händen.

Als wir nach Hause kamen, war es 8 Uhr. Der Hausherr lud mich zum Tee ein und auch zum morgigen Abendessen, denn es ist Blagas Namenstag. Mein Papa war den ganzen Nachmittag beim Oberst.

MONTAG, 24. OKTOBER

Am Morgen war der Hausherr zum Frühstück bei uns. Zu meiner Freude reparierte er das Uhrwerk, das wunderbar klang. Die Uhr verblieb in unserem Zimmer. Am Nachmittag traf sich die übliche Gesellschaft zum Abendessen bei uns zu Hause. Die Maskenbälle der Stadt begannen heute Abend. Ollika wünschte, ich wäre mit ihr gegangen, aber ich wollte bis zum nächsten Mal warten, wenn mein Papa ebenfalls hinwollte.

DIENSTAG, 25. OKTOBER

Am Vormittag waren Major Hjärne und Gattin bei uns. Wir haben gemeinsam bei unserem Gastgeber gefrühstückt. Mein Papa und ich haben dort auch das Abendessen eingenommen, und es war wirklich lecker. Wir tranken auf Blagas Wohl Champagner und außerdem mehrere verschiedene Weine. Am Nachmittag suchte ich Ollika Wassilvjuna auf, aber sie war nicht zu Hause. Bei Major Hjärne und Frau haben wir zu Abend gegessen. Adjutant Bergenstråhle, der am Maskenball teilgenommen hatte, erzählte uns, dass die Damen ihn baten, uns zu überreden, beim nächsten Mal mit dabei zu sein.

MITTWOCH, 26. OKTOBER

Am Vormittag war ich bei Frau Ollika, die mich zum 28., dem Namenstag ihrer Tante zum Tee einlud. Ich habe einige Flicken zu einem Stuhlbezug zusammengenäht, den ich Ollika schenkte. Sie fand ihn sehr schön und für hiesige Verhältnisse außergewöhnlich. Im Haus des Obersten aßen wir zu Abend.

DONNERSTAG, 27. OKTOBER

Den Vormittag habe ich zu Hause verbracht. Papa war außer Haus. Am Nachmittag waren wir an der Reihe mit dem Abendessen, das jedoch abgesagt wurde, weil die Majore mit dem Gouverneur zu Abend aßen. Ich war bei Frau Ollika.

FREITAG, 28. OKTOBER

Am Vormittag zu Hause. Am Nachmittag ging mein Papa zum Oberst. Um 5 Uhr kam ein prächtiges Gespann und fuhr mich zu den Semefskis. Es waren schon viele Gäste da und die Musik war in vollem Gang. Man begrüßte mich freundlich und stellte mich der Gesellschaft vor, von denen ich nur einige Anverwandte kannte. Drei Tische waren gedeckt, einer mit mindestens zehn verschiedenen Sorten Kompott, ein anderer mit Konfitüren und Früchten und ein dritter mit Getränken. Diese standen die ganze Zeit zur Verfügung. Eine ihrer Töchter, die in einer anderen Stadt lebt, war zum Namenstag ebenfalls zu Besuch. Sie ist eine junge und witzige Dame. Hier tanzten wir und ich lernte Polonaise, was hier der gängigste Tanz ist. Man überredete mich, zum nächsten Maskenball zu kommen. Um 8 Uhr gab es Tee, um 11 Uhr verabschiedeten wir uns ohne Abendessen. Obwohl ich gerade auf dem Fest war, habe ich zu Hause noch eine Kleinigkeit gegessen.

SAMSTAG, 29. OKTOBER

Am Vormittag war ich bei Ollika und half ihr, einen Schleier zu nähen, den sie beim Maskenball im Gesicht tragen sollte. Er wurde in der gleichen Art wie meiner gefertigt; somit konnte ich hier schwedische Mode präsentieren. Auch den Nachmittag habe ich bei ihr verbracht. Mein Papa hat bei Major Hjärne und Gattin zu Abend gegessen. Die Einladungskarten für den Maskenball, die beim letzten Mal verloren gingen, sind diesmal angekommen.

SONNTAG, 30. OKTOBER

Am Vormittag entschied mein Vater, dass wir zu dem Maskenball gehen würden. Da ich nun die Erlaubnis hatte, ging ich zu Ollika, um mit ihr dorthin zu fahren. Gegen 2 Uhr am Nachmittag traf ein Brief von Hauptmann Ljungberg ein, datiert auf den 26. September in Wetluga. Seit unserer traurigen Abreise war dies der erste Brief, den wir von jemandem bekommen hatten. Unsere Freude über dieses freundliche Zeichen war riesig! Aber die Beschreibung ihrer Notlage quälte uns sehr. Ich habe fast den ganzen Maskenball vergessen, weil ich an die Herren in Wetluga gedacht habe. Mein Papa hat unverzüglich auf den Brief geantwortet.

Um 8 Uhr kamen die Kutschen, um mich zu den Semefskis zu bringen, wo sich Ollika bereits aufhielt. Um halb neun fuhren wir alle weiter zum Schloss, in dem der Maskenball stattfand. Der Saal war groß, aber schlecht beleuchtet. Die Musik kam von den Semefskis. Nur wenige Stadtbewohner waren kostümiert und so schlecht gekleidet, dass man sie kaum von den Massen unterscheiden konnte. Zum Glück tanzten sie nicht, sondern liefen nur neugierig hin und her. Der Gouverneur eröffnete den Ball mit mir bei einer Polonaise. Ich trug das Stiftsdräkten-Kleid mit der großen Schleife, die zum Gegenstand vieler Fragen wurde. Man sagte, dass der Ball heute nicht stark besucht sei, aber es waren dennoch 130 Personen anwesend. Die Damen hatten sich in feine Stoffe gehüllt und Schmuck angelegt, aber ohne Eleganz oder Geschmack. Sie tanzten so schlecht, dass unsere Mägde ungleich besser tanzen, und es gab in der ganzen Gesellschaft nicht mehr als einen Mann, der seine Dame einigermaßen führen konnte. Die Damen sind aufgrund ihres Reichtums und ihres sitzenden Lebensstils so ungewöhnlich dick, dass sie sich bei Polonaisen und Reihentänzen schwerfällig vorwärts schleppen; ein Walzer oder eine Quadrille lassen sie für den Rest des

Abends außer Atem zurück. Hier sah ich zum Beispiel eine Generalsfrau, deren Arme, wie mein Papa behauptete, so dick waren wie normalerweise die Taille und deren Finger wie die Arme eines normalen Menschen. Wahr ist, dass sie von allen, die ich hier gesehen habe, diejenige war, die mich am meisten in Staunen versetzte. Alle waren gut gelaunt. Mir wurde außergewöhnliche Hochachtung zuteil. Ich tanzte viel und hatte meinen Spaß, aber meinem Papa war langweilig. Um 12 Uhr fuhren wir nach Hause.

MONTAG, 31. OKTOBER

Am Vormittag kamen Major Hjärne und Frau zu uns. Am Nachmittag fuhr unser Gastgeber nach St. Petersburg. Er bestand darauf, dass wir ihn mit Aufträgen betrauten. Mein Papa war dann so lieb, dass er ihn bat, mir einen Muff zu kaufen, unter der Bedingung, dass der Preis 50 Rubel nicht übersteigt. Den Abend haben wir beim Oberst verbracht.

DIENSTAG, 1. NOVEMBER

Den Vormittag war ich bei Ollika. Den Abend verbrachte die übliche Gesellschaft bei uns. Da es ein Feiertag war, goss Stille Zinn, damit alle ihr Horoskop sehen konnten. Dann legte sie die Karten, wobei sie wie besessen plapperte, sodass es bis halb zwölf recht munter bei uns zuging. Zu ihren Leidenschaften gehören die Wahrsagerei, Traumdeutung und das Töten von Russen.

MITWOCH, 2. NOVEMBER

Am Vormittag fuhr ich zu Major Hjärne und Gattin. Den Nachmittag und Abend verbrachten wir beim Oberst.

DONNERSTAG, 3. NOVEMBER

Den Vormittag waren wir zu Hause. Am Nachmittag war ich bei Ollika und mein Papa bei Major Hjärne und Gattin.

FREITAG, 4. NOVEMBER

Den Vormittag verbrachte ich bei Blaga. Seit ihre Mutter wieder zu Hause ist, darf sie mich nicht mehr wie früher besuchen. Ich fand und finde sie fast immer weinend und verlassen vor. Welch eine Rabenmutter! Das ganze Haus hat sich verändert, bis auf den guten alten Mann, der aber mit seinem noblen Verhalten ein derart verdorbenes menschliches Herz nicht bessern kann. Dieser Kaufmann gehörte zur Elite und besaß daher große Privilegien, darunter das Recht, wie der Adel in einer vierspännigen Kutsche zu fahren. Ich habe aber nie gesehen, dass er von diesem Recht Gebrauch gemacht hätte.

Die meisten der Händler hier sind Leibeigene, die ihren Besitzern 100 bis 200 Rubel bezahlen, statt 5-10 Rubel pro Jahr. Viele von ihnen sind reich. In den Außenbezirken der Stadt leben Bauern, die Leibeigene sind, aber 30000 bis 40000 Rubel besitzen. Es klingt unglaublich, aber unter ihnen gibt es manche, die die Leibeigenschaft nicht gegen die Freiheit eintauschen wollen. Das habe ich von Major Olander erfahren, der über diesen Umstand zuverlässig aus der Gegend von Uglitsch berichtete.

Kaiser Alexander soll sehr sparsam mit Schenkungen umgegangen sein. Ich würde ihn noch mehr schätzen, wenn er diese ganz beenden würde, denn der Beschenkte stellt einen Subunternehmer/Verlader ein, und dieser wiederum einen zweiten, der den Inspektor bezahlt. Sie alle werden schnell reich auf Kosten des unglücklichen Bauern, der dann so verarmt ist, dass ich sie in den Städten verhungern und um eine Kopeke Brot am Tag habe betteln sehen. Und derlei passiert in diesem so von der Natur gesegneten Land! Das ganze einfache Volk ist ein Ungeheuer für die Gesellschaft! Die absurdesten Einrichtungen haben Bestand, weil sie die Menschenmenge in Dunkelheit halten und von jeglicher Aufklärung ausschließen. In Wyborg wohnte ich dem Bezirkshauptmann gegenüber, der zu Recht zugunsten der Bauern und gegen die Adligen geherrscht hatte. Der Gouverneur entließ ihn, aber der Kaiser begnadigte ihn später.

SAMSTAG, 5. NOVEMBER

Den Vormittag zu Hause. Am Nachmittag war ich einkaufen. Von dort aus ging ich weiter zu Major Hjärne und Gattin, die mich freundlicherweise nach Hause begleiteten. Wir waren an der Reihe, das gemeinsame Beisammensein am Abend auszurichten.

SONNTAG, 6. NOVEMBER

Den ganzen Tag zu Hause. Mein Papa hat beim Oberst zu Abend gegessen.

MONTAG, 7. NOVEMBER

Am Vormittag war ich mit Frau Hjärne einkaufen. Am Nachmittag war ich zu Hause und mein Papa bei Major Hjärne und Frau.

DIENSTAG, 8. NOVEMBER

Den Vormittag zu Hause. Obwohl das Jahr noch nicht zu weit fortgeschritten war, ist es schon recht kalt. Den Nachmittag verbrachte ich bei Frau Ollika, mein Papa war beim Oberst.

MITTWOCH, 9. NOVEMBER

Am Morgen waren wir zu Hause und froren in unseren kalten und zugigen Zimmern. Die Kachelöfen sind hier so praktisch angeordnet, dass man damit zwei bis drei Räume heizen kann. In den Wohnzimmern ist der Aufbau so, dass man auf den Öfen liegen kann, und die fröstelnde Stille genießt das auch oft. Die Wärme im Zimmer des Vaters wird vom Kamin im Zimmer des Hausherrn gespeist. Mein Papa befahl Sarström, er solle dort Feuer machen, aber jedes Mal protestierte die Baboska, weil sie mit Brennholz geizte, und dieses Mal wollte die Oma uns nur austricksen. Heimlich löschte sie das Feuer, nahm alte Schuhe, Pappe und Haare, die sie auf die Kohlen warf (dies erfuhren wir durch Nachforschungen); das verursachte einen furchtbaren Gestank, zumal die Oma ein kleines gehorsames Mädchen hatte, das die Tür mehrmals öffnete. Mein Papa, der die Tür ununterbrochen schloss und spürte, dass der Brandgeruch immer schlimmer wurde, ahnte die Probleme, trickste das Mädchen aus, ertappte sie bei ihrer Tat und tadelte sie. Alle Hausbewohner stürzten herbei, außer sich, entsetzt und nicht in der Lage, Kritik zu üben. Mein Papa, der mitunter etwas aufbrausend ist, vertrieb sie schnell aus dem Zimmer, und auch Stille blieb nicht untätig. Sie ging auf die Umstehenden zu, fluchte auf Schwedisch und nahm die noch rauchenden Fetzen aus dem Kachelofen. Wir fühlten uns aufgrund dieses Brandgeruchs elend. Die Großmutter kam herein, entschuldigte sich und hätte die ganz Sache fast zu einer Lüge verdreht. Ich verstand bereits etwas Russisch und tat mein Bestes, um sie zu warnen, dass dieser Versuch unangebracht sei. Aber die Großmutter wurde frech. Dann wurde mein Papa noch zorniger. Er rief sofort nach einem Polizeibeamten und dem Dolmetscher. Sie kamen; die Untersuchung wurde eingeleitet; die mündlichen Beweise reichten gegen die Großmutter nicht aus, aber Stille konnte dem Hauptwachtmeister süffisant die Fetzen vorzeigen und beschreiben. Mein Papa tat so, als wolle er zum Gouverneur gehen, und auch der Polizeichef drohte der Großmutter. Da begann sie zu weinen und sich zu entschuldigen. So endete diese Vorstellung der besonderen Art.

Wir wedelten mit Fächern, um den furchtbaren Geruch aus dem Fenster und der Tür zu bekommen. In der Zwischenzeit trafen unsere Gäste ein, außer Frau Hjärne, was mich noch mehr bedrückte.

Über Adjutant Bergenstråhle hatte mir eine gewisse Gräfin Galovin, die ich nicht kannte, so oft ich nur wollte, ihr Gespann zur Benutzung angeboten. Die Gräfin hatte wohl vergessen, dass sie drei Werst vor der Stadt wohnt. Wahrscheinlich vermutete sie, dass ich aufgrund des fehlenden Gespanns nicht auf dem letzten Maskenball gewesen sei. Aber ich darf das Gespann von Ollika Wassilvjuna benutzen, wann immer ich will.

DONNERSTAG, 10. NOVEMBER

Am Morgen ging mein Papa zum Gouverneur und verlangte wegen unserer feuchten und zugigen Zimmer eine neue Unterkunft, die ihm auch versprochen wurde. Bis dahin könnten wir hier in anderen Räumen wohnen, die wir ohne Streit beheizen könnten. Den Nachmittag und Abend waren wir beim Oberst.

FREITAG, 11. NOVEMBER

Am Vormittag war der Oberst bei uns. Den Nachmittag war ich zu Hause und mein Papa speiste zu Abend beim Gouverneur.

SAMSTAG, 12. NOVEMBER

Den Vormittag war ich bei Frau Ollika und am Nachmittag zu Hause. Am Abend hörte ich meinen Onkel Dålig erwähnen, dass schwedische Offiziere in der Stadt eingetroffen seien. Ich kannte keinen von ihnen außer Hohenhausen. Sie wurden nach Kaluga gefahren, 890 Werst von St. Petersburg entfernt. Mein Papa aß mit dem Oberst zu Abend und traf dabei einige von ihnen.

SONNTAG, 13. NOVEMBER

Wir lasen Bastholm. Wir wollten gerade zum Maskenball, aber stattdessen verbrachten wir auch den Abend zu Hause mit unseren Freunden, was lustiger war. Die Herren haben *Quadrille* gespielt. Frau Hjärne und ich haben den *pas de rigaudon* -Gesellschaftstanz und Solotanz geübt.

MONTAG, 14. NOVEMBER

Den Vormittag verbrachte ich zu Hause und mein Papa bei Major Hjärne und Frau. Am Nachmittag ging ich zu Frau Ollika. Dort hörte ich davon, dass hier jedes Jahr der Tag begangen wird, an dem die Schweden unter König Gustav II. Adolf nach zweitägiger Besetzung aus der Stadt abzogen. Der Graf de la Gardie wohnte damals im Saal, wo die Maskenbälle stattfinden. Ich hoffe, dass das von mir Gehörte meinen Aufenthalt hier nicht noch trostloser machen wird. Es wird behauptet, dass die gesamte schwedische Armee plötzlich erblindet sei – dass Gott Nowgorod auf wundersame Weise retten wollte; und deshalb wird dieser Tag gefeiert. Unsere Runde traf sich beim Oberst.

DIENSTAG, 15. NOVEMBER

Den Vormittag zu Hause. Das Abendessen nahmen wir bei Major Hjärne und Frau ein. In der Nacht kehrte unser Gastgeber aus St. Petersburg zurück.

MITTWOCH, 16. NOVEMBER

Um 9 Uhr am Morgen kam unser Hausherr zu uns. Er drückte seine Trauer und sein tiefes Bedauern über das Verhalten der Baboska aus, von dem ihm berichtet worden war. Er hoffte, uns zu behalten, anstatt neue Mieter unterzubringen, und ob wir ihm das Geschehene verzeihen würden. Aber für uns war bereits ein neuer Platz reserviert worden.

Dann holte der Alte einen ziemlich schönen Muff. Er wollte keine Bezahlung dafür, sondern beteuerte, dass er, da er das Glück habe, ein junges schwedisches Fräulein kennenzulernen, die in seinem Haus wohnte, kein geringeres Opfer hätte bringen können; und dass er dies auch in der Freude über den großen Gewinn tat, den er jetzt aus seinem Salzhandel erzielt hatte; kurz – er hielt es für eine große Gnade, wenn ich den Muff annehmen würde. Wir zierten uns auf beiden Seiten, aber mein Papa und ich haben so lange protestiert, bis er schließlich sagte: „Dann eben 50 Rubel!" Er bekam sie, schaute aber ernst drein, betrachtete die Geldscheine und sagte: „Nun, dann bekommt sie die Kirche." Ich küsste meinem Papa die Hand und freute mich von Herzen über mein Geschenk. Zur gleichen Zeit traf Hauptmann Hollsten ein. Der Großvater gab uns allen ein Frühstück mit Kaviar, Roastbeef, Pasteten und drei verschiedenen Weinen aus. Darauf sagte er: „Ich habe mir so viel Mühe mit diesem Muff gegeben, sodass ich deshalb keine Bezahlung dafür haben wollte. Als Kenner habe ich jedes Teil einzeln gekauft und den Muff dann in meinem Zimmer in St. Petersburg genäht." Ich beendete mein Frühstück mit einem herzlichen Dankeschön, und dann verabschiedeten wir uns im Einvernehmen. Am Nachmittag war ich zu Hause und schrieb Briefe. Mein Papa war beim Oberst.

DONNERSTAG, 17. NOVEMBER

Am Vormittag zu Hause. Am Nachmittag fand unsere Zusammenkunft bei uns statt.

FREITAG, 18. NOVEMBER

Am Morgen lud uns unser Gastgeber für den Abend zum Essen ein.

Es gab Speisen, die ich nicht benennen kann, aber Piroggen kann ich zu bereiten.

SAMSTAG, 19. NOVEMBER

Die Kälte ist heftig. Bereits eine Woche wird schon mit Schlitten gefahren. Ich ging zu Frau Ollika und nahm meinen Muff mit. Sie war überrascht und meinte, dass er sehr teuer gewesen sein muss, weil er aus echtem Zobelrücken gefertigt war. Dann fügte sie hinzu: „In der ganzen Stadt gibt es keinen anderen Muff so edel und von solcher Schönheit." (Man hat mir 100 Rubel für den Muff geboten, aber er ist mehr wert). Ich habe nur gesagt, dass er gerade aus St. Petersburg eingetroffen sei. Sie zeigte mir einen weiß-grauen Muff, der 300 Rubel gekostet hatte, aber dessen Wert war mit diesem nicht zu vergleichen. Pelze sind im ganzen Reich ein großer Luxus, und fast jeder ist ein Experte auf diesem Gebiet, selbst das niedere Volk. Ich war jedoch ziemlich besorgt über die Höflichkeit des alten Mannes und verstand erst jetzt seinen seltsamen Gesichtsausdruck und seine Gesten, als er die 50 Rubel annahm. Ich versuchte Ollika zu überreden, mich zum Maskenball zu begleiten, aber da sie übermorgen die Geburtstagsfeier ihres Mannes arrangiert, hatte sie keine Zeit. Sie lud mich auch zu dieser Feier und sogar zur Schlittenfahrt am Morgen ein.

Als ich meinem Papa von Ollikas Reaktion auf den Muff berichtete, sprach er lächelnd: „Ja, ja. Ich habe längst bemerkt, dass der alte Mann verliebt in dich ist!" Wir haben uns darauf verständigt, vorerst nicht so zu tun, als hätten wir das bemerkt. Da wir den Abend bei Major Hjärne und Frau verbringen würden, brachen wir am frühen Nachmittag dorthin auf.

SONNTAG, 20. NOVEMBER

Den Vormittag waren wir zu Hause. Um 9 Uhr abends fuhren wir zum Maskenball. Als wir eintrafen, war der Tanz bereits in vollem Gange. Alle Würdenträger waren jetzt versammelt, und einige von ihnen maskiert. Der Tanz war schnell, aber technisch ebenso schlecht wie beim letzten Mal. Alle waren genauso höflich zu mir wie auf dem letzten Ball. Major Hjärne und Hauptmann Hollsten waren zum ersten Mal hier. Am meisten amüsierten wir uns über drei kostümierte Personen in verschiedenen sibirischen National-trachten: Einer von ihnen war ein Troll und von allen am auffälligs-ten. Sein Kostüm bestand lediglich aus Eisenstücken, die so seltsam zusammengestellt waren, dass man es kaum beschreiben kann. Wenn er sich bewegte, litt mein Gehör. In der Hand hielt er ein *tambour de basque* (Tamburin), zu dem er tanzte. Der zweite war ein Fischer, der in viele Felle gehüllt war und eine lange, hängende Le-derquaste trug. Der dritte war ein Bauer, der von Kopf bis Fuß in Birkenrinde gekleidet war: Kappe, Kittel, Socken, Schuhe, Fäust-linge, alles von der gleichen Art und sehr gut verschnürt. Diese Kos-tüme gehörten dem Gouverneur. Er verkleidet seine Diener, nur um sie uns zu zeigen. Hier sah ich einen etwa 40-jährigen *petit maitre* (Straßenmusikanten), der mit seiner Brille tanzte und sie nie ab-nahm. Er schien das hiesige Idol der Vergnügung darzustellen und ist ein wohlhabender Kaufmann mit Namen Putschkoff. Ich möchte ihn erst mehrmals sehen, bevor ich sein Benehmen beschreibe. Um 12 Uhr am Abend fuhren wir nach Hause.

MONTAG, 21. NOVEMBER

Da wir an diesem Abend zum Fest des Polizeipräsidenten geladen waren, ging ich nach nebenan, um Ollika so gut ich konnte zu hel-fen. Als ich um 12 Uhr nach Hause ging, bat sie mich, am frühen

Nachmittag wiederzukommen, was ich auch gegen 4 Uhr tat. Wir haben uns bis 8 Uhr beschäftigt, geplaudert und gelacht. Am Abend trafen die ersten Verwandten ein, nicht viel später folgten auch die anderen Gäste. Um 9 Uhr kam mein Papa, kurz darauf folgte der Gouverneur. Als der Polizeipräsident und eine Gruppe von Herren Seine Gnaden im Innenhof empfingen, kam es zu allgemeiner Aufregung. Er schien nicht sehr glücklich zu sein, was mich zu der Annahme verleitete, dass unsere Truppen die Russen besiegt hatten. Ich finde es immer gut, wenn ein hochrangiger Russe finster dreinschaut, denn das ist fast schon ein sicherer Beweis für eine Niederlage. Nun wurde Kaffee serviert, gleich darauf Tee, dann eine endlose Auswahl an Marmeladen, Konfitüren, Früchten, Eis, Limonaden und Weinen. Der Tanz begann um halb elf, aber was wäre die ganze Veranstaltung ohne Putschkoff gewesen! Er ist der einzige Russe auf der Welt, der es verdient, beschrieben zu werden. Er besaß ein ganz eigenes Talent, die Gesellschaft aufzuheitern und die Zustimmung aller zu gewinnen, denn er war ein vielseitiger Mann. Er kannte jeden erdenklichen Tanz aus dem In- und Ausland und tanzte so leicht wie ein junger Kavalier. Er kleidete sich elegant und umgab sich mit dem Duft von Pomade und Essenzen; er war stets attraktiv und gutaussehend und vergaß vor allem die Damen nicht. Er konnte mehrere Rollen in den besten französischen, deutschen und russischen Stücken aufführen und trug sie alle mit einer so seltenen Schönheit des Ausdrucks und des Deklamierens vor, dass dem Publikum die Stunden wie ein Wimpernschlag vorkamen. Außerdem gilt er als integer und weltoffen. So einer ist unser Putschkoff.

Um 2 Uhr gab es das Souper. Das Essen war das Beste, was ich je gesehen oder probiert habe. Obwohl es fast 30 Gerichte gab, war die

Bedienung schnell. In Russland ist es nicht unüblich, dass beim Servieren neben dem Butler und den Portiers auch ein Diener vor jeder Tür und hinter jedem Stuhl steht. So wurde der Tisch gedeckt und die leeren Plätze gefüllt, obwohl normalerweise nur die Suppenschüsseln und der Nachtisch auf dem Tisch stehen. Die Speisen werden nacheinander platziert, so dass es unmöglich ist, sich einen Überblick zu verschaffen, was man essen möchte, geschweige denn alles zu probieren und zu beanstanden, wenn eine Speise warten muss, weil sie in der falschen Reihenfolge auf dem Tisch steht. Aus Bowlen und Flaschen wurden verschiedene Getränke gereicht. Es ist ein erstaunlicher Luxus, dass, wenn z. B. sechs verschiedene Weine angeboten werden, auch sechserlei verschieden glänzende Gläser dastehen müssen; man macht sogar einen Unterschied zwischen Bier-, Hausbier-, Malz- und Wassergläsern.

Der Fürst als Direktor der Knabenschule sprach Bacchus am meisten zu. Es wurde nur zu Ehren des Gastgebers angestoßen. Danach ging das Servieren des Desserts etwas zu sehr in Galopp über. Um 4 Uhr erhoben wir uns vom Tisch.

Mein Papa, der neben Putschkoff saß, lobte ihn, und es war das erste Mal, dass ich ihn etwas Positives über einen Russen sagen hörte. Es gab ein paar Damen und junge Mädchen, mit denen ich angenehme Bekanntschaft machte. Alle zeigten mir gegenüber unbeschreiblich viel Aufmerksamkeit. Da die Gesellschaft genau ausgewählt war, war es hier sehr ausgelassen. Unsere fröhliche und witzige Gastgeberin brachte in alles Leben und Freude.

Die Liste derer, die am lustigsten waren und mit denen ich die meisten Gespräche geführt habe, lautet wie folgt:

Oberst und Frau Oberst Potätin
Gräfin Gollowin, Schwester des Grafen Worontzow

Frau General Semiratski, Tochter des Grafen Worontzow
Frau Major Ivanoff und ihre Töchter
Anna, Alexandra und Helena Maximovna
Die zwei Damen Tjäplåkova
und Putschkoff.

Um 5 Uhr verabschiedete sich die Gesellschaft, ich für meinen Teil war zumindest wirklich zufrieden mit dem Tag. Doch zu Hause gab es eine Überraschung: Mein Papa bemerkte, dass er beraubt worden war. Ihm waren nur seine Uniform und ein alter Frack verblieben. Stille hatte im Nebenzimmer geschlafen. Bei den Dieben muss es sich um Hausbewohner gehandelt haben. Das große Tor war verschlossen. Mir war nichts abhandengekommen.

DIENSTAG, 22. NOVEMBER

Am Morgen bereiteten wir uns auf den Umzug vor. Aber zuerst ging ich zu Frau Ollika, um ihr für den gestrigen Tag und für die gute Nachbarschaft etc. zu danken. Wir waren beiderseits traurig, weil ich jetzt ziemlich weit wegzog, sodass wir uns nicht mehr so oft sehen konnten.

Als wir um 12 Uhr im Haus unseres Gastgebers ankamen, um uns zu verabschieden, sagte ich dem alten Mann neben anderen Komplimenten, dass ich es nicht nur bedauerte, mich von ihnen zu trennen, sondern dass es mir noch mehr leidtäte, weil ich mir ziemlich sicher sei, dass mein Zobelmuff weit mehr wert sei als der Betrag, den wir dafür bezahlt hatten. „Mein Fräulein", sagte er, "bewahrt ihn auf, bis ich ihn gegen einen anderen eintausche, den meine Frau in Archangelsk zurückgelassen hat, und da er benutzt ist, darf das Fräulein ihn in der Zwischenzeit tragen, je mehr, desto besser." „Nein", rief seine Frau und begann zu fluchen, "mein Muff ist aus reinen Schwänzen gemacht und kostet mehr, das wird nicht geschehen." Die Dummheit, die sie dazu brachte, den Scherz des alten Mannes ernst zu nehmen, ließ mich gleichgültig – im Gegensatz zu dem alten Mann und den anderen.

Unsere neue Unterkunft, die ich vorher noch nicht gesehen hatte, bestand ebenfalls aus zwei Zimmern, wobei der Raum meines Papas groß wie ein Ballsaal war, mit fünf Paar hohen Fenstern und einem großen Kachelofen, auf den man sich schlafen legen konnte. Das Mobiliar besteht aus vier eher schäbigen, hässlichen Stühlen, die Stille später mit einer alten Schürze überzog. Außerdem sind da ein armseliger kleiner Tisch und ein altes Holzsofa, auf dem ein Bauer aus Västmanland nicht sitzen kann und will. In meiner eigenen Kammer gibt es zwei wertvolle Stühle, einen Tisch aus schwarzem Rindsleder, aber kein Bett. Ich bin jedoch zufrieden mit dieser Unterkunft, da wir erwarten, dass sie warm und in vielerlei Hinsicht komfortabler ist als die vorherige. Die Lage ist auch gut für den Einkauf von Lebensmitteln und für den Besuch unserer Freunde.

Heute erhielt mein Papa einen Brief von einem Großhändler in St. Petersburg, Harthin, den er nur dem Namen nach kennt. Dieser Mann sagte, dass es ein großes Glück sei, meinem Papa mit Geld aushelfen zu können, wenn er es brauche. Er bat auch darum, dass mein Papa aus Gefälligkeit die Namen und Dienstgrade der gefangenen schwedischen Offiziere nennen sollte, von denen er glaubte, dass sie Geld brauchten, und dass er ihnen mit so viel Geld helfen würde, wie sie benötigten. Von allen meinen Tagebucheinträgen schreibe ich diesen am liebsten nieder, denn Harthin ist in Stockholm geboren.

Mein Papa verbrachte den Abend beim Oberst. Ich blieb zu Hause und stattete unserem neuen Gastgeber einen kurzen Besuch ab. Er gehört der zweiten gesellschaftlichen Schicht an; die dritte sind in der Regel Leibeigene.

MITTWOCH, 23. NOVEMBER

Am Vormittag wurde alles hergerichtet. Ein Bett konnte ich nicht bekommen. Hier begannen wir nach russischer Art in Tontöpfen zu kochen, die eine *composition* (Zusammensetzung) haben, die lange Zeit starkem Feuer standhält. Die Russen kochen und braten ihr gesamtes Essen im Ofen. Am Nachmittag traf sich unsere Runde bei uns. Mein miserabler Tisch war für die Herren gedeckt, die Karten spielen sollten, aber die Karten blieben am Ochsenleder hängen. Zur Freude aller konnte Stille das Problem beheben, indem sie das Leder mit Eiweiß einrieb.

DONNERSTAG, 24. NOVEMBER

Am Vormittag war Major Hjärne mit Frau bei uns. Es gibt hier Gerüchte über Frieden – möge Gott dafür sorgen, dass diese wahr werden! Es wird sogar behauptet, dass General Buxhoeveden von den Schweden gefangen genommen und in Stücke geschnitten sei. Wir glauben nicht an Letzteres, weil es in unserem Land keine Barbaren gibt. Am Nachmittag schickte Frau Ollika einen Schlitten, um mich zu holen. Ich verbrachte einen sehr heiteren Abend bei ihr; mein Papa war beim Oberst.

FREITAG, 25. NOVEMBER

Eine Wandertruppe mit tanzenden Tieren und seltenen Vögeln ist in der Stadt angekommen. Der Oberst lud uns alle dorthin ein. Wir trafen uns bei Major Hjärne und Frau. Leutnant Stormbom, der aus der Stadt Tihvin versetzt worden war, kam hierher. Er berichtete, dass er den Befehl erhalten hatte, die Schweden zu begleiten, die bald von hier weggebracht werden sollten. Wir sind ratlos und besorgt, weil wir nichts von einer Verlegung gehört hatten. Die Tiervorstellung war miserabel und äußerst abscheulich. Den Abend verbrachten wir bei Major Hjärne und Frau.

SAMSTAG, 26. NOVEMBER

Am Vormittag war mein Papa aus und ich war zu Hause. Am Nachmittag besuchte ich die Semefskis, die jetzt ganz in meiner Nähe wohnen. Frau Ollika war ebenfalls zugegen. Mein Papa war zum Abendessen beim Oberst.

SONNTAG, 27. NOVEMBER

Am Vormittag kam Major Hjärne. Wir haben dann gemeinsam einen langen Spaziergang unternommen und Oberst Potätin getroffen, der Oberst Gyllenbögel ungewöhnlich ähnlich ist. Obwohl seine Gattin und verschiedene Damen mich schon vor langer Zeit freundlich gebeten haben, sie zu besuchen, bin ich dennoch nicht dazu gekommen, zum einen, weil mein Papa nicht zu Besuchen ausgeht, zum anderen, weil Frau Hjärne keine von ihnen kennt. Am Nachmittag traf sich die übliche Gesellschaft bei uns.

MONTAG, 28. NOVEMBER

Den Vormittag haben wir zu Hause verbracht. Obwohl es hier französische und deutsche Zeitungen gibt, bekamen unsere Herren sie nicht zu lesen. Wenn sie den Gouverneur daran erinnern, erdenkt er stets eine Ausrede, so dass das Verbot bestehen bleibt. Am Nachmittag ging ich zu Frau Ollika, und mein Papa war beim Oberst.

DIENSTAG, 29. NOVEMBER

Den Vormittag waren wir zu Hause. Die verfallene Ruine des alten Schlosses, die ich bereits beschrieben habe, wurde jetzt, bei tiefem

Schnee und einem ziemlich harten Winter einem Händler übertragen, damit sie von innen und außen zugemauert und verputzt wird. Außerdem möbliert er die Zimmer in einer Weise, dass man sie in einem Monat beziehen kann. Vor acht Tagen hat er die Arbeiten begonnen. Die Ruinen des Schlosses liegen direkt vor unseren Fenstern. So früh habe ich noch nie einen so strengen Frost und so viel Schnee erlebt. Es ist unfassbar, wie ein solches Bauvorhaben hier begonnen und durchgeführt werden kann, aber in Russland ist alles möglich. Den Abend verbrachten wir bei Major Hjärne und Frau.

MITTWOCH, 30. NOVEMBER

Am Vormittag war ich einkaufen. Zu Abend haben wir im Haus des Obersten gegessen.

DONNERSTAG, 1. DEZEMBER

Am Vormittag ging ich zu Frau Ollika. Mein Papa und Major Hjärne speisten beim Gouverneur zu Abend. Ich war zu Hause.

FREITAG, 2. DEZEMBER

Am Vormittag besuchten Leutnant Stormbom und Fahnenjunker Wellink meinen Papa. Am Nachmittag traf sich die übliche Gesellschaft bei uns. Meine Gastgeberin lud mich in die Sauna ein. Frau Hjärne und ich haben die Gelegenheit genutzt: Wie ich zuvor bereits berichtete, sind diese Räumlichkeiten und die Vorbereitungen dazu vortrefflich.

SAMSTAG, 3. DEZEMBER

Am Morgen spielte Major Hjärne mit meinem Papa Patience. Den Nachmittag und Abend verbrachten wir beim Oberst.

SONNTAG, 4. DEZEMBER

Den Vormittag zu Hause. Den ganzen Nachmittag bei Major Hjärne und Gattin. Als der Oberst am Vormittag dort war, kam ein Schwede an, der sagte, er sei ein Kapitän zur See namens Justin aus Stockholm und er sei nach Kronstadt gesegelt. Dort hatte er irgendeinen Schaden erlitten, war in ein schwieriges Gerichtsverfahren verwickelt und befand sich nun auf dem Weg nach Sibirien, wohin ihn das Gerichtsurteil vermutlich schickte. Das Erbärmlichste war, dass er wie einer der schlimmsten Missetäter zusammen mit anderen Gefangenen transportiert wurde. Er bekam Geld, und der Oberst schrieb seinen Namen auf, um seine Geschichte in Schweden publik zu machen.

MONTAG, 5. DEZEMBER

Am Vormittag waren Major Hjärne und Hauptmann Hollsten bei uns. Über einen Polizeibeamten wurden wir zum Ball eingeladen, der morgen beim Gouverneur stattfindet. Seine Eltern fuhren nach St. Petersburg, um dort den Winter zu verbringen. Der Ball wurde zu Ehren des Namenstages der Mutter (Katarina) veranstaltet. Ich fuhr mit Anna Wassilvjuna zu Frau Ollika.

Als ich nach Hause kam, hatte mein Papa einen Brief von Hauptmann Wärnhjelm erhalten, der noch schlimmer war als der von Ljungberg und uns große Sorgen bereitete. Am Nachmittag war ich zu Hause; mein Papa war zum Abendessen beim Oberst. Um 7 Uhr war der Gouverneur dorthin gekommen und hatte den Oberst zum Ball eingeladen. Gleichzeitig fragte er meinen Papa, ob dieser ihm die gleiche Ehre erweisen würde. Da er mich nicht erwähnte, antwortete mein Papa, dass ein Polizeibeamter ihn und mich an diesem Morgen bereits informiert habe. Obwohl er antwortete, wie er sollte, offenbarte sich ein Fehler, für den es keine wirkliche Erklärung gab, der mich aber dazu brachte, meinerseits zu wählen und zu Hause zu bleiben. Ich verbrachte den Abend bei Frau Ollika.

DIENSTAG, 6. DEZEMBER

Den Vormittag zu Hause. Da mein Papa um 8 Uhr zum Ball ging, ging ich zu Frau Hjärne.

MITTWOCH, 7. DEZEMBER

Mein Papa, der um drei Uhr nach Hause kam, sagte mir, dass der Gouverneur mich wirklich vermisst habe. Mein Papa antwortete, er habe Grund zu der Annahme, dass der leicht betrunkene Polizeibeamte die ihm erteilte *Instruction* überschritten habe. Der Gouverneur wollte mich mit seiner Pferdekutsche abholen lassen, aber mein Papa verhinderte dies in weiser Voraussicht. Außerdem erzählte mein Papa, dass die Vorbereitungen hinsichtlich der Erfrischungen und des Essens ausgezeichnet waren; dass der Herr Vater des Gouverneurs dem Kaufmann Heijdenstrauch in nichts nachstand und seine Frau Mutter eine der lustigsten Damen war, die mein Papa je getroffen hatte. Putschkoff hatte gesagt, dass er ein Günstling der verwitweten Königin (Maria Fjodorowna von Württemberg, Mutter von Zar Alexander) sei; dass sie eine eigene Kapelle haben, in der sie einen Gottesdienst für 80 Personen abhalten können; dass er zwar eine jährliche *revenue* (Einkommen) von über 50.000 Rubel aus großen Ländereien mit 5000 Bauern hat, aber nicht arbeitet; dass die Mutter ihrem Sohn vorwirft, er lebe sehr isoliert; dass ihr Haus in St. Petersburg als eines der beliebtesten Besucherziele gilt und ihr *palais* eines der schönsten sein soll. Papa hielt den Arzt, den sie dabeihatten, für ihren Hofnarren. Als ihre vielen großen Hunde (gerade vom Landgut zurück) während des Essens hereingelassen wurden, war die Freude riesengroß; sie bekamen sofort das köstlichste

Essen vom Tisch serviert, und Ihre Gnaden Madame Mutter verkündete die Meriten (Verdienste) eines jeden. Mein Papa hatte zum ersten Mal Sterlet (eine Störart) gegessen. Laut Ukas sollte die größten von ihnen (eine Arschin-Länge, 71,12 cm) stets an den Hof gebracht werden. Für einen solchen Fisch zahlt man dort 500 Rubel; dieser hatte 150 gekostet. Mein Papa konnte ihn nicht anders beschreiben, als dass er weiß und krumm war, der fetteste Fisch, den er je gegessen hatte, und dass sein Geschmack kaum einem anderen Fisch ähnelte, nicht einmal Lachs und Aal. Den ganzen Nachmittag und Abend über hielt sich die übliche Gesellschaft bei uns auf.

DONNERSTAG, 8. DEZEMBER

Am Vormittag war der Oberst bei uns. Am Nachmittag war ich bei den Semefskis. Mein Papa hat wieder beim Gouverneur zu Abend gegessen. Dort waren keine fremden Damen anwesend. Der Gouverneur lud meinen Papa für morgen zum Mittagessen ein und rechnete damit, auch mich dann zu treffen.

FREITAG, 9. DEZEMBER

Am Vormittag waren Major Hjärne und Frau sowie Hauptmann Hollsten bei uns. Um 1 Uhr kam der Schlitten des Gouverneurs, um mich abzuholen. Alle Gäste waren bereits versammelt; ich wurde vorgestellt und höflich begrüßt. Mir wurde ein Platz neben der Frau Mama zugewiesen. Da ich etwas Russisch gelernt hatte, unterhielten wir uns in dieser Sprache. Einige der Damen kannte ich bereits, aber ich lernte auch einige neue kennen, die ich vorher noch nicht getroffen hatte. Das Mittagessen wurde um halb zwei aufgetragen, und es war sehr lecker. Schade, dass ich erst im Nachhinein erfuhr, dass auch Sterlet bei den Gängen dabei war, denn dann hätte ich ihn nicht ausgelassen. Um 4 Uhr erhoben wir uns vom Tisch.

Da heute ein *prasnik* (Feiertag) war, reiste man nach Landessitte im offenen Schlitten. Bei strengem Frost und extremen Wetterbedingungen machten wir eine Fahrt durch alle Straßen der Stadt. Ich fuhr mit Frau Oberst Potätin, einer fröhlichen und intelligenten Dame. Sie war sehr nett zu mir. Ich habe meine rechte Hand so stark erfroren, dass sie von Gicht geplagt ist.

Alle sprachen über den baldigen Frieden und glaubten, dass wir bald nach Hause reisen könnten. Aber was für ein Zuhause haben wir schon! Am Abend kam Frau Major Ivanoff mit ihren Töchtern und anderen an, und dann begann der Tanz. Oberst Bergenstråhle und sein Sohn kamen zu Besuch und wurden eingeladen zu bleiben, aber nur Letzterer blieb. Der Oberst schaute sich den Tanz eine Weile an und überredete mich, einen Schreittanz mit Ballettschritten zu tanzen, was es hier noch nie gegeben hatte. Obwohl ich ihn nicht vollkommen ausführte, war das Erstaunen bei einigen groß. Die jüngste Schwester Ivanoff und Putschkoff tanzten einen russischen Volkstanz, der sehr schön war. Nach dem Abendessen tanzten wir noch eine Weile. Um 2 Uhr morgens verabschiedete sich die Gesellschaft, da die Eltern des Gouverneurs am nächsten Tag verreisen sollten. Der Kutscher des Gouverneurs war so betrunken, dass der Schlitten mit Verdeck fast vor unserem Tor umkippte.

SAMSTAG, 10. DEZEMBER

Am Morgen war mir kalt und ich fühlte mich malad. Am Nachmittag schien der Briefträger zu uns abzubiegen. Ich war hocherfreut, aber mein Papa wähnte bereits schlechte Nachrichten und schimpfte mit mir, ob meiner Neugierde. Es kam auch tatsächlich ein Brief, aber mein Papa öffnete ihn nicht, und ich war unsagbar neugierig. Endlich wurde das Siegel gebrochen; der Brief kam von Harthin aus St. Petersburg und enthielt wirklich traurige Nachrichten, nämlich dass in Helsinki am 17. November 72 Häuser und 26 Lagerhäuser[16] abgebrannt waren; dass sogar das Govenius-Haus ein Opfer der Flammen wurde, ohne dass auch nur irgendetwas gerettet werden konnte, wie z. B. unsere Sachen, die dort aufbewahrt wurden. Mein Papa war sehr betrübt, aber ich, die ich schon seit langem – ja, seit wir das traurige Wyborg verlassen hatten – dachte, dass alles verloren sei, sprach: „Wie gewonnen, so zerronnen". Gleichzeitig entschied ich, meinen Papa aufzuheitern und nie wieder darüber zu sprechen.

Nach einer vorsichtigen Bestandsberechnung belaufen sich meine Verluste auf über 4.650 Reichstaler (= 119 kg Silber, Neuwert heutzutage 57.000 €) und die meines Papas auf mindestens 1.500 Reichstaler. Am meisten vermisst er seine kleine, aber feine *bibliothèque* und seine schöne Tisch- und Bettwäsche. Hieraus lernte ich wieder einmal, was ich schon lange gedacht und meinem guten Papa oft gesagt hatte, nämlich, dass man nicht zu viel Geld für Mobiliar und Hausrat ausgeben sollte. Ich habe den Abend zu Hause verbracht, aber mein Papa hat beim Oberst zu Abend gegessen.

SONNTAG, 11. DEZEMBER

Den Vormittag waren wir zu Hause und lasen Bastholm. Am Abend waren wir an der Reihe, für Essen zu sorgen. Die Herren kamen, jedoch ohne Major Hjärne und Frau. Das Abendessen wurde früh aufgetragen, und danach gingen der Oberst und sein Sohn zum Maskenball, während Hauptmann Hollsten noch eine Weile bei uns blieb. Der arme Kerl! Er ist so in Sorge und trübsinnig, da er keinerlei Nachrichten über seine Frau in Västerbotten erhalten hat.

MONTAG, 12. DEZEMBER

Am Vormittag war mein Papa mit Kapitän Hollsten Bekleidung kaufen. Ich war zu Hause, aber am Nachmittag ging ich zu Frau Ollika. Mein Papa hat beim Oberst zu Abend gegessen.

DIENSTAG, 13. DEZEMBER

Am Vormittag waren Major Hjärne und Frau bei uns. Da ich zu den Semefskis eingeladen war, verbrachte ich den Nachmittag dort. Mein Papa hat bei Major Hjärne und Gattin zu Abend gegessen.

MITTWOCH, 14. DEZEMBER

Den Vormittag verbrachte ich mit Anna Wassilvjuna bei Frau Ollika. Am Nachmittag besuchte ich unsere Gastgeberin, die mich mit ein paar wirklich schlechten Äpfeln bewirtete – in Wasser eingelegt, so wie es hier üblich ist. Den Abend haben wir beim Oberst verbracht. Ich nehme immer irgendeine Handarbeit mit.

DONNERSTAG, 15. DEZEMBER

Den Vormittag zu Hause. Am Abend waren wir wieder als Gastgeber an der Reihe. Vor dem Abendessen bot ich eifrig Kürbiskerne an.

FREITAG, 16. DEZEMBER

Am Morgen erhielt mein Papa einen Brief von Kaufmann Govenius, der unsere Vermutung bestätigte, dass unser Eigentum vollständig verbrannt und nichts mehr zu retten war. Dieser weithin angesehene und ehrliche Mann hat selbst mehr als 30.000 Rubel verloren. Er fügte hinzu, dass der Kaiser sehr gnädig gewesen sei und versprochen habe, eine angemessene Entschädigung für alle aufgetretenen Schäden zu zahlen, und dass er (Govenius, der unsere Berechnungen nicht kannte) unsere Verluste im Komitee auf 2.000 Reichstaler *Banco* beziffert habe, aber diese Summe entsprach nicht der Hälfte des Wertes unserer Verluste. Dieses Missverständnis lässt sich natürlich berichtigen. Trotz des Versprechens des Kaisers ist mein Papa beunruhigt, was schwer mit anzusehen ist. Gerade hatte ich erfreut festgestellt, dass sich sein Gesundheitszustand von Tag zu Tag verbessert, was nicht rational zu erklären ist, zumindest nicht durch das miserable Schmutzwasser, das wir ständig trinken und zum Kochen verwenden müssen. Den Abend haben wir beim Oberst verbracht.

SAMSTAG, 17. DEZEMBER

Am Vormittag war ich mit Anna Wassilvjuna einkaufen. Major Hjärne spielte mit meinem Papa Patience. Am Nachmittag fuhr ich zu Frau Ollika und verbrachte dort vergnügt den Abend, da wir allein sein durften. Meine geringen Russischkenntnisse habe ich in ihrer und Blagas Gesellschaft erworben: Ich spreche ein wenig, aber ich kenne keinen einzigen Buchstaben. Mein Papa war bei Major Hjärne und Gattin.

SONNTAG, 18. DEZEMBER

Am Vormittag statteten uns unsere ehemaligen Gastgeber einen kurzen Besuch ab. Am Nachmittag wurde ich zu einer *Prasnik*-Fahrt (Feiertagsausfahrt) mit den Semefskis eingeladen; wir fuhren elegant durch die Stadt und schauten dann bei Ollika vorbei, die sich nicht wohl fühlte. Wir holten sie dennoch ab und fuhren zu den Semefskis, wo wir ein *concert* genossen und den ganzen Abend verbrachten.

MONTAG, 19. DEZEMBER

Vormittags zu Hause. Am Abend die übliche Gesellschaft bei uns.

DIENSTAG, 20. DEZEMBER

Am Vormittag besuchte ich unsere früheren Gastgeber. Am Nachmittag ging mein Papa zu Putschkoff. Den Abend verbrachten wir beim Oberst.

MITTWOCH, 21. DEZEMBER

Am Vormittag zu Hause, am Abend bei Major Hjärne und Frau.

DONNERSTAG, 22. DEZEMBER

Früh am Morgen überbrachte ein Polizeiwachtmeister meinem Papa den Befehl, sich beim Gouverneur zu melden. Da es sich um eine ungewöhnliche *ordres* handelte, glaubte mein Papa, dass wieder etwas Unerfreuliches im Gange war. Stille war bald mit ihren Karten zur Stelle und versicherte, dass wir von hier weggehen würden. Ich wartete ungeduldig auf die Rückkehr meines Papas, und dann wurde Stilles Prophezeiung wahr. Die Briefe meines Papas und von Major Hjärne vom 3. September, in denen sie um die Erlaubnis baten, nach Wyborg zu ziehen, waren von General Buxhövden an den Gouverneur positiv beschieden worden. Diese Reise kommt jetzt zur Unzeit, denn der Frost ist grimmig, unsere Kutschen sind auf Rädern, und wir haben nur wenige Pelze – ein Mangel, den man hier natürlich schnell mit Geld beheben kann, sofern es unsere Kasse erlaubt. Den Nachmittag und Abend waren wir beim Oberst; dort besprachen wir die Reise und entschieden, dass sie im neuen Jahr stattfinden sollte, da wir den Termin selbst bestimmen durften.

FREITAG, 23. DEZEMBER

Am Vormittag ging ich zu Frau Ollika und erzählte ihr von meiner bevorstehenden Reise, woraufhin sie recht traurig wurde. Ich fragte unsere Gastgeber, ob ich in die Sauna gehen könne; zur Antwort bekam ich jedoch, die Sauna sei defekt, obwohl ich später sah, wie sie selbst hineingingen, um ein Bad zu nehmen. Am Nachmittag fuhr mein Papa zu einem Vorsteher, der weit hinter der Zollschranke wohnte. Da er mehrere Handwerker hat, vereinbarte mein Papa mit ihnen, ein Paar Kufen an meinem kleinen Wagen anzubringen. Am Abend war die übliche Gesellschaft bei uns, allerdings ohne Frau Hjärne, die zu Hause blieb, um warme Kleidung für die Reise zu stricken.

SAMSTAG, 24. DEZEMBER

Mein Papa schenkte mir zu Weihnachten einen großen Madras-Schal. Ich hatte für Frau Hjärne ein Paar Strumpfbänder nach russischer Art gestrickt; für die Kinder hatte ich ein paar Spielsachen gebastelt. Am Abend gingen wir zum Oberst. Es lief alles wie immer ab. Ich kam aber nicht umhin, an frühere Weihnachtsabende zu denken; außerdem habe ich oft heimlich vor Sehnsucht geweint, wenn ich meiner lieben Freunde in der geliebten Heimat gedachte. Frau Hjärne überreichte dem Oberst einen fast vollständigen Almanach für das Jahr 1809, den sie selbst verfasst und geschrieben hatte. Als ich nach Hause kam, fand ich in meinem Bett ein Päckchen mit einer wunderschönen ridicule (Handtasche), die von Frau Hjärne gemacht sein musste.

SONNTAG, 25. DEZEMBER

Der russische Kalender folgt der alten Methode. Ihr Weihnachten ist also zwölf Tage später als unseres. Es gibt keine Weihnachts-, sondern Neujahrsgeschenke. Ich dachte, ich würde am Vormittag zu Frau Hjärne gehen, aber da kam sie gerade zu mir. Am Nachmittag kam mir die Idee, eine Einladung zu schreiben, die Sarström zu Stille brachte, um sie zu einem fiktiven Fest bei unserem Dolmetscher einzuladen. Zuerst wollte sie nicht hingehen, aber schließlich tat sie es doch. Sie überlegte hin und her und besonders besorgt war sie darüber, wie sie sich kleiden sollte. Schließlich holte sie ihre verzierte Mütze, ihr graues Taftkleid, ihren Schal und feinste Socken hervor, während sie ununterbrochen über den netten Goldschmied plapperte. Darüber musste ich laut lachen. Als sie meinen Schabernack beim Ankleiden bemerkte, wünschte ich, ich könnte meinen Scherz ungeschehen machen, denn sie wurde so wütend, dass sie sich drei Tage lang nicht versöhnen wollte. Ich hätte die bescheidene Stille besser kennen sollen, als dass sie den Fall so amüsant nehmen würde, wie er in Wirklichkeit war. Den Abend verbrachten wir bei Major Hjärne und Frau.

MONTAG, 26. DEZEMBER

Den Vormittag zu Hause. Am Nachmittag war mein Papa beim Oberst. Den Rest des Tages verbrachte ich gut gelaunt bei den Semefskis.

DIENSTAG, 27. DEZEMBER

Den Vormittag war mein Papa unterwegs, um Pelze und andere Dinge für unsere Reise einzukaufen. Am Nachmittag kamen Major Hjärne und seine Frau zu uns und blieben bis zum Abend, ebenso wie der Oberst mit seinen Herren.

MITTWOCH, 28. DEZEMBER

Am Vormittag war ich bei den Semefskis und wir vereinbarten, dass wir später zu Frau Ollika fahren würden. Am Nachmittag ging mein

Papa zum Oberst, und ich fuhr wie besprochen zu Frau Ollika. Ich ging auch zum Haus gegenüber, um mich von unserem früheren Gastgeber zu verabschieden. Bei Ollika spielten wir Karten, tranken Tee und aßen gut bis in den späten Abend. Sie wollten mich wenigstens bis über das russische Weihnachtsfest dabehalten, weil sie dachten, dass es wie immer sehr lustig werden würde. Die Semefskis sind vernünftige und verständnisvolle Leute.

DONNERSTAG, 29. DEZEMBER

Am Morgen erhielt mein Papa einen schmerzlichen Brief von Baron Lejonhuvud. Ach, was haben sie doppelt gelitten, die sie bei dem schrecklichen Brand dabei waren! Der Baron und seine Frau, seine Schwiegermutter und die Kinder überlebten nur knapp. Am Nachmittag kam der Oberst zu uns, und wir fuhren gemeinsam zu Major Hjärne und Frau.

FREITAG, 30. DEZEMBER

Am Vormittag kam Putschkoff zu uns, aber mein Papa war nicht zu Hause. Ich sprach eine Weile Russisch mit diesem fröhlichen und netten Herrn, der vergeblich auf meinen Papa wartete.

Heute beginnt hier der Jahrmarkt, eine besondere Art von Markt, der mehrere Tage andauert. Der ganze Marktplatz ist voll mit Lebensmitteln zu ziemlich günstigen Preisen; die Reste gehen später nach St. Petersburg. Viele Fuhren sind lediglich voll mit Gänse- und Truthahnköpfen, andere mit Beinen und wieder andere mit Flügeln. Auch trächtige Hunde und Katzen werden hier verkauft; sie bilden einen Handelszweig innerhalb der Stadt. Es gibt fast nichts, was ein Russe nicht benutzen, essen oder verkaufen würde; alles ist für ihn irgendwie zu gebrauchen. Sie handeln gern und sind darin sehr be-

wandert, aber in der Regel entwickeln sie eine derartige Leiden-
schaft für den Betrug, dass sie alle Ehrlichkeit aus ihrem Herzen
verbannen. Am Nachmittag fuhr ich zu Major Hjärne und Frau. Frau
Major war sehr mit dem Nähen von Pelzen beschäftigt und hatte
daher keine Zeit, zum Oberst zu gehen, also fuhr ich auch nach
Hause, ohne mich zu verabschieden. Aber zufällig hatte sie herausgefunden, dass ich zu Hause war. So ließ sie ihre Arbeit ebenfalls
liegen und holte mich ab, um zum Oberst zu fahren, was wir dann
auch taten.

SAMSTAG, 31. DEZEMBER

Den Vormittag zu Hause. Am Nachmittag und Abend war die übliche Gesellschaft bei uns.

1809

SONNTAG, 1. JANUAR

Am Vormittag machten wir untereinander Neujahrsbesuche. Mein Papa und ich fuhren auch zum Polizeipräsidenten, um Lebewohl zu sagen. Das Abendessen nahmen wir beim Oberst ein. Leutnant Stormbom und Fahnenjunker Wellink waren ebenfalls dort. Während des Essens tranken wir so viel, dass alle ungewöhnlich fröhlich waren. Frau Hjärne und ich sprangen und tanzten mit den Herren zu einem Lied. Wir plauderten und haben Weihnachtsspiele gespielt, und der Tag wurde sehr lustig. Wir aßen zu Abend und verabschiedeten uns um 11 Uhr.

MONTAG, 2. JANUAR

Am Vormittag ging mein Papa zu Putschkoff und dem Gouverneur, um Abschied zu nehmen, den Abreisetag zu vereinbaren, Fahrdienste zu erörtern, und herauszufinden, wie wir reisen würden etc. Ein deutschsprachiger Polizeileutnant wurde zu unserer Begleitung abgestellt. Wir bekamen nur 1,5 Pferde für die Kutsche, eine russische Erfindung, die der Gouverneur nicht erklären konnte, aber er zeigte die Befehle, die er erhalten hatte. Mein Papa muss also für 3,5 Pferde selbst zahlen, denn es werden fünf benötigt. Fahrdienste sind in Russland etwas teurer als in Schweden: Je 10 Werst zahlt man 40 Kopeken. Am Nachmittag wurde gepackt. Den Abend verbrachten wir zum letzten Mal bei Major Hjärne und Frau.

DIENSTAG, 3. JANUAR

Am Morgen waren die Herren beim Gouverneur, um sich zu verabschieden. Ich ging zu Frau Ollika und am Nachmittag zu den Semefskis. Den Abend verbrachten wir beim Oberst.

MITTWOCH, 4. JANUAR

Ganz früh am Morgen erschien ein Priester in vollem *Ornat,* mit seinen Kreuzen und Weihwasser, der zu meiner Verwunderung unter seinen lauten Gesängen in der Sauna ein und aus ging. Dann erzählte mir Stille, dass, nachdem Frau Hjärne und ich dort gebadet hatten, ein kleines Mädchen, das auch dort war, krank geworden sei; deshalb dachten unsere Gastgeber, wir hätten die Sauna verhext, und das war der Grund, warum ich nicht mehr dorthin durfte (siehe 23. Dezember). Da wir nun abfuhren, löste der Priester unseren Bann mit Gebeten.

Die liebe Ollika Wassilvjuna und ihre Schwester kamen, um Lebewohl zu sagen. Wir tauschten kleine Abschiedsgeschenke aus. Da wir uns nun trennten, tat ich mein Bestes, um meine Dankbarkeit für ihr Wohlwollen und ihre Freundlichkeit auszudrücken, die sie mir in dieser Zeit entgegengebracht hatte. Im Nachhinein kam ich zu dem Schluss, dass Gott in allen Ländern gute Menschen unter die schlechten gesetzt hat. Ich dankte ihm für die Zeit, die ich hier recht glücklich verbracht habe, im Vertrauen darauf, dass er mich überall auf der Welt ebenso gnädig beschützen möge.

Der Oberst und seine Herren kamen, um sich zu verabschieden. Ich glaube, dass unsere Abreise für ihn mehr als Langeweile mit sich bringen dürfte, denn er hat keine Bekannten und wird jeden Abend seine Spielkameraden vermissen.

Nachdem wir unseren Gastgebern Lebewohl gesagt hatten, saßen ich und Stille in der Kutsche, und mein Papa und Sarström nahmen auf der großen *Kibitka*[17] Platz. Das Schlimmste war, dass Stille und Sarström krank waren und ich starke Schmerzen in der Brust verspürte. Bei Major Hjärne und Frau mussten wir eine Stunde warten, sodass wir um 3 Uhr mit ihnen, Fahnenjunker Wellink und dem russischen Offizier die Reise antraten. Meine Kutsche steht auf extrem hohen Kufen; der kleine Kutscherjunge fuhr vornübergebeugt auf der Fußablage. Auf den breiten, von zahllosen Fahrzeugen abgetragenen Straßen war ich jede Minute in Sorge herunterzufallen. Die Kälte war schrecklich; das Klima genauso rau wie in Finnland.

Um 6 Uhr erreichten wir die erste Poststation, wo wir einen dänischen Herrn trafen, der sehr überrascht war, Frauen in Kriegsgefangenschaft zu sehen. Nachdem wir gegessen hatten, fuhren wir weiter zur zweiten Station. Dort habe ich mich gefreut, Bekannte aus Nowgorod zu treffen: Frau General Semiratsky sowie Anna und Helena Ivanoff. In ihrer gewohnten Gastfreundschaft bewirtete uns Frau General mit Essen, Wein und Nüssen. Nach Landesart sind sie auf dem Weg in die Stadt Tihvin (212 Werst), um vor Weihnachten an einer religiösen Zeremonie in ihrer berühmten Kirche teilzunehmen. Um diese Zeit treffen sich viele Menschen in Tihvin, aber ich habe den Eindruck, dass der größte Teil von ihnen zum Vergnügen dorthin reist. An großen goldenen Medaillons hatten sie Götter um ihren Hals hängen. Frau Major Hjärne sah sie zum ersten Mal. Wir verabschiedeten uns mit den besten Wünschen.

Nachdem wir eine kurze Strecke von der dritten Station aus gefahren waren, kam ein Reiter hinter uns her und rief: „Anhalten!" Mein Papa, der als einziger von uns das Stationsgebäude betreten hatte, wurde nun beschuldigt, einen Kerzenständer gestohlen zu haben.

Während Papa murrte, traf die Nachricht ein, dass der Leuchter wiedergefunden worden war; sie konnten sich aber nicht für ihren groben Fehler entschuldigen. Bei klirrendem Frost sind wir die ganze Nacht hindurch gefahren. Lieber übernachte ich in meiner Kutsche als in einer schmutzigen Hütte.

DONNERSTAG, 5. JANUAR

Wir frühstückten und wärmten uns in einem Dorf auf. Ich hatte mehr unter der starken Kälte gelitten, als ich zugeben wollte. Die Reise wurde dann im Laufe des Tages ohne größere Zwischenfälle fortgesetzt. Der Offizier, der uns begleitete, war ständig betrunken. Am Abend nahmen wir in einem Dorf Quartier für die Nacht.

FREITAG, 6. JANUAR

Ziemlich früh am Morgen brachen wir auf. Da ich Angst hatte, in der engen Kutsche zu reisen, die mehrfach ins Rutschen geriet und umzukippen drohte, fuhr ich dann mit meinem Papa in der *Kibitka*. Dies ist unser 13. Tag nach Weihnachten (der Dreikönigstag) und der russische Weihnachtsfeiertag. Um 2 Uhr nachmittags kamen wir in Zarskoje Selo (Zarendorf) an. Das Erste, was uns auffiel, war ein Rodelhang, der bestimmt 50 Ellen hoch war und dessen steilste Abfahrt aus Bohlen bestand. Mehrere Soldaten waren damit beschäftigt, Wasser auf den Hang zu schütten, um ihn eisglatt zu machen. An den Feiertagen kommen sogar die vornehmen Leute hierher, um den Berg hinunter zu fahren. Es ist amüsant, dass an allen *Prasnik*-Tagen und vor allem an den Wochenenden ihre Schlitten durch ihre lächerliche Fahrweise auffallen.

Wir waren so beeindruckt von der Schönheit des Schlosses, dass wir es aus der Nähe sehen wollten. Wir suchten einen Wachtmeister, der uns für ein paar Rubel den Gefallen tat. Das Schloss selbst ist in gerader Linie errichtet. Es ist ziemlich lang, zweistöckig und mit zahlreichen Büsten und Ornamenten verziert. Am anderen Ende steht ein vergoldeter Turm. Ein niedriges, hufeisenförmiges Gebäude bildet den Innenhof des Schlosses. Drei Eingänge führen ins Schloss, das eine prächtige, von Büsten eingerahmte Marmortreppe hat. Auf der anderen Seite gibt es auch drei Ausgänge in den Park, der großartig sein soll. Die Freitreppe in der Mitte des Schlosses, die zu den Räumen führt, ist weit ausladend und von eleganter Schönheit. Fast alle Räume sind leer. Die prächtigen Möbel, die früher hier standen, wurden weggebracht, weil das Schloss nicht mehr bewohnt ist. Die Räume sind hoch und groß mit schönen Spiegeln und Kommoden versehen. Der große Ballsaal hat mich am meisten begeistert. In einem Raum waren viele chinesische Porzellangefäße vornehm platziert. Im zweiten großen Raum waren die Wände ganz aus Bernstein und mit Mosaikbildern bedeckt. Das Arbeitszimmer der früheren Kaiserin stand voll mit chinesischen Antiquitäten. Die Wände ihres Schlafzimmers waren aus weißem Knochenglas mit blauen Glassäulen, die einen düsteren Eindruck machten. Fast alle Böden sind mit Perl- und Walnussholz ausgelegt. Die Schlosskapelle neben den Zimmern ist besonders schön, reich vergoldet und verziert; aber ich habe auf unserer Reise schon bessere gesehen. Wir kamen auch an mehreren Räumen vorbei, in denen alte Möbel standen. Ich dachte, ich würde hier mehr als das finden.

Die Stadt befindet sich in der Nähe des Schlosses und ist tadellos gebaut. Gestern wurden ihr die Stadtrechte verliehen; gleichzeitig ernannte sich der Kaiser selbst zum Großherzog von Finnland.[18]

Katharina II. war sehr nobel und liberal: Mehrere hundert Russen und Ausländer, die hierhergezogen sind, kommen oft aus freien Stücken zusammen und bezeugen mit ihren unbezahlbaren Tränen, wie teuer sie ihnen war.

Jetzt sind es nur noch 20 Werst bis St. Petersburg. Die Dunkelheit bricht herein, aber wir setzen die Reise bei beißendem Frost fort! Aus der Ferne war eine Art Gesang zu hören, oder vielmehr ein klägliches Wimmern. Unterwegs erlebten wir, wie die ärmere Bevölkerung Weihnachten auf ungewöhnliche Art feiert: Kinder zogen mehrere kleine Schlitten die Straße entlang. In jedem Schlitten standen sechs bis sieben Weiber. Es war ihr Gesang, den wir hörten.

Um 6 Uhr kamen wir in St. Petersburg an. Nachdem wir eine halbe Stunde umgeben von bettelnden Soldaten am Zoll gesessen hatten (niemand wusste warum), fuhren wir in die Stadt ein. Die Frage war nur, wohin sich wenden? Unser Offizier war betrunken. Es war dunkel und furchtbar kalt. Während wir nachdachten, fuhren wir über drei Stunden die Straßen auf und ab. Unser betrunkener Begleiter rannte hin und her um zu fragen, stieg aber bald wieder in den Schlitten und wir fuhren weiter. Mein Papa rief: „Fahr zum dienst-habenden General!" Er wollte keine teure Miete bezahlen. Ich war still und traurig, vor allem da mein Papa wütend war und mit den anderen stritt. Als wir nach vielen Begegnungen, Wartezeiten und Auseinandersetzungen im Quartier des diensthabenden Generals ankamen, wiesen uns seine Adjutanten dieselbe Kaserne zu, in der wir im letzten Sommer waren. Nachdem wir lange vor der Kaserne auf einen anderen Adjutanten mit den Schlüsseln gewartet hatten, fanden wir die Zimmer in demselben Zustand wie beim letzten Mal vor, nur diesmal kalt. Diese Widrigkeit brachte uns dazu, zu Major Morelli zu gehen, der in der Nähe wohnte und den mein Papa nur einmal getroffen hatte. Nach langem Ringen hatten wir endlich eine Bleibe gefunden. Es war bereits nach 10 Uhr, und um 6 Uhr hatten wir den Zoll passiert. Durchnässt und enttäuscht bekamen wir, Frau

Hjärne, die Kinder und die beiden Kammerzofen ein ziemlich kleines Zimmer für uns und unsere Habseligkeiten, und wir mussten auf dem Boden liegen. Auch die Herren waren miserabel untergebracht. Ich sah sofort, dass es sich um schmutzige und unordentliche Leute handelte. Leutnant Stenhoff aus Turku kam zu den Morellis: Er und seine ganze Familie leben seit langem hier.

SAMSTAG, 7. JANUAR

Früh am Morgen kam dieser uns bisher unbekannte Stenhoff und erzählte uns, dass in wenigen Stunden der König und die Königin von Preußen in der Stadt eintreffen würden, und dass er uns, wenn wir sie sehen wollten, ein Fenster auf dem Isaaksplatz anbieten würde. Unter der Bedingung, dass wir uns an den 18 Rubel, die das Fenster kostete, beteiligen würden, nahmen wir das Angebot dankbar an. Wir machten uns fertig, bekamen einen Pferdeschlitten und fuhren in aller Eile zu dem Ort, mussten aber wegen der Menschenmassen den Schlitten zurücklassen und ein Stück zu Fuß gehen. Im selben Raum mit uns befand sich eine Delegation von Herren aus Finnland (die gerade den Kaiser aufgesucht hatten, um finnische Angelegenheiten zu besprechen), darunter auch einige, die wir kannten. Die größte Freude bereitete mir ein unbekannter Ladenbesitzer aus Porvoo, der mir einen Brief von Jeanette überreichte, über den ich mich mehr freute als über alles Andere, denn es war der erste Brief, den ich von meiner Freundin während der ganzen Reise erhielt.

Auf dem Platz und in den Straßen wurden Feuer angezündet, um die 35000, manche behaupten 40000 Männer zu wärmen, die an der Militärparade teilnahmen. Der Kaiser, Großherzog Konstantin und der gesamte Generalstab waren zu Pferd am Zoll, um die königlichen Gäste zu empfangen. Um 1 Uhr kamen sie: der König mit den von mir erwähnten Personen hoch zu Ross, ohne Mäntel, obwohl es eiskalt war; die Königin und zwei Hofdamen fuhren in einem verglasten Schlitten. Die Königin sah reich und schön aus. Sie trug einen weißen Pelzmantel, gefüttert mit Zobelschwänzen, die 80.000 Rubel kosteten, und Stiefel aus demselben Leder für 700 Rubel – Geschenke, die ihr von hier geschickt worden waren. Nach der Ankunft im Palast traten Kaiser und König auf den Balkon, unter dem bewaffnete Truppen zu Pferd und zu Fuß mit Geschützen an ihnen vorbeizogen. Die Soldaten waren ordentlich gekleidet und zurechtgemacht. Ich habe noch nie eine so prächtige Parade gesehen und werde es wahrscheinlich auch nie wieder erleben. Die Königlichen wohnen in der Eremitage[19], was uns leider daran hindert, diesen prächtigen Palast zu besichtigen.

Dann machten wir einen Rundgang durch die Stadt – vorbei an der Marmorkirche[20], die sich auf dem Isaaksplatz befindet – bis zum Standbild von Peter I.[21]: Er ist auf einem Pferd sitzend dargestellt, in römischer Kleidung (genau wie auch die andere Statue von ihm im Michailowski-Palast), mit einem Lorbeerkranz um den Kopf und einem Kommandostab in der einen und Pferdezügeln in der anderen Hand. Das Pferd scheint in vollem Galopp einen Felsen bergan zu laufen, wobei es nur auf den Hinterbeinen aufrecht steht. Um seine Beine windet sich eine Schlange, die an seinem Schwanz befestigt ist und es ebenfalls stützt. Der Sockel ist ein etwa 30 Fuß langer und 10–12 Fuß hoher Stein, der aus einem Moor 300 Werst von St. Petersburg entfernt stammt. Auf dem Sockel steht in goldenen Lettern geschrieben: *Petro primo Catharina Segunda 1782*[22], und auf der anderen Seite befindet sich eine Inschrift in russischer Sprache gleichen Inhalts. Dann gingen wir den Boulevard entlang (eine lange Promenade mit zwei Reihen gepflanzter Bäume auf beiden Seiten) zur Eremitage und zum Marmorpalast[23], dem wohl schönsten Palast in St. Petersburg – ganz aus behauenem Marmor erbaut, mit geschliffenen Glasfenstern in vergoldeten Messingrahmen. Wir fuhren hinunter zur Newa, um die Paläste auch von dieser Seite zu sehen, die alle (außer Tauria) auf einer Reihe am diesseitigen Ufer liegen. Neben dem Marmorpalast befindet sich ein großer Übungsplatz, auf dem zwei Statuen russischer Staatsmänner und Kriegsherren, Suworow und Romanow, aufgestellt wurden. Suworows Abbild ist in Metall gegossen: Er ist in römischer Tracht dargestellt und stützt sich auf seinen Schild. Für Romanow wurde ein etwa 30 Fuß hoher Obelisk errichtet, der aus drei Granitblöcken besteht mit Inschriften in russischer Sprache. Dort, wo die Newa in die Ostsee mündet, geschieht dies auf gleiche Weise wie in der Åland-See: Sie füllt sich mit Eisblöcken, die nur schwer zu überqueren sind. Auf dem Weg nach Hause mussten wir viele Umwege in Kauf nehmen, da die Straßen von zahlreichen Pferdeschlitten und marschierenden Truppen überflutet wurden. Ich erfuhr, dass das erste Haus, welches in St. Petersburg gebaut wurde, neben der längsten Brücke über die Newa steht: Das ganze Haus sei aus Eichenholz gebaut und hat nur drei Zimmer: ein Wohnzimmer, ein Esszimmer und ein Schlafzimmer. Peter der Große hatte hier damals nicht viel Platz. Dort soll sich auch das Boot befinden, welches er bei seiner Ankunft aus Holland selbst aus Holz gebaut hat. Das Haus wurde vor kurzem zu einem Steinhaus umgebaut. Uns wurde versprochen, dass wir eine prächtige Gobelinfabrik sehen würden, in der Porträts, Tapeten und Fußmatten mit erstaunlichem Geschick und in Anlehnung an die schönsten Gemälde hergestellt werden. Diese Fabrik dient ausschließlich der Ausstattung des kaiserlichen Hofes.

Die Stenhoffs haben während ihres Aufenthalts in St. Petersburg ihre vier Töchter im Smolna (Europas erster Schule für adelige Mädchen) untergebracht. Die Kaiserinwitwe ist Schirmherrin des

Smolna und schützt diesen nicht nur, sondern gibt auch unglaubliche Summen dafür aus. Sie ist auch oft persönlich vor Ort, mindestens ein- bis zweimal pro Woche. Wenn ein Kind krank ist, schickt sie täglich Mitteilungen, um zu erfragen, wie es ihm geht; und wenn ein Kind in der Schule krank wird, kümmert sich ihr Leibarzt darum. Diese Mädchenschule ist in drei Klassen unterteilt: 1. für Adlige, 2. für Nichtadlige, 3. für arme Bürgerkinder. Sie werden im Alter von sechs Jahren in die Schule aufgenommen und verlassen sie mit 15 Jahren. Ich weiß zuverlässig, dass ärmere Menschen keine Aufnahmegebühren zahlen, auch nicht für Kleidung – es fallen also keine Ausgaben an. Die Kinder lernen kostenlos alles, was zu einer perfekten Erziehung gehört. Mit drei ausreichenden Mahlzeiten tagsüber und zwei leichten Gängen am Abend essen die Kinder ganz anständig. In jedem Raum wohnen sechs Schüler, und der Ablauf ist ordentlich geregelt: Alles erfolgt pünktlich nach Zeitplan. Es ist immer eine Lehrerin in jedem Raum und weitere Aufseher kommen und gehen. Die Kinder dürfen nie ohne ihre Lehrerin draußen spielen. An bestimmten Feiertagen werden Schulfeiern veranstaltet, bei denen fast immer die Kaiserin und Adlige anwesend sind. Leiterin der Schule ist die Gräfin Adlerberg. Der Kaiser hat ihr eine solch hohe Position verliehen, dass auf ihre Weisung hin sogar Aufseher in den Krieg ziehen müssen. Um eine angemessene Aufsicht über die Kinder zu gewährleisten, wohnt sie ebenfalls im Smolna. Die Schule sucht ihresgleichen, aber das Herausragendste ist, dass die allseits geachtete Kaiserinwitwe sich in warmherziger mütterlicher Sorge um ihre Schüler kümmert und sie oft persönlich ermuntert. Die Zahl der Schüler schwankt zwischen 600 und 900. Hier gibt es auch eine weitere *publique* Lehranstalt, die etwas kleiner, aber ziemlich berühmt ist. Diese kann ich nicht beschreiben. Sie wurde von Katharina II. gegründet. Der Kaiser versprach, 100 adelige und

100 nicht adlige finnische Mädchen an den Smolna zu bringen. Dies wurde, wie viele andere Dinge auch, sehr zeitig angekündigt.

Wenn ich alle Neuigkeiten aufschreiben würde, die ich hier gehört habe, wäre mein Tagebuch *pasquille* (eine Satire), und wenn ich alles glauben würde, was die Herren erzählen, würde mein Herz vor Ironie zerbrechen.

Der Kaiser hat entschieden, Millionen auszugeben, um den Aufenthalt seiner hochrangigen Gäste so angenehm wie möglich zu gestalten, wofür im Vorfeld breite Maßnahmen ergriffen werden. Hoffentlich habe ich in dieser Hinsicht richtig beobachtet. Der Kriegsrat Silfverskjöld suchte uns auf. Unter anderem berichtete er von den vielen Vorteilen und großen Gnaden, die die Delegation der Herren aus Finnland hier genießt: aber da ich annehme, dass dies sicherlich auch in unserem Land bekannt gemacht wird, werde ich hier nicht darauf eingehen; ich bin jedoch versucht, aus Lust und Laune zu bemerken, was ein Bekannter von mir davon hielt: es ist wie damals, als der Teufel Unseren Herrn in Versuchung führte.

Vergeblicher Ehrgeiz tötete vor kurzem den Kammerherrn Scherometoff, der weithin als reichster Kavalier in Europa nach einem englischen Lord gilt. Er hatte den Einfall, ein Fest im kaiserlichen Stil für den preußischen Adel zu veranstalten, und zog daher aus seinem Palast aus, der mit 100.000 Rubel möbliert werden sollte. Er kam so oft, um sich über den Fortgang der Arbeiten zu informieren, dass er daran erkrankte – und verstarb. Er hatte 95.000 Rubel für die Armen in seiner Gemeinde gespendet, und sie würden ihm bis ins Grab folgen. Er hat ein so beträchtliches Vermögen hinterlassen, dass der Vormund seines 10-jährigen Sohnes einen gesetzlichen Anspruch auf 54.000 Rubel pro Jahr hat. Außerdem vermachte er seinen beiden leiblichen (unehelichen) Töchtern je eine Million Rubel. Er hat auch mehrere bedeutende Spenden getätigt. Für den Krieg gegen Bonaparte rüstete er 3000 seiner eigenen Bauern aus, die er dem Kaiser schickte. Er wird als jemand beschrieben, der seine Bauern nie unterdrückte, sondern ihnen gegenüber Güte und Gerechtigkeit walten ließ. Wie werden sie ihren Wohltäter vermissen! Ich habe die Gesamtzahl der Bauern und die Summe der Jahreseinkommen gehört, aber ich bin nicht in der Lage, so große Zahlen einzuordnen.

SONNTAG, 8. JANUAR

Am Vormittag haben wir eine andere Unterkunft gefunden, aber heute ziehen wir nicht mehr um. Am Abend findet im Opernhaus ein Maskenball statt. Wir sind um 9 Uhr mit Frau Stenhoff, jedoch ohne meinen Papa dorthin gefahren. Es waren sehr viele Menschen dort; viele gut maskiert, manche überhaupt nicht. Niemand tanzte. Ich sah zwei echte Chinesen, ohne Masken in ihrer Nationaltracht gekleidet. Von allem, was ich sah, haben sie mich am meisten überrascht. Ich bemerkte auch zwei Personen in asiatischen Kostümen – sie waren einfach umwerfend schön. Viele trugen Trachten. Es gab auch nicht standesgemäße Verkleidungen. Die Beleuchtung war *charmante*, an den Wänden waren kleine Lampen angeordnet. Die Musik war vortrefflich. Ich hatte nun Gelegenheit, die viel besprochene Blasmusik zu hören, die hin und wieder erklang. Die Hörner sind aus Zinn, 60 Stück; das kleinste ist nicht länger als zwei Viertel und das größte drei Ellen lang. Jeder Mann beherrscht nur eine Melodie, und doch ist diese harmonische Musik in ihrer Gesamtheit die beste, die ich je in meinem Leben gehört habe. Ihre Schönheit lässt sich nicht beschreiben. Da wir keine Lust zum Flanieren hatten, setzten wir uns in die Logen. Um 2 Uhr fuhren wir nach Hause. Wegen der Blasmusik bedauerte mein Papa es, zu Hause geblieben zu sein.

MONTAG, 9. JANUAR

Am Vormittag bezogen Major Hjärne mit Gattin und wir unsere neue Unterkunft, nicht weit von den Morellis entfernt. Den Nachmittag verbrachten wir zu Hause. Frau Stenhoff stattete mir einen Besuch ab. Jeden Tag werden für die königlichen Gäste teure Vergnügungen veranstaltet. Die geschmackvollsten und wertvollsten Geschenke sind bereits ausgewählt und überreicht worden. Man munkelt, dass sich die junge Prinzessin Katharina am Neujahrstag – nach deren Kalender – mit dem Prinzen von Oldenburg verloben wird. Ich habe den Prinzen von Coburg gesehen, einen jungen und gutaussehenden Herrn. Er hat der Prinzessin ebenfalls einen Heiratsantrag gemacht, bekam aber als Antwort: „Ich bin lieber der kleinste Untertan meines Bruders als der größte Untertan Napoleons".

DIENSTAG, 10. JANUAR

Am Vormittag fuhren wir mit Frau Hjärne einkaufen. Nachdem sie ihre Einkäufe getätigt und wir ein paar Stunden gefroren hatten, fuhren wir zum Englischen Magazin. Man kann es zu Recht als Magazin bezeichnen, denn es gibt wohl kein größeres Lager an herrlichen Waren auf der ganzen Welt. Geschmack und Preis der Raumgestaltung sucht ihresgleichen. Ich bin verblüfft von dem Gedanken, dass all diese großen und kleinen Eitelkeiten dort zusammengestellt waren. Von dort aus gingen wir in ein anderes Lagerhaus, das zwar nicht so groß, aber dennoch elegant und sehr sorgfältig eingerichtet ist. Eine Frau hatte ein türkisches Kopftuch, das 650 Rubel kostete. Sie hatte auch welche zum Verkauf, die 1.000 Rubel und mehr kosteten. Ich verließ diese Orte des Überflusses in der Hoffnung, dass dessen Reichtümer an die Armen des Landes verteilt werden könnten, die jetzt sicher frieren und hungern.

Anschließend besuchten wir ein französisches Modegeschäft und sahen auch dort einige sehr schöne Dinge, darunter zwei Kleider, die heute Abend von angesehenen Hofdamen getragen werden sollten. Das eine war über und über mit echten Perlen bestickt, das andere mit silbernen Stickereien verziert. Eine Schauspielerin hatte ein Kleid genäht, das so dünn war, dass man es in der Hand verstecken konnte; die Kaiserin kaufte es.

Von dort aus gingen wir zu einem anderen Modegeschäft, wo ich einen Hut kaufte. Auf dem Heimweg trafen wir den Kaiser und den preußischen König, die in einem kleinen offenen Schlitten mit zwei Pferden unterwegs waren. Der Kaiser saß links; auf dieser Seite befinden sich in Russland die Zügel. Sie reisten wie andere Menschen auch. Dem Kaiser ist es nicht erlaubt, den Staat zu seiner Frau zu nehmen, er reist stets auf die einfachste Weise. Ich denke, dass die Bewohner in diesem Land damit nicht zufrieden sind. Ihre Vorliebe für das Äußere spiegelt sich in allem wider.

Viele finnische Offiziere sind heute hierhergekommen, um in ihre Heimat zurückzukehren: Was für ein Glück für sie im Vergleich zu uns, die wir noch in diesem Land bleiben müssen! Am Nachmittag war mein Papa bei Harthin. Kriegsrat Silfverskjöld kam zu uns.

MITTWOCH, 11. JANUAR

Wie im Sommer gibt es auch jetzt viel frisches Gemüse, Weintrauben, Astrachan-Äpfel und alle Arten von Obst; diese kann man sogar in den Kneipen (Tavernen) kaufen. Den Vormittag über waren wir zu Hause. Am Nachmittag war ich bei Frau Stenhoff.

DONNERSTAG, 12. JANUAR

Heute bereiteten wir uns auf die morgige Weiterreise vor, die für meinen Papa übereilt kam. Obwohl unsere Abreise völlig unerwartet beschlossen wurde, bin ich aus mehreren Gründen sehr froh darüber. Es ist bemerkenswert, dass die beiden Male, als ich in St. Petersburg ankam und abreiste, auf vier Freitage fielen.

FREITAG, 13. JANUAR

Heute, am russischen Neujahrstag, ist ein Feuerwerk vor dem Taurus-Palast geplant, für das 46.000 Golddukaten zur Verfügung gestellt werden. Die kaiserlichen und königlichen Würdenträger verfolgen es aus den Fenstern des Palastes. Aus diesem Grund wurden dort heute geschliffene Fenstergläser eingesetzt. Nach dem Feuerwerk findet ein Maskenball statt.

Am Vormittag besuchte mich zu meiner Freude mein Onkel de Frese, der jetzt auch auf der Heimreise ist. Er blieb bis zum Abendessen, und dann verfrachteten wir uns auch selbst in unsere Schlitten. Um 1 Uhr brachen wir auf – in Begleitung von Major Hjärne (seine Frau bleibt noch eine Weile hier), dem Offizier, der uns aus Nowgorod begleitete sowie Fahnenjunker Wellink. Ich verließ St. Petersburg in dem Glauben, dass ich es nie wiedersehen würde, obwohl das Schicksal mich dieses Mal so unerwartet dorthin geführt hatte. Unser Offizier war wie immer betrunken. Nach einiger Verzögerung beim Zoll wurde die Reise die ganze Nacht über fortgesetzt. Ich denke jetzt gern an all jene Orte zurück, die wir im letzten Sommer bereisten, denn damals war ich voll Trübsal, wenngleich der Frost jetzt auch unerträglich und sehr streng ist. Ich frage mich, wie sehr jene frieren müssen, die das Feuerwerk von ihren Balkonen und aus ihren Schlitten beobachten.

SAMSTAG, 14. JANUAR

Wir waren den ganzen Tag unterwegs. Als wir in einer Poststation frühstückten, kam ein halb erfrorener russischer Wachoffizier herein, der über alles zu strahlen schien. Er aß und trank ein wenig mit uns und stellte mehrere Fragen, was ihn auf die seltsame Idee brachte, ich sei die Braut von Major Hjärne. Er unterstrich seinen Glauben mit den Worten „ha! ha!", aber er wollte Major Hjärne und mich auf keinen Fall zwingen, die Wahrheit zu sagen, also nahm er seine Mütze, verbeugte sich und ging weiter. In der Station, die Wyborg am nächsten lag, bezogen wir unser Nachtquartier.

SONNTAG, 15. JANUAR

Am Morgen setzten wir unsere Reise fort. Um 1 Uhr kamen wir in Wyborg an. Nachdem wir eine Stunde auf der Straße gewartet hatten, bekamen wir schließlich eine Unterkunft im Haus des Ratsherrn Allopæus, fünf Zimmer und eine Küche, womit wir sehr zufrieden waren. Major Hjärne machte uns die Freude und blieb bei uns, bis er ihn eine gute Wohnung bekommen würde. Diese sind hier sehr rar und schwer zu finden. Unser Umzug aus Nowgorod hat uns näher an unser Heimatland gebracht, von dem man hier stets etwas hört, und es gibt hier auch einige waschechte, alteingesessene Schweden.

MONTAG, 16. JANUAR

Am Vormittag kam unser Polizeileutnant zu uns und brachte einen Polizeihauptmann namens Samarin mit, der schwedisch spricht. Er steht den Herren in dieser Stadt zur Verfügung; mein Papa behandelte ihn wie einen Diener. Unser Polizeileutnant empfahl sich und kehrte nach Nowgorod zurück. Die Herren schrieben einen Brief an Oberst Bergenstråhle und gaben ihm diesen mit. Dann zeigte der Hauptmann den Herren den Weg zum Gouverneur. Anschließend holte er einen Schneider und einen Schuhmacher.

Am Nachmittag ging ich zu unseren früheren Gastgebern, den Schmitts, die mich mit großer Freude empfingen. Ich musste diesen guten Menschen eine lange Beschreibung unserer gesamten Reise geben. Sie freuten sich von ganzem Herzen, dass es uns gut geht und dass wir zurückgekommen waren. In ihnen fand ich wahre Freunde, und ich werde nie vergessen, wie sie mich behandelt haben.

DIENSTAG, 17. JANUAR

Wir waren den ganzen Tag zu Hause.

MITTWOCH, 18. JANUAR

Früh am Morgen kam der Hauptmann (und wollte wie üblich einen Schnaps) und teilte uns mit, dass die Herren heute und an allen Feiertagen nach alter Sitte dem Gouverneur ihren Besuch abstatten sollten, und dass heute Nachmittag eine feierliche Zeremonie, der sogenannte Jordan, stattfinden würde, den ich bereits am 25. August beschrieben habe. Keiner von uns war erpicht darauf, dorthin zu gehen. Die Herren wurden zum Abendessen beim Gouverneur eingeladen. Der junge Herr Schmitt kam und überbrachte die Karten für den Maskenball am Abend. Er bot uns an, im Schlitten seiner Eltern mitzufahren, und lud mich ein, mit ihnen zu Abend zu essen, was ich auch tat. Am Nachmittag besuchte mein Papa sie: und wie auch er empfangen wurde! Der Gouverneur war sehr zuvorkommend und versprach den Herren alle erdenkliche Unterstützung, die er für sie arrangieren könnte. Um 5 Uhr ging ich nach Hause. Um 8 Uhr kam der Schlitten der Schmitts, um mich abzuholen. Der Ballsaal war genau derselbe wie der, zu dem wir im letzten Sommer gefahren waren und lange auf unsere Unterkunft gewartet hatten. Ich kannte hier niemanden. Mein Papa stellte mich dem Militärgouverneur Obreskoff, General Steinhell und dem ehrenwerten Jennisch vor, der

schwedisch sprach und einige Worte sagte, die man als Kompli-
mente deuten konnte. Unter den Kavalieren befanden sich einige der
zutiefst ungehobelten Ulanen. Die Musik war sehr schlecht, und die
Frauen tanzten ein wenig besser als in Nowgorod. Es wurden zahlreiche Erfrischungen gereicht, die man bezahlen musste. Gegen
Ende wurde ich der ehrenwerten Frau Oræ nebst Tochter vorgestellt,
die Schwedisch sprechen. Um 12 Uhr kehrten wir nach Hause zurück.

DONNERSTAG, 19. JANUAR

Am Vormittag machte mein Papa Besuche bei den ehrenwerten
Oræs und Jennischs. Letztere luden uns, einschließlich Major
Hjärne, zum Tee ein. Am Nachmittag um 6 Uhr ging ich dorthin und
wurde von der Gastgeberin, einer angenehmen Frau um die Dreißig,
höflich empfangen. Die gesamte Familie der ehrenwerten Oræs, Militärgouverneur Obreskoff, General Steinhell und einige andere waren ebenfalls anwesend. Die Männer spielten Karten, ich knüpfte
Kontakte und bekam mindestens 100 Fragen. Beim Abendessen
fühlte ich mich plötzlich unwohl. Die Gastgeberin kümmerte sich
rührend um mich und rief dann ihren Schlitten mit Verdeck für mich
herbei. Ich fuhr nach Hause und mein Befinden besserte sich.

FREITAG, 20. JANUAR

Den Vormittag habe ich zu Hause verbracht. Am Nachmittag ging
ich zu den Schmitts; General Buxhövden war gestern in der Stadt
eingetroffen, und die Schmitts hatten nun alle Hände voll zu tun, um
seine Suite herzurichten. Ich trank meinen Tee, nahm meine kleine
Handarbeit mit und fuhr nach Hause.

SAMSTAG, 21. JANUAR

Am Vormittag kamen die ehrenwerten Oræus und Jennischs zu Besuch. Später unternahmen wir einen Spaziergang durch die Stadt. Am Nachmittag ging ich zu Pastor Schröder und Frau, die sich sehr über unsere Rückkehr freuten.

SONNTAG, 22. JANUAR

Mit der Frau Pastor ging ich in die schwedische Kirche. Der Pfarrer predigte nicht sehr erbaulich, aber ich empfand den Gottesdienst als recht angenehm, da ich schon lange keinen mehr erlebt hatte. Am Nachmittag stattete ich Frau Wulfert einen kurzen Besuch ab, der Mutter des Offiziers, der uns von Loviisa aus begleitet hatte. Meine Hauptaufgabe bestand darin, ihr jeden Tag ihr besonders gutes, weil selbst gebrautes, Bier abzukaufen, was mich 10 Kopeken pro Flasche kostete. Heute Abend findet im Haus des Militärgouverneurs ein Gesellschaftsstück statt, zu dem wir jedoch nicht eingeladen sind, weil eine Dame aus der finnischen Delegation es uns unmöglich gemacht hat, dort zu erscheinen.

MONTAG, 23. JANUAR

Am Vormittag bezog Major Hjärne seine neue Unterkunft, nicht weit von der unseren entfernt. Am Nachmittag freuten wir uns, Hauptmann Wärnhjelm zu sehen, meines Papas und jedermanns Liebling. Er befand sich mit Hauptmann Aminoff auf der Heimreise. Wir waren sehr froh, dass wir ersterem eine Bleibe für die Nacht bieten konnten.

DIENSTAG, 24. JANUAR

Am Vormittag kam Hauptmann Aminoff zu uns. Ich ging mit ihm und Hauptmann Wärnhjelm in die Stadt, um etwas für deren Gattinnen zu kaufen. Major Mannerstråle wird die Nacht bei uns verbringen und morgen seine Reise fortsetzen.

MITTWOCH, 25. JANUAR

Wir waren über alle Massen erfreut, und mein Papa war sehr glücklich, diese Herren zu treffen. Sie waren unsere Reisebegleiter im letzten Sommer und gehörten auch zu unserem früheren engeren Umfeld. Auf dieser Reise hatte sich jeder von ihnen seinem eigenen Schicksal gestellt. Es macht Freude, anderen davon zu erzählen; noch mehr Freude bereitet es, sie wieder gesund zu sehen, und am meisten Freude macht es, ihre Freude zu teilen, wenn sie bald ihre Ehefrauen, Kinder und Eltern wiedersehen können. Sicherlich waren Hauptmann Ljungberg und Leutnant Wärnhjelm und die anderen versehentlich in Kineschma abgesetzt worden – 985,5 Werst von St. Petersburg entfernt, von wo sie nun hier eintragen. Es war sehr schmerzhaft für uns, von ihrer traurigen Lage zu hören. Häufig fallen bei den Erlebnissen vom letzten Sommer ihre Namen, da sie mich oft mit ihren unbeschwerten Scherzen erfreuten und mir die Reise so angenehm wie möglich machten. Ich kann ihre Liebenswürdigkeit nicht genug loben. Am Nachmittag machte ich eine Visite bei der Gattin von General Steinhell, aber sie war nicht zu Hause. Also ging ich zu den ehrenwerten Damen Oræ und Jennisch, danach zu der lieben Frau Schmitt.

DONNERSTAG, 26. JANUAR

Wir haben den ganzen Tag zu Hause in Major Hjärnes Gesellschaft verbracht. Jeden Morgen um 8 Uhr kam Hauptmann Samarin zu den Herren, als wolle er überprüfen, ob sie geflohen waren. Mein Papa machte deutlich, dass ihm das nicht sonderlich gefiel, und damit hörten die regelmäßigen Besuche des Hauptmanns auf.

General Steinhell und Gattin wohnen uns direkt gegenüber. Am Vormittag überbrachte uns ein Bote der Frau General die Einladung zum Tee. Mein Papa hielt das für unangemessen und blieb zu Hause, um mit Major Hjärne Patience zu spielen, aber ich ging um 6 Uhr am Nachmittag dorthin. Die Frau General kam mir entgegen, führte mich in ihr Zimmer und war über alle Massen freundlich. Sie ist eine sowohl schöne als auch fröhliche Dame in den Dreißigern, eine geborene Engelhardt, und ich habe sie noch nie zuvor getroffen. Die verwitwete Frau General Sutthoff mit ihrer Tochter, Frau Fesch, die mit Frau General Steinhell verwandt ist, Fräulein Chervais und Militärgouverneur Obreskoff waren bereits eingetroffen. Bis auf letzteren konnten alle schwedisch. Die Frau General war aufgeschlossen und sehr witzig. „Fühlt Euch hier wie zu Hause und kommt bitte so oft zu mir", sagte sie, "wann immer Ihr wollt." Das erinnerte mich an Ollika Vasilvyuna in Novgorod, diese ehrenwerte Dame, von der ich mir so oft wünschte, sie hier treffen zu können. Die Frau General, von deren edlem Charakter ich bereits gehört hatte, bot mir auch die Nutzung ihres Schlittens an, wann immer ich wolle, und versicherte mir weiterhin aus ihrem tiefsten Herzen, dass sie sich wünschte, ich würde sie des Öfteren besuchen. Der Gouverneur versprach, mich zu seinem nächsten Theaterstück einzuladen, welches das Lustigste ist, das er kennt. Er ist ein Kavalier in den Fünfzigern, seit zwei Jahren verwitwet, fröhlich und gesprächig und soll in der ganzen Gegend beliebt sein. So lernte ich schnell nette Leute kennen. Vergnügt und entzückt von ihrer Güte, trennte ich mich um halb neun von ihnen.

SAMSTAG, 28. JANUAR

Hier, wie auch auf dem Land, ist es Sitte, sich am frühen oder späten Nachmittag zu Handarbeiten zu verabreden und so lange zu bleiben, wie man möchte, und wenn es keine Hinderungsgründe gibt, oft auch bis 9 Uhr abends. Entweder es wird darum gebeten zum Abendessen zu bleiben, oder förmlich dazu eingeladen. Diese Art der Einladung gilt auch für Tee, Konfitüre und alle Arten von Süßigkeiten. Die Russen essen nur selten zu Abend. Die deutschen Häuser folgen dem gleichen Muster.

SONNTAG, 29. JANUAR

Als ich am Vormittag am Fenster saß, winkte mich die Frau General von gegenüber zu sich und hielt dabei ihr einziges Kind, die kleine fünfjährige Tochter auf dem Arm. Ich bedeutete ihr, dass ich nicht kommen könne. Am Nachmittag ging ich zu den alten Schmitts, deren Freundschaft ich immer noch am meisten schätze. Man erzählt sich, dass die preußischen Herrschaften heute von St. Petersburg nach Hause reisen. Nun hatten wir ganz unerwartet das Vergnügen, Hauptmann Bergenstråle zu treffen, der ohne finnische Herkunft nach Finnland zurückkehren durfte. Er befand sich in Begleitung von Hauptmann Kyhle. Sie kamen aus Romanow.

MONTAG, 30. JANUAR

Wir frühstückten mit den Hauptleuten, wonach sie ihre Reise unmittelbar fortsetzten. Den Nachmittag verbrachten wir zu Hause in Gesellschaft von Major Hjärne, der immer mit meinem Papa Patience spielt.

Am Vormittag trafen die Eintrittskarten zum Theaterabend beim Gouverneur ein. Am Nachmittag kam die Nachricht von Frau General Steinhells Boten, dass die Frau General aufgrund von zuvor getroffenen Absprachen früher zum Gouverneur fahren müsse; sie könne mich daher nicht mitnehmen, werde aber zu gegebener Zeit ihren Schlitten schicken, um mich abzuholen. Er kam, und um 6 Uhr fuhren mein Papa und ich dorthin. Wir wurden in einen großen Saal geführt, in dem eine Wand aus Trymo-Spiegeln bestand, die mir fast den Kopf verdrehten. Es waren nur wenige Damen vor Ort eingetroffen. Der Saal war voller Bankreihen, und ich wusste nicht, wo ich mich *placieren* sollte, weil ich niemanden sah, den ich kannte. Ich nahm in der zweiten Sitzreihe von der Bühne aus Platz, wo noch niemand saß. Einen Moment später trafen Frau General Steinhell und der Gouverneur ein. Sie plauderten sofort mit mir, als wären wir alte Bekannte und setzten sich dann in die vorderste Reihe. Schnell füllte sich der Saal mit Damen und Herren. Der Vorhang hob sich, das Stück war auf Russisch, sodass ich nicht viel verstanden habe, aber ich fand es trotzdem schön und gut umgesetzt, vor allem von den Herren: Man kann die Rolle eines Soldaten kaum besser dargestellt sehen. Die Bühne war nicht groß, die Kulissen waren in Ordnung; dennoch gab es bei alldem gewisse Unzulänglichkeiten. Nach der Aufführung wurde ein Teil des Publikums in das große Foyer geführt, um dort Tee zu trinken und sich zu unterhalten. Frau General Steinhell machte mich mit Frau General Wrangel und ihrer Tochter sowie mit einer weiteren Tochter, Frau General Kohl, bekannt. Alle wollten wissen, was ich von dem Stück halte, das ich in den höchsten Tönen lobte. Ich habe festgestellt, dass dies das liebste Gesprächsthema des Militärgouverneurs war. Er ist Russe und liebt seine Sprache sehr, und so freute er sich, mit mir Russisch sprechen zu können: Er sagte mir, dass er vorhabe, mir mehr davon beizubringen.

Hier entdeckte ich auch Postmeister Sagel, denselben Mann, auf dessen Kosten ich mich im letzten Sommer gegenüber den Schmitts amüsiert hatte. Er war seit zwei Jahren in der Botschaft in Stockholm tätig. Nun lernten wir uns schnell kennen. Der Posten des Generalpostmeisters ist in Russland eine wichtige Position: Er trägt den Titel eines Kollegialrats. Ich stellte bewundernd fest, wie ungemein alle versuchten, sich gegenseitig zu übertreffen, indem sie uns Ausländern ihre uneingeschränkte Aufmerksamkeit schenkten. Obwohl ich die vom Rang Niedrigste in unserer Runde war, wurde ich mit größter Ehrerbietung behandelt. Auf dem Heimweg gegen 10 Uhr waren wir ziemlich verwirrt von all den empfangenen Schlittenangeboten, selbst von fremden Menschen, von denen wir nicht wussten, warum wir sie einladen sollten.

MITTWOCH, 1. FEBRUAR

Es wird allgemein berichtet, dass General Buxhövden hier unter Hausarrest steht, und dass er nicht so bald die Erlaubnis erhalten wird, nach St. Petersburg zu reisen. Assessor Ladau überwachte ihn. Seine Familie lebt im schönsten Holzhaus der Stadt, das er vor kurzem bauen ließ. Am Nachmittag war ich bei Frau General Steinhell. Der Militärgouverneur war ebenfalls anwesend. Es war die Rede davon, dass bald ein zweites Theaterstück aufgeführt werden solle. Sie erzählten auch, dass Fräulein Hedda Cronstedt einen Verwandten von General Steinhell heiraten wird, was ich kaum glauben kann: Sie ist erst 14 Jahre alt.

DONNERSTAG, 2. FEBRUAR

Den Vormittag verbrachte ich bei Handarbeiten zu Hause. Unser Gastgeber, ein 60-jähriger Stadtrat und Schweden treu ergeben, ist der Onkel des ehemaligen Russland-Ministers in Stockholm und hat meinem Papa einige interessante Einzelheiten über die Gründe für den Krieg erzählt, die ich hier aber nicht wiedergeben will und kann. Am Nachmittag ging ich zu den Schmitts und war froh, den Abend allein in der Gesellschaft ehrlicher alter Leute verbringen zu dürfen.

FREITAG, 3. FEBRUAR

Der junge Wulfert, der uns im Sommer von Loviisa nach Hamina begleitete, ist in die Stadt gekommen und besuchte uns. Am Nachmittag war Major Hjärne bei uns.

SAMSTAG, 4. FEBRUAR

Am Vormittag wurden wir zu einem Ball im Haus von Assessor Ladau eingeladen. Am Nachmittag kam ein Bote der Frau General und fragte, ob ich mit ihr zum Ball gehen wolle, worauf ich gern zustimmte. Um halb 9 Uhr fuhren wir dorthin. Die großen Räume waren bereits voll von Menschen. Auch General Buxhövden mit seinen Söhnen war dort. Mein Papa stellte mich dem Gastgeber vor, der mich wiederum der Hausherrin vorstellte, einer jungen und hübschen Dame. Sie haben zwei kleine Kinder, schön wie die Engel. Nach dem Tee begann der Tanz mit einer Polonaise, gefolgt von verschiedenen Variationen. Auf großen Silbertabletts wurden verschiedenartige Erfrischungen gereicht. Es war sehr prächtig und schien in jeder Hinsicht den Reichtum des Gastgebers zu offenbaren, der aber gleichzeitig äußerst höflich ist, und dessen fröhliche Gesellschaft alle erfreute. Aber ich glaube, dieser genoss nur ein unbestimmtes Glücksgefühl, zu Hause zu sein.

Um 12 Uhr aßen wir zu Abend. Ein großer, hufeisenförmiger Tisch mit prächtigen Tabletts, viel Tafelsilber und allen möglichen Desserts war eingedeckt. Es waren so viele Gäste da, dass nur die Damen am Tisch saßen. Das Essen, das aus mehreren köstlichen Gängen bestand, wurde von vielen Dienern aus einem anderen Raum serviert. Nach dem Abendessen ging es mit dem Tanzen weiter. Um 4 Uhr fuhr ich mit der Frau General nach Hause. Nach meiner Rückkehr berichtete mir Stille, dass Major Hjärne eingetroffen sei.

SONNTAG, 5. FEBRUAR

Am Morgen traf eine Einladung zum Theater beim Gouverneur ein. Am Nachmittag kam ein Bote von Frau General Steinhell, um mich abzuholen, und um 6 Uhr fuhren wir zum Gouverneur. Das Stück war deutsch und zäh, alles in allem so dargeboten, dass ich nur einmal ein Stück gesehen habe, das schlechter aufgeführt wurde, und das war in der Kleinstadt Köping. Zärtlich seufzend dachte ich an unsere bezaubernden früheren Gesellschaftsstücke in Viapori, welche diejenigen, die ich seither gesehen habe, so unvergleichlich übertrafen. Und genau in diesem Moment traf ich hier Frau Hjärne, der ich für diese unvergesslichen Augenblicke in unserer vollständig zerrütteten Gesellschaft zu großem Dank verpflichtet bin. Die Frau General blieb noch länger beim Gouverneur, und ich fuhr in ihrem Schlitten nach Hause.

MONTAG, 6. FEBRUAR

Den Vormittag verbrachte ich bei Handarbeiten zu Hause. Um 6 Uhr am Nachmittag trafen Oberst Wright und Fähnrich Bronikowski aus Jaroslawl ein, 739 Werst von St. Petersburg entfernt. Sie waren müde von ihrer Reise und wollten nicht zum Abendessen bleiben, sondern nur einen kurzen Besuch abstatten. Der Oberst zeigte mir die Speisekarte, die er im Gasthof „Stat London" in St.

Petersburg mitgenommen hatte. Jeder Gang wurde separat aufgeführt; ich fasse hier nur zusammen, dass es 166 verschiedene Gänge, 17 verschiedene Desserts und 67 verschiedene Weine gab. Diese überraschenden Zahlen werden in dem oben erwähnten Gasthof täglich auf einer solchen gedruckten Speisekarte angegeben. Ich hätte das jedoch nicht geglaubt, wenn die Echtheit dieser Absurdität nicht später auch von mehreren anderen bestätigt worden wäre.

Am Abend traf Major Olander mit seinem Sohn aus Uglitsch ein, 718 Werst von St. Petersburg entfernt. Wir freuten uns sehr, sie wiederzusehen. Sie waren über Nowgorod angereist und hatten einen Brief von Oberst Bergenstråhle mitgebracht. Sie aßen bei uns zu Abend.

DIENSTAG, 7. FEBRUAR

Am Morgen schlug Frau General Steinhell vor, dass wir zu Frau General Sutthoff fahren sollten. Um 4 Uhr nachmittags begaben wir uns dorthin. Die Gesellschaft der älteren Dame gefiel mir so sehr, dass ich ihr große Wertschätzung entgegenbrachte. Sie hatte zwei Töchter und zwei Söhne. Es waren die besterzogenen Kinder, die ich in Russland getroffen habe. Sie verfügten über viele Fähigkeiten, obwohl sie keine Gouvernante und keinen Platz in einem Internat hatten. Als ihr ältester Sohn mich begrüßte, zeigte ich ihm ein *compliment,* wie bei uns üblich (Knicks). Ich wurde gefragt, ob das in Schweden in Mode sei, was ich bestätigte. Darauf sagte die Frau General: „Aber in Russland wird es als eine grobe Unhöflichkeit erachtet, einen Kavalier nicht auf die Wange zu küssen, wenn er die Hand küsst. Komm her, Carl", sprach sie zu ihrem Sohn, "wir müssen es dem Fräulein beibringen, komm Carl!" Ich errötete voll Scham und zeigte mich nicht sonderlich bereit zu dieser Lektion, aber es half nichts: Ich musste Carl zur großen Belustigung aller auf die Wange küssen. Seither habe ich das bei älteren Herren so gehalten. Die Kinder spielten mit großer Fertigkeit Klavier und Geige und sangen mit wunderschöner Stimme. Wir hatten Spaß bis 9 Uhr abends. Dann trennten wir uns, und ich bekam viele Einladungen, öfters wiederzukommen, was ich gerne tue.

Nachdem ich nun Frau General Sutthoff und ihre Tochter zu Recht gelobt habe, möchte ich auch den vielen Damen und Kindern von Wyborg das Lob schenken, welches sie wirklich verdienen. All jene, die keine griechisch-orthodoxe, sondern eine lutherische Religion haben (und diese machen den Großteil der Einwohner aus), nennen sich Deutsche, und Deutsch ist wohl ihre Muttersprache, auch wenn sie aus unserem guten alten Finnland stammen. Sie sind am besten erzogen. Dank des glücklichen und angenehmen Zusammenlebens in den Familien werden den Mädchen von klein auf gute Umgangsformen beigebracht und sie haben immer etwas zu tun. Jeder gebildete Mensch spricht vier bis fünf Sprachen: Französisch, Deutsch, Schwedisch, Finnisch und Russisch, aber Schwedisch wird mit dieser Generation komplett aussterben. Kinder im Alter von acht bis zehn Jahren können alle oben genannten Sprachen außer Schwedisch. Im gesellschaftlichen Umgang sind alle Sprachen weit verbreitet, manchmal auch Englisch und Italienisch. Sie sind von Natur aus so musikalisch veranlagt, dass sie schon recht gut nach Gehör spielen können, bevor sie mit dem Unterricht beginnen. Sie sind sehr gut in allen Arten von Näh- und Strickarbeiten. Normalerweise sagt man, dass russische Frauen faul sind, aber ich nehme sie von dieser hässlichen Anschuldigung ganz aus; zumindest sind alle, die ich kenne, fleißig und geschäftig. Sie häkeln besonders reizvolle Spitzen, Ärmel und sonstiges in einer uns völlig unbekannten Art und Weise. Ich erkläre mich bereit, ein paar Techniken zu erlernen und bestmöglich davon zu profitieren, damit meine Reise nicht völlig ergebnislos bleibt. Außerdem habe ich ein großes Interesse an der deutschen Sprache. Mein Papa ist auch so gut, dass er mich sie lernen lässt, wenn sich die Gelegenheit ergibt.

Katharina II. und Kaiser Alexander haben hier ausgezeichnete Einrichtungen für das Bildungswesen errichtet, die ich in meinem Tagebuch am 29. Juli erwähnt habe. Das Mädcheninternat für alle sozialen Schichten, das Katharina begründet hat, ist das Beste, das ich je gesehen habe. Drei Lehrerinnen leiten die Schule und geben auch Stunden. Eine von ihnen unterrichtet alle Anfänger; dann kommen die Schüler zu der zweiten Lehrerin, die Sprachen und Handarbeiten unterrichtet, und schließlich zu einer dritten Lehrerin, die alles zur Perfektion bringt. Diese Dritte kenne ich recht gut, sie ist ein respektvoller Mensch voll Wissen und Können, sie ist in Berlin geboren. Die Krone bezahlt diese drei Lehrerinnen; die Kinder zahlen nur 10 Rubel pro Jahr für ihre Ausbildung. Arme und Waisen zahlen nichts. Die Kinder leben und essen bei ihren Verwandten und besuchen halbtags ein Internat. Es gibt keine Noten; die Kinder werden nach ihrem Verhalten beurteilt und erhalten zum Abschluss kleine Zuwendungen. In der Schule werden sie je nach Fleiß und Können auf langen Bänken platziert, und so kommt es oft vor, dass die einfachste Bürgertochter neben der Tochter des Generals sitzt. Ich glaube, dass die respektvolle Höflichkeit, die die Schülerinnen und Schüler jedem ohne Unterschied entgegenbringen, ein Ergebnis hiervon ist. Montags erhalten sie Vorlesungen in Geschichte und Geographie, mittwochs in Sprachen und samstags in Religion und Moral. Magister halten diese Vorlesungen. Die meisten Mädchen sind 15 Jahre alt, wenn sie die Schule verlassen. Reiche und Arme werden so zu nützlichen Staatsbürgern. Ich beglückwünsche diejenigen, die einen solchen Segen in ihren Haushalt bekommen. Ich hoffe, dass diese sehr nützliche Einrichtung, die vielen Menschen Bildung und gute Umgangsformen bringen würde, auch in Finnland eingeführt wird. In Wyborg kann man nicht die geringste Spur von Hochmut entdecken, weder bei den Obersten noch bei den Untergebenen.

MITTWOCH, 8. FEBRUAR

Am Vormittag machte ich Handarbeiten. Am Nachmittag war ich bei Pfarrer Schröder und Frau. Frau Schröder wünschte, dass ich einmal mit ihr zu ihrer Mutter und ihren Schwestern in die Vorstadt fahren würde.

DONNERSTAG, 9. FEBRUAR

Am Morgen begann ich, bei meinem Papa Deutsch zu lernen. Am Nachmittag stattete ich Frau Hjärne einen Besuch ab.

FREITAG, 10. FEBRUAR

Unser Gastgeber kommt oft, um uns zu begrüßen; er ist sehr hilfsbereit und anständig. Wir sind in jeder Hinsicht mit unserer Unterbringung sehr zufrieden. Mein Papa geht nur sehr selten aus.

SAMSTAG, 11. FEBRUAR

Am Morgen ging ich zu Frau General Steinhell, die mir Vorwürfe machte, weil ich mich so lange nicht habe blicken lassen. Der Militärgouverneur war anwesend. Einer seiner Adjutanten, Fürst Tjetronoff, sollte heute die Schwester von Frau General Bellegarde heiraten, die mit Frau General Steinhell verwandt ist. Diese ist die Tochter eines Kaufmanns namens Svensson, 22 Jahre alt und nun zum dritten Mal Braut. Ihre Verwandten sind der Meinung, sie mache jetzt eine schlechte Partie, auch wenn der Fürst etwas Geld habe;

aber er ist nur Leutnant, jedoch *nota bene* Knes (slawischer Adelstitel). Die Frau General und der Gouverneur sind zur Hochzeit geladen. Sie boten mir einen Pferdeschlitten an, mit dem ich auch zur Kirche fahren konnte, und sorgten dafür, dass Mamsell Lehman (die Frau, die an der oben beschriebenen Schule die dritte Klasse unterrichtet) mich begleitete. Der Gouverneur neckte mich, indem er sagte, dass er mich hier zum Altar führen wolle und ich deshalb die Zeremonie kennenlernen solle.

Um 9 Uhr fuhren wir zur Kirche, die mit vielen Zuschauern gefüllt war. Obwohl die Braut evangelisch war, sollte die Zeremonie in griechisch-orthodoxer Form, wie zuvor angekündigt, stattfinden. Diese Fesseln sind unumgänglich. In Russland kennt man keine Scheidung. Auf dem Boden stand ein kleiner Altar mit einer Bibel und zwei hohen silbernen Kerzenleuchtern mit dicken Wachskerzen. Zwei Priester, jeder mit einer Wachskerze, standen vor dem Altar, und der gewöhnliche Gottesdienst begann. Ich habe schon zuvor festgestellt, dass kein Elternteil in der Kirche anwesend sein darf: Sie müssen andere an ihrer Stelle auswählen. Nun trat der Bräutigam ein, zunächst in Begleitung von Frau General Steinhell und dem Gouverneur. Auch einige Hochzeitsgäste kamen und bildeten einen Halbkreis um den Altar. Dann erschien die Braut, geführt von Frau General Sutthoff und Herrn General Steinhell, die die Braut an den Bräutigam übergaben. Das Brautpaar stand ein Stück weiter im Halbkreis voneinander entfernt. Nach hinten schien es, als ob die vor dem Altar stehenden Priester dem Brautpaar und der ganzen Gemeinde den Rücken zukehren. Die Braut und der Bräutigam traten auf eine weiße Seidendecke, die der Glockenspieler vor sie legte. Der Priester drehte sich um und gab beiden eine brennende Kerze. Dann wandte er sich dem Altar zu, und der Gottesdienst wurde fortgesetzt. Nun nahm der Priester eine sehr große silberne Krone, die er dem Bräutigam zum Kuss reichte. Der hinter dem Bräutigam stehende Offizier nahm die Krone entgegen und hielt sie etwa eine Elle über dem Kopf des Bräutigams. Das Gleiche geschah mit der Braut, welche eine gleich große Krone bekam, die ihr ein anderer Offizier über ihrem Kopf hielt. Der Bräutigam gab dem Priester einen Ring, den der Priester, die Hochzeitsformel lesend, der Braut an den Finger steckte. Dann begann die Prozession, die sehr *comique* aussah: An der Spitze gingen die Priester mit ihren Kerzen, gefolgt von Braut und Bräutigam mit deren Kerzen und zuletzt die Kronenträger, deren Aufgabe sehr schwierig gewesen sein muss. In dieser Weise gingen sie dreimal um den kleinen Altar herum und sangen andächtig. Jedes Mal, wenn sie vor den Altar traten, blieben sie stehen und bekreuzigten sich. Den deutschen Zuschauern fiel es schwer, nicht los zu prusten. Ich, die ich Frau General Steinhell gegenüberstand, wurde von ihr mit lächelnden Blicken bedacht, und die Braut selbst konnte sich ein Lachen nicht verkneifen, aber dieses Mal blieb ich ganz ernst und mochte ihre Heiterkeit nicht. Als sie wieder in der gleichen Reihenfolge wie zuvor stehen blieben, empfingen sie das Abendmahl. Die Kronen wurden abgenommen und geküsst. Schließlich küssten sich die Braut und der Bräutigam und machten sich mit all ihren Gästen auf den Weg zum Ort der Hochzeitsfeier. Ich habe sie nicht weiterverfolgt, aber ich weiß, dass sie dort auf die gleiche Weise empfangen wurden, wie ich es bereits in dem Abschnitt vom 16. Oktober in Nowgorod beschrieben habe. Mein Papa, der eine Trauung hier noch nicht gesehen hatte, blieb dennoch zu Hause.

SONNTAG, 12. FEBRUAR

Am Morgen waren wir in der Schwedischen Kirche. Am Nachmittag kam ein Bote der Frau General, um mich abzuholen. Danach ging ich mit der Frau General, der Gräfin Mendoza und dem Militärgouverneur zum Maskenball. Es hat sehr viel Spaß gemacht. Dort traf ich einige russische Offiziere, die gerade aus Finnland gekommen waren: sie hätten sich wundern sollen, dass ich nicht neugierig war und sie nach Neuigkeiten von dort fragte. Sie lobten die schwedischen Quadrillen, und ein Offizier versprach, den Tanz bis zum nächsten Maskenball zu erlernen; aber ich glaube nicht, dass er das tut, denn sie entsprechen nicht dem russischen Geschmack. Um 12 Uhr fuhren wir mit dem Schlitten des Gouverneurs nach Hause.

MONTAG, 13. FEBRUAR

Zu Hause; am Nachmittag schaute ich dennoch bei Frau Hjärne vorbei.

DIENSTAG, 14. FEBRUAR

Heute hat mein Papa an Oberst Bergenstråle geschrieben und ich an Ollika Wassilvjuna in Nowgorod. Damit die Briefe sicher ankommen, versiegelten wir sie mit einem Umschlag, der mit russischer Handschrift versehen war, und adressierten sie an Meschamel Winakoro (wie ich später erfuhr, kamen die Briefe nie an).

Ich schlage mich jeden Tag mit meinen Deutschlektionen herum, und mein Papa sagt, dass ich mich sehr gut damit mache. Am Nachmittag war ich bei Frau General Sutthoff, wo ich die Bekanntschaft von Frau Sagel, der Schwester der Frau General, machte. Die Sutthoff-Mädchen tanzten für mich ein Kosakenballett, was sehr *charmante* aussah. Ich habe ihnen das Seilspringen beigebracht, was sie sehr amüsierte.

MITTWOCH, 15. FEBRUAR

Nachdem ich die Deutschübungen beendet hatte, gingen mein Papa und ich spazieren. Ich habe noch nie einen so anhaltenden und durchweg strengen Winter erlebt. Seit Anfang November gab es keinen einzigen Tag mit Tauwetter. Auch hier spricht man davon, dass es noch nie einen so kalten Herbst und Winter gegeben habe wie diesen. Wir verbrachten den Nachmittag in angenehmer Atmosphäre bei General Steinhell und Gattin. Der General ist Festungskommandant, ein sehr höflicher und wahrer Kavalier mit ausgezeichneten Fertigkeiten. Er ist auch ein Meister im Zeichnen, wie die Bilder in seinem Zimmer beweisen. Er ist deutscher Abstammung und der einzige russische Untertan, den mein Papa wirklich schätzt, auch wenn er ihn nicht besucht. Die hier befindlichen Bilder sind die modernste Dekoration, die man nur haben kann. In den wohlhabenden Häusern kann man Wände voll mit Meisterwerken sehen.

DONNERSTAG, 16. FEBRUAR

Den Vormittag waren wir zu Hause. Ich habe die kleine deutschsprachige Mamsell angestellt, die mir verschiedene Strickarten beibringt. Am Nachmittag ging ich zu Frau Schmitt.

FREITAG, 17. FEBRUAR

Am Vormittag lernte ich und machte zu Hause Handarbeiten. Am Nachmittag ging ich zu Frau Hjärne.

SAMSTAG, 18. FEBRUAR

Die russische Fastnacht steht vor der Tür. Für die Griechisch-Orthodoxen steht diese Woche im Zeichen der Freude und des Wohlbefindens. Sie haben sich gegenseitig besucht, so als ob sie sich Lebe wohl sagen wollten, vor allem in der Mittelschicht. Das meiste Vergnügen kommt bei Fahrten mit den Pferdeschlitten auf, und die größte Freude besteht darin, sich die ganze Woche über mit allem mästen zu können, was in der Fastenzeit verboten ist, damit sie für die sieben langen Wochen des Hungerns irgendwie nicht vom Fleisch fallen. In dieser Zeit sind keine Vergnügungen erlaubt, und der letzte Maskenball findet am Sonntag statt. Diese freudige Woche wird als *Maslenitsa* bezeichnet.

Am Nachmittag lud mich der Militärgouverneur zu einer Fahrt ein. Um 4 Uhr stand der Schlitten bereit, aber wie soll ich ein so ulkiges Ereignis und eine solche Fahrt beschreiben? Sieben Pferde, angetrieben von einem Kutscher und zwei Reitern, waren vor einen ungewöhnlich großen und offenen Schlitten gespannt; dahinter standen paarweise nebeneinander zwölf kleine Schlitten – einer hinter dem anderen. Diese Schlitten hatten eine niedrige Rückenlehne und sie waren so klein, dass man kaum hineinpasste; man saß Hand in Hand mit seinem Nachbarn und so dicht an Straße oder Schnee, dass ein Rutschen unvermeidlich schien. In dem großen Schlitten saß Mamsell Lehmann mit einer Schar von Kindern. Im ersten Schlittenpaar saßen Mamsell Wahl und die Lehrerin von Frau Steinhell; im zweiten Paar der Generalgouverneur und Frau General Steinhell und im dritten Paar Herr General Steinhell und ich. Im vierten Frau Fesch und der kleine Sohn des Gouverneurs. Im fünften Paar sind zwei junge Burschen und im sechsten Paar zwei Diener. Die enorme Länge unseres Gespanns war um die Straßenecken und Kurven sehr starr, aber es funktionierte. Unter den Augen der Öffentlichkeit und im Schall von Gesprächen und Gelächter fuhren wir die Straßen auf und ab. In meinem Inneren wünschte ich mir, dass meine Freunde, die zu Hause geblieben waren, mich jetzt gesehen hätten. Nachdem wir durch die ganze Stadt geschlittert waren, fuhren wir noch vor die Zollstation. Als wir umdrehten, mussten alle für eine Weile aussteigen; dann trieb uns der Schneefall nach Hause. Dieses Vergnügen wird als Fastnachtsfahrt *(maslenitsa)* bezeichnet und nur in dieser Zeit betrieben. In St. Petersburg und den Städten im Landesinneren soll es gang und gäbe sein, jedoch nicht hier in Wyborg. Den Rest des Tages verbrachte ich gut gelaunt bei Frau General; aber ich ging auch für eine Weile nach Hause zu meinem Papa. Der Militärgouverneur lud uns für morgen zum Abendessen ein.

SONNTAG, 19. FEBRUAR

Am Vormittag stattete mein Papa dem Militärgouverneur einen Höflichkeitsbesuch ab. Um 1 Uhr nachmittags kam sein Schlitten, um uns abzuholen. Die Trinkgelder an die Kutscher für meine Fahrten haben meinen Papa mehrere Rubel gekostet. Die Gesellschaft bestand aus General Steinhell und Gattin, Major Hjärne und Frau, dem Wachoffizier und seiner Frau aus St. Petersburg, einigen Herren und Mamsell Lehmann, mit der ich nun vereinbarte, dass sie mir ordentlich Deutsch beibringen würde. Nach dem Abendessen gingen alle ihrer Wege. Ich blieb noch eine Weile bei der Frau General und begleitete sie dann zu einem Besuch bei einem ihrer Verwandten: Ein alter Herr namens Lados, der sehr reich ist. Da die Frau General sich unwohl fühlte, nahm sie nicht am Maskenball teil, sondern arrangierte die Sache so, dass ich mit Lados hinging. Ich konnte mich dieser Artigkeit nicht entziehen, obwohl ich mich lieber meinem Papa angeschlossen hätte.

Um 9 Uhr fuhren wir los. Ich hatte viel Spaß und habe bis 12 Uhr getanzt. Ich hörte, dass 300 Personen anwesend waren und das Gedränge schien dies zu bestätigen. Mein Papa, der heimfuhr, war so lieb, meine *ridicule* (auch Pompadour, kleine Handtasche) mitzunehmen. Zu Hause stellte er erschrocken fest, dass diese weg war, zusammen mit all meinen Schlüsseln etc. Ich halte es für ein Wunder, dass Sarström sie auf dem Markt, im Schnee und bei der Dunkelheit zwischen den vielen Schlitten fand.

MONTAG, 20. FEBRUAR

Meinem Papa ging es noch nie so elend wie hier in Wyborg. Seine größte Freude besteht darin, an meinen Vergnügungen teilzuhaben. Er geht selten allein aus, hat nur langweilige Lektüre und sucht keine Gesellschaft. Deshalb bittet er nun den Gouverneur um Erlaubnis, nach Finnland zu reisen, da der Frieden scheinbar kurz bevorsteht und die meisten der gefangenen Offiziere bereits dorthin zurückgekehrt sind.

Am Vormittag ging ich zu Mamsell Lehman, um Vereinbarungen über die Einzelheiten des Deutschunterrichts zu treffen. Wir beschlossen, dass er jeden Tag von 12 bis 1 Uhr sein soll. Jede Stunde kostet 36 Kopeken. Den Nachmittag verbrachte ich bei Frau Schmitt.

DIENSTAG, 21. FEBRUAR

Am Vormittag habe ich gelernt. Am Nachmittag fuhr ich mit Frau Pastor Schröder zum Haus ihrer Mutter und ihrer Schwester, worüber wir zuvor gesprochen hatten. Die alte Dame mit Namen Stråhlman, ist wohlmeinend und hat zwei Töchter, die mir jetzt eine schöne Stricktechnik beibringen.

MITTWOCH, 22. FEBRUAR

General Steinhell und seine Gattin haben ein Steinhaus gekauft, in das sie heute einziehen wollen. Ich verliere ihre gute Nachbarschaft, aber ich werde sie natürlich zu finden wissen. Am Morgen kam

Mamsell Lehman, um ihre erste Deutschstunde zu geben. Am Nachmittag ging ich zu meiner Frau General, die mir sofort ihr neues Haus zeigte, damit ich mich zurechtfände, wie sie sagte. Der Militärgouverneur kam dorthin, und als wir die neuen Zimmer gesehen hatten, fuhren wir weiter zu seinem Haus, um dort den Rest des Tages zu verbringen.

Nach einer Weile kam Seine Hoheit Graf Buxhövden dorthin. Alle Damen rannten sofort in den Salon. Als wir dort waren, erzählte uns die Frau General mehrere lustige Geschichten in ihrer ganz eigenen Art, die uns zum Staunen und Lachen brachten. Der Gouverneur fügte später einige köstliche Details hinzu. General Buxhövden, der sich seit sechs Wochen hier aufhält, hat nun die Erlaubnis erhalten, näher an St. Petersburg zu ziehen. Für seine rücksichtslose Behandlung gibt es einen Grund, auf den ich hier nicht eingehen werde. Ich hatte einen unterhaltsamen Abend und kam spät mit dem Schlitten der Frau General nach Hause.

DONNERSTAG, 23. FEBRUAR

Einige gefangene schwedische Offiziere sind heute in der Stadt eingetroffen. Am Vormittag kamen die Leutnante Kalmberg und Svibelius zu meinem Papa. Sie waren in Oulu erkrankt, dort inhaftiert worden und wurden nun nach Russland weitertransportiert. Sie dachten, sie könnten einige Zeit in Wyborg verbringen, worüber ich mich sehr freute, da mein Papa dann etwas Gesellschaft haben würde. Um 12 Uhr ging ich zu Mamsell Lehman. Den Nachmittag war ich zu Hause. Dann kam Baron Köhler, Hauptmann im Regiment Västmanland, bei meinem Papa zu Besuch. Wir haben ihm mehrere Fragen gestellt, aber er hatte weder auf diese, noch auf alle anderen Fragen eine Antwort.

FREITAG, 24. FEBRUAR

Am Vormittag war ich bei Mamsell Lehman. Leutnant Svibelius aß mit uns zu Abend. Ich verbrachte den ganzen Nachmittag bei der lieben Frau Schmitt.

SAMSTAG, 25. FEBRUAR

Am Vormittag war ich bei Mamsell Lehman, die mich einlud, auch den Nachmittag und Abend bei ihr zu verbringen, was ich auch tat. Dann hatte ich das Vergnügen, den deutschen Pfarrer Wahl, seine reizende Frau und die zwei Töchter kennenzulernen, die kein Wort Schwedisch sprachen. Ich war zu ihnen eingeladen. Ich werde dorthin gehen und verspreche mir davon, dass es sowohl nützlich als auch lustig sein wird. Sagel kam auch zu Frau Lehman, was unserer Freude keinen Abbruch tat. Bald verabschiedeten wir uns. Baron Köhler war bis zum Abend bei meinem Papa.

SONNTAG, 26. FEBRUAR

Am Morgen waren wir in der Schwedischen Kirche. In der Fastenzeit ist die russische Kirche fortwährend geöffnet, und die Leute gehen bei Tag und Nacht dorthin. Am Nachmittag war ich bei Frau General Sutthoff, mit der ich ihre Schwester Frau Sagel besuchte, die sieben Jahre mit ihrem Mann in Wien lebte. Sie ist eine der liebenswertesten Damen, die es gibt, und sie gilt als die schönste in der Stadt.

MONTAG, 27. FEBRUAR

Am Vormittag war ich bei Mamsell Lehman. Ich vereinbarte mit ihr, dass wir zu Pfarrer Wahl und seiner Frau gehen würden, und das geschah dann um 3 Uhr nachmittags. Es dauerte nur einen Moment, bis ich merkte, dass sie die nettesten Pfarrleute waren, die man treffen konnte. Die Frau des Pfarrers stammt aus Livland, ein geborenes

Fräulein Behagen. Zwei charmante Töchter: die ältere, 19-jährige heißt Nathalia und die jüngere, 17-jährige Julie. Hier traf ich den jungen Leutnant Rotkirch aus Moskau. Er stammt aus einer schwedischen Familie. Die Mädchen spielten ausgezeichnet Klavier, und sie haben auch sonst viel Geschick: Sie sind die besterzogenen Pfarrerskinder, die ich je kennenlernen durfte.

DIENSTAG, 28. FEBRUAR

Am Vormittag war ich bei Mamsell Lehman. Mein Deutsch ist bei ihr sehr stockend, und sie kann nicht ein Wort Schwedisch. Sie zeigt sowohl Verständnis als auch Verstand und ich sowohl Respekt als auch Freundlichkeit, und ich hoffe, dass alle Schüler dies denen gegenüber tun, die beim Unterrichten Geduld und Energie aufbringen.

Am Nachmittag ging ich zu Frau Hjärne. Jetzt spricht man über die bevorstehende Reise des Kaisers nach Finnland. Es wird erwartet, dass der Kriegsminister Graf Araktschejew bald Truppen nach Åland bringt. Dieser Herr ist allgemein als barbarisch und durchgreifend bekannt. Er wird mehr gefürchtet als der Kaiser und der ganze Senat. Am Abend waren die Leutnante Svibelius, Kalmberg und Broberg bei uns.

MITTWOCH, 1. MÄRZ

Ich ging zur gewohnten Zeit zu Mamsell Lehman. Am Nachmittag schickte die Frau General Steinhell ihren Schlitten, um mich abzuholen. Bei ihr waren viele Gäste, die ihnen zu ihrem neuen Haus gratulierten. Sie ließen mich Seil springen, was so populär wurde, dass die meisten es ausprobieren wollten. Selbst die Frau General Steinhell begann zu springen. Dieses Zimmerturnen wurde sehr gelobt. Ich hielt das für etwas übertrieben.

DONNERSTAG, 2. MÄRZ

Am Vormittag kam Frau Steinhell mit ihrer Hauslehrerin zu uns. Wir machten einen Spaziergang, wonach ich zu Mamsell Lehman ging. Ich habe den Nachmittag zu Hause verbracht und mein Tagebuch geschrieben und überarbeitet. Mein Papa verbrachte den ganzen Nachmittag in seiner Herrenrunde. Wir haben vereinbart, dass er mein Tagebuch nicht zu Gesicht bekommt, bis unsere Reise zu Ende und das Ganze fertiggestellt ist.

Da ich in meinem ganzen Leben die offenherzige Höflichkeit, besondere Freundlichkeit und emotionale, mitfühlende Innigkeit, mit der ich hier jeden Tag umgeben bin, nicht vergessen kann, möchte ich hier eine Liste all jener aufführen, mit denen ich viele schöne Momente erlebt habe, damit auch meine Freunde zu Hause die Namen dieser guten Menschen erfahren. Ich habe ein Sternchen (*) hinter jene gesetzt, die ich am meisten mag und im Weiteren wirklich vermissen werde:

Militärgouverneur Alexander Obreskoff *
Herr General Steinhell *
Seine Gattin, Nathalia Engelhardt erhält **
Fräulein Anna Martinowna
Die Witwe Frau General Sutthoff, geborene Ludvig ***
Ihre Kinder:
Lisette Sutthoff ** und Helene Sutthoff **
Der frühere Zivilgouverneur Oræus
Seine Gattin, Anna Oræa
Ihre Tochter Nathalia Oræa
Der jetzige Zivilgouverneur von Jennisch
Seine Gattin Nathalia *
Herr Botschaftsrat und Generalpostmeister Sagel

Seine Gattin, Sophie Ludvig **

Herr und Frau Ladau, geborene Veigesag, Herr Lados, der reiche Mann, und seine Gattin

Der deutsche Pfarrer und eklektische Ratsherr Wahl *

Seine Gattin Annette von Behagen **

Ihre Kinder:

Nathalia Wahl * und Julie Wahl **

Herr Großhändler Schmitt *

Seine Gnädigste Anna Schmitt ***

Frau Sophie Fesch

Der schwedische Pfarrer Schröder

Seine Gattin Helena Stråhlman

Die Witwe Stråhlman und ihre beiden Töchter, Ulla und Lisinka

Unser freundlicher Gastgeber, der Herr Ratsherr Allopæus, kann auch einen * bekommen.

Nachdem ich fast täglich mit diesen ausgewählten Personen zu tun hatte, habe ich Frau General Wrangel vernachlässigt. Auch Frau General Öjler mit ihren drei Töchtern und Frau General Kohl und Frau Oberst Panzarbitter; aber auch diese bildeten ihre eigene *Societé* in den Vorstädten. Es scheint so, als würde ich Mamsell Lehman vergessen, aber das ist nicht so. Sie verdient *** von mir. General Kohl ist ein 30-jähriger Kavalier, der von Kaiser Pawel innerhalb eines Jahres vom Soldaten zum General befördert wurde, ohne mit ihm verwandt zu sein. Nach Pawels Ermordung hat er den Dienst quittiert. Mein Papa hatte die Idee – und der Gouverneur unterstützte diese –, dass ich Seine Majestät den Kaiser um Entschädigung für meine Verluste bitten solle, die bei dem Brand von Helsinki durch russische Nachlässigkeit im Umgang mit Feuer verursacht wurden. Meine in russischer Sprache aufgesetzte Petition wurde von Dozent

Melart verfasst und von Botschaftsrat Sagel mit Feinschliff versehen. Ich habe die Petition heute unterzeichnet und per Post direkt an Seine Majestät den Kaiser geschickt. Russland verfügt über eine ausgezeichnete Regelung in dem Sinne, dass alle Untertanen vom höchsten bis zum niedrigsten berechtigt sind, gegen ein Porto von 25 Rubel eine Sondersendung zu ordern. Diese, so heißt es, gelange sicher in die Hände des Kaisers selbst.

Am Vormittag war ich bei Mamsell Lehman. Da sie zu sehr mit ihrer Schule beschäftigt war, erhielt ich nur eine Stunde Unterricht pro Tag von ihr, und das fand ich nicht ausreichend. Ich gab Weg und Wetter die Schuld und hörte auf, bei ihr zu lernen, nachdem ich zunächst mit Mamsell Kopert vereinbart hatte, jeden Nachmittag für so viele Stunden zu mir nach Hause zu kommen, wie ich wollte. Sie verlangt nur 25 Kopeken pro Stunde und wohnt nur ein paar Häuser von uns entfernt. Bevor ich damit beginne, werde ich die Sache meinem Papa erklären.

Da 17 Tage lang nichts Nennenswertes passiert ist, und ich wie immer nur Freunde besucht habe und natürlich hin und wieder Handarbeiten gemacht und gelesen und geschrieben habe, springe ich jetzt auf den 19. März.

SONNTAG, 19. MÄRZ

Hier ist man bereits seit langem beunruhigt und in Angst, dass eine Besetzung der Åland-Inseln den Russen manchen Gefallenen und viel Leid bringen würde. Unter meinen Bekannten gibt es kaum jemanden, der nicht Verwandte oder Freunde in der Armee hat, und da das Gespräch oft darauf kam, war ich schonungslos genug, ihnen die Hoffnung auf einen glücklichen Ausgang zu nehmen. Aber jetzt traf mich diese Aussage selbst. Denn gerade als ich am Nachmittag in Begleitung des Militärgouverneurs und einiger anderer bei General Steinhell und Gattin war, trat ein Kurier aus jenem Armeekorps ein. Die Neugier aller erreichte ihren Höhepunkt, nur nicht die meine, denn der Kurier sah so von Grund auf glücklich und zufrieden aus. Er wurde mit Fragen über Åland bombardiert und antwortete, dass die Insel ohne Blutvergießen erobert worden sei. Er berichtete auch eine Reihe verletzender Einzelheiten. Der Jubel stieg bis unter die Decke, waren sie jedoch rücksichtsvoll genug, es wegen meiner Anwesenheit nicht zu sehr zu zeigen. Zuerst habe ich es nicht geglaubt, aber dann hat ein kleiner Junge vor Freude geschrien: „Ach, wie glücklich die Russen doch sind!" Da verlor ich die Beherrschung und dachte an mein Land und daran, wie nah der Feind jetzt an Stockholm ist. Ich warf ihm einen bösen Blick zu, brach in Tränen aus und rannte schnell in ein anderes Zimmer. Meine Freunde waren schockiert und dachten, dass dies meine Gesundheit beeinträchtigt. Sie kamen sofort, um mich zu trösten. Jetzt aber vergaß ich auch die Freundschaft und sah sie nur noch als Feinde und wünschte mir insgeheim, sie wären weit weg. Ich räume ein, dass ich ihnen damit überhastet meine Kaltherzigkeit zeigte, obwohl sie mir trotz allem Mitgefühl und Freundlichkeit entgegenbrachten. Ich entschuldigte mich und bestellte einen Schlitten. Aus unterschiedlichen Gründen beiderseits sind wir betrübt auseinander gegangen. Noch immer mit Tränen in den Augen und zitternd berichtete ich die Nachricht meinem Papa, der sich von seinem Stuhl erhob, hin und her ging und über eine Stunde lang kein Wort sagte. Ohne etwas zu essen, verbrachten wir dann einen traurigen Abend und eine schlaflose Nacht.

MONTAG, 20. MÄRZ

Am Morgen wurde mein Papa zum Militärgouverneur befohlen. Ich glaubte den Grund zu kennen, und meine Vermutung bewahrheitete sich. Als mein Papa nach Hause kam, sagte er mir, dass es Major Hjärne und ihm freistehe, nach Hause zu reisen oder hier zu bleiben, wie sie es für richtig hielten. Mein Papa beschloss, sofort aufzubrechen. Major Hjärne und Frau werden zurückkehren, wenn es wieder möglich ist, mit der Kutsche zu reisen.

Jetzt bereite ich alles für die Heimreise vor, die ich mit großer Freude sehe, obwohl auch mir der Aufenthalt hier sowohl nutzt als auch Vergnügen bereitet. Aber es ist nun mal wie es ist, denn meine Jeanette ist mir allein die Hälfte von Wyborg wert und meine anderen Freunde die andere Hälfte. Zudem bekomme ich aus diesem Handel meine Feuerverluste erstattet. Obwohl Mamsell Kopert jeden Nachmittag bei mir war, habe ich meinen Unterricht bei Mamsell Lehman fortgesetzt, und das bis heute. Beim Stricken habe ich eine gewisse Routine erlangt, aber mit meinen mündlichen Deutschkenntnissen geht es nicht so schnell voran. Am Nachmittag war ich bei General Steinhell und Gattin, die versuchten, mich mit allen Mitteln zum Hierbleiben zu bewegen. Sie erneuerten ihr Angebot, dass wir den Sommer gemeinsam auf ihrem Bauernhof verbringen können, der nicht weit von hier entfernt ist. Ich brachte Gegenargumente vor und redete mich aus der ganzen Sache heraus. So viel Spaß es auch machen würde, werde ich doch lieber abfahren. Von dort ging ich zu den Pfarrersleuten Wahle und mein Besuch verlief nicht, ohne dass unsere Freundschaft auch hier auf die Probe gestellt wurde.

DIENSTAG, 21. MÄRZ

Am kommenden Montag, dem 27. März, werden wir abreisen. Ein alter Seemann, Kapitän Sirelius, der die ganze Zeit hier in Kriegsgefangenschaft war, wird uns begleiten. Am Nachmittag war ich bei der liebenswerten Frau General Sutthoff. Ich habe nicht unrecht, wenn ich sage, dass sie und ihre Töchter und Söhne jeder gesellschaftlichen Runde zur Zierde gereichen. Sie gab mir vernünftige Instruktionen und weise Ratschläge mit: Ich versprach ihr, diese zu beherzigen, und werde dies auch tun. Ich dachte bei mir, dass ich das schönste Vorbild in ihren Töchtern gefunden habe, die ich wie meine eigenen Schwestern lieben kann. Dieses Mal habe ich mich noch nicht verabschiedet.

MITTWOCH, 22. MÄRZ

Da mein Papa brieflich darüber informiert wurde, dass Lebensmittel in Finnland jetzt zu teuer sind, hat er heute einen so großen Vorrat angelegt, dass wir ihn vielleicht nicht mitnehmen können. Mein Papa kaufte sogar zwei Pud Baumwolle (33 kg), um sie mit Gewinn zu verkaufen und so einen Teil seines verlorenen Offizierssoldes zurückzuerhalten. Den Nachmittag war ich zu Hause.

DONNERSTAG, 23. MÄRZ

Den Vormittag habe ich zu Hause verbracht. Am Nachmittag war ich bei Frau General Steinhell, der ich viele glückliche Augenblicke hier zu verdanken habe. Ich habe mit ihr Kontakt gehabt, als wäre sie eine liebe Verwandte. Sie dachte, ich sei jetzt auf Abschiedsbesuch hier und begann so liebevoll und mitfühlend über meine Zukunft etc. zu sprechen, dass wir beide sehr gerührt waren. Ich ließ sie in dem Glauben, dies sei der Abschiedsbesuch, aber ich beschloss, noch einmal vorbeizukommen und Lebewohl zu sagen. Von dort fuhr ich mit ihrem Schlitten zum Kaufmannsehepaar Schmitt, die mir seit meinem ersten Besuch freundschaftlich zugetan sind.

FREITAG, 24. MÄRZ

Den Vormittag habe ich zu Hause verbracht. Am Nachmittag machte ich Abschiedsbesuche. Ich kann nicht viel mehr dazu sagen, als dass es immer schwerer fiel, ein letztes Mal Lebewohl zu sagen. Auch mein Papa hat Abschiedsbesuche gemacht, aber es waren nur vier, denn er kannte nicht viele Leute und hat sie in letzter Zeit wirklich vernachlässigt.

SAMSTAG, 25. MÄRZ

Am Morgen kam der Gouverneur, um meinem Papa Lebewohl zu sagen. Heute wird der Kaiser in der Stadt erwartet. Die Massen laufen hin und her, um seine Ankunft zu sehen. Ich werde ihm zuliebe nicht auch nur einen Schritt machen. Wenn der Kaiser auf seinen Reisen an wichtigen griechisch-orthodoxen Kirchen vorbeikommt, ist es seine Pflicht, diese zu betreten und an einem kurzen Gottesdienst teilzunehmen sowie von den Priestern Weihrauch und Weihwasser zu erhalten; deshalb strömen die Leute zur Kirche. Den Nachmittag war ich zu Hause.

Um 8 Uhr kam es meinem Papa in den Sinn, zur Kirche zu gehen, und kurz darauf traf der Kaiser ein. Die Priester hatten sich mit Wachskerzen in beiden Händen auf den Stufen vor der Kirche aufgestellt, verbeugten und verneigten sich mit den Flammen, doch zu ihrer großen Enttäuschung und Verdruss ging der Kaiser an ihnen vorbei und direkt zum Gouverneur. Man vermutet, dass die Kaiserinwitwe ihn im lutherischen Glauben erzogen hat, und dass er Angst hat, dies öffentlich zu zeigen. Er reist in einem recht einfachen, offenen Schlitten, mit Graf Tolstoi zu seiner Rechten. Um 10 Uhr kam er an unserem Fenster vorbei. Man sagt, er legt normalerweise mehr als zwei Meilen pro Stunde zurück. Er fährt die Nacht durch zum Reichstag. Ich kann mir vorstellen, wie prunkvoll die

Kleinstadt Porvoo jetzt sein muss, aber wie gleichgültig dies Jeanette sicherlich ist.

SONNTAG, 26. MÄRZ

Am Morgen war ich in der Kirche, und von dort ging ich zu Frau Hjärne. Frau General Steinhell schickte ihren Schlitten, um mich abzuholen, und ich verbrachte den Nachmittag mit ihr in großer Gesellschaft im Haus des Militärgouverneurs. Wie wurde mir hier wieder zugeredet, bis zum Friedensschluss zu bleiben, und wie innig verabschiedete sich die Frau General zum dritten Mal von mir, wobei sie mein Schicksal als selbstverständlich ansah, denn sie sagte: „Meine Freundin! Ihr Vaterland wird trostlos sein, das kann jeder sehen" etc. Mein Papa war wie stets zu Hause.

MONTAG, 27. MÄRZ

Sehr früh am Morgen schickte General Obreskoff uns eine gesegnete Truppe, die uns eine Auswahl an Graupensäcken als Wegzehrung brachte. Am Morgen kamen meine Freunde und Bekannten, um Lebewohl zu sagen, aber unser Diener war erkrankt und wir mussten unsere Abreise verschieben. Mein Papa stattete dem Militärgouverneur einen Abschiedsbesuch ab und brachte die Papiere mit, die wir für unsere Rückreise benötigten. In Russland darf niemand ohne *Poderosna* (Reiseerlaubnis) reisen, in welcher der Rang und die Personenzahl sowie die Anzahl der Pferde angegeben sind. Die *Poderosna* muss an jeder Poststation vorgezeigt werden, sonst erhält man keine Wechselpferde. Wenn man seine Erlaubnis verliert, bekommt man wohl kaum von irgendwoher Hilfe. Niemand darf oder kann anderswohin reisen, als in der Erlaubnis vermerkt ist. Eine weitere Schwierigkeit bei Reisen in diesem Land: Sie müssen einen Beutel mit Kopeken (Pfennigen) bei sich haben, da hier ein großer Mangel an Kleingeld herrscht. Der kleinste Schein ist 5 Rubel in blau, der nächste 10 Rubel in Rot, dann 25 Rubel, schmal und weiß; als nächstes 50 Rubel, der größer und weiß ist. Die größte gedruckte Banknote ist 100 Rubel, sie ist ebenfalls weiß. Doch wie sehen diese Banknoten aus? Nun, sie sind so dünn und armselig wie die russischen Soldaten und nur geringfügig besser in ihrem Wert. Sie sehen jedoch imponierend aus, genau wie die Soldaten, und sie tragen auch Mäntel, die übergezogen werden, wenn die Banknoten zerrissen sind. Kleinere Silbermünzen und Silberrubel sind Raritäten. Für einen Silberrubel muss man 157 Kopeken bezahlen, was weit über dem tatsächlichen Geldwert liegt, der 100 Kopeken beträgt. Russische Golddukaten habe ich nie gesehen. Hier in Wyborg wird die schwedische Währung fast gebührenfrei akzeptiert, sowohl bei Banküberweisungen als auch in bar.

Einen Teil des Nachmittags verbrachte ich bei Frau General Sutthoff: tränenreich nahm ich nun auch von dieser ehrwürdigen Dame und ihren lieben Kindern Abschied. Ich habe auch Frau Fesch noch einen kurzen Besuch abgestattet.

DIENSTAG, 28. MÄRZ

Sarström geht es besser. Es wurde nun beschlossen, dass wir heute losfahren werden. Also eilte ich zu Frau Hjärne. Ich, die ich so viel Freundlichkeit in ihrem Haus erfahren hatte, und nun, da unsere Beziehung auf dieser ungewöhnlichen Reise zu Ende ging, spürte ich etwas, das ich unbedingt als starke Freundschaftsbande bezeichnen sollte, und Dankbarkeit dafür, dass sie mir dies erlaubte. Wir haben uns in einer Art und Weise verabschiedet, die mir für uns beide angemessen erschien.

Ich kam nach Hause und sagte Stille, sie solle sich mit dem Abendessen beeilen, weil die Pferde schon im Hof seien. Unterkunft und

Brennholz erhielten wir während unserer gesamten Haftzeit kostenlos.

Nachdem ich mich bei unserem guten Gastgeber hierfür und für die anständige Behandlung bedankt hatte, setzte ich mich mit meinem Papa in die *Kibitka*, da die Uhr gerade eins schlug. Auf meinem Weg durch die Stadt hatte ich noch einmal das Vergnügen, einigen Freunden ein letztes Mal zuzuwinken.

Unsere Reise verlief die ganze Nacht ohne Zwischenfälle, aber es war wirklich kalt.

MITTWOCH, 29. MÄRZ

Um 7 Uhr morgens kamen wir nach Hamina. In der Stadt herrschte reges Treiben, und wir blieben nur eine Weile dort, um zu essen. Um 9 Uhr setzten wir die Reise fort. Wir trafen Leutnant Brodd, der auf dem Weg nach St. Petersburg war. Er gab mir einen Brief von meiner Jeanette, in dem ich las, dass sie seit drei Monaten sehr krank war. Ich rief unserem Kutscher sofort auf Finnisch zu: „Diener, fahr er zu!" Jeanette, die nicht wusste, wann ich zurückkehren würde, schickte mir einen Almanach.

DONNERSTRAG, 30. MÄRZ

Um 1 Uhr nachts kamen wir in Loviisa an. Dort wechselten wir nur die Pferde und fuhren ohne Zwischenfälle um 12 Uhr mittags in Porvoo durch das große Ehrentor ein, (ob man mir das glaubt oder nicht!). Ich blickte auf und glaubte mich zu irren, als ich am Tor las: „Für Alexander I.; den Schützer des Rechts, der Aufklärung und Finnlands". Eine weitere Sache, die mich aber nicht so sehr brüskierte: Der Magistrat der Stadt hatte die Straßen klugerweise mit Sand bestreut, vermutlich damit die alten Männer nicht ausrutschten und sich gegenseitig anrempelten, wenn sie dem Kaiser hinterherstürzen. Aber ich war wütend über die Trödelei, mit der ich im Quartier von Leutnant von Törne ankam, wo ich mit herzlicher Freude meinen Verwandten Stjernschantz auf dem Hof traf. Um Jeanette vor meiner Ankunft zu warnen, die sich bei Frau Kuhlfeld aufhielt, schrieb ich ihr noch eine kurze Notiz. Danach wechselte ich schnell meine Kleider, um dann zu Jeanette zu eilen. Ich schlüpfte schnell ins Haus und öffnete vorsichtig die Tür. „Ach herrje! Schau an, die Adelaide" waren die einzigen Worte von Jeanette. Wir fielen uns so wunderbar in die Arme, und unsere Begrüßung sagte etwas, das nur wenige kennen, aber niemand beschreiben kann. Das können nur diejenigen verstehen, die selbst eine innige und mitfühlende Freundschaft erlebt haben. Glücklich derjenige, der einen solchen Freund sein Eigen nennt! Ohne ihn gibt es keine Freude im Leben, oder zumindest verliert es einen Großteil von seinem Wert.

Ich blieb hier, und mein Papa kam bei dem Onkel und Wohltäter meiner Freundin, Leutnant von Törne, unter. Jeannette war sehr krank, was uns alle beunruhigte. Unsere Reisegenehmigung war an den in Porvoo ansässigen Generalgouverneur gerichtet: jetzt ist dieser jedoch mit dem Kaiser ins Landesinnere gefahren, worüber ich sehr froh bin.

Wie angenehm die Zeit verging, nachdem wir beieinanderblieben! Bevor ich auf alle Fragen meiner Freundin und sie auf all meine Fragen antworten konnte, war es schon Mitternacht. Alles fühlte sich für mich so wohltuend neuartig und unwirklich an. Ich, die ich mich nach russischer Art gekleidet hatte, war nun wie eine Fremde hier. Ihre Kleidung wiederum erschien mir ungewöhnlich; aber auch in dieser Hinsicht haben wir unsere Situation schnell geklärt.

Hier findet der Reichstag statt und dementsprechend ist es nun fröhlich und lebendig. Viele Damen, die vom Land kamen, leben jetzt in der Stadt. Ich weiß nicht, wie es ihnen gefällt. Ich ging lediglich in die Kirche und wie gewohnt zu meinem Papa und begrüßte dabei seinen ehrenwerten Gastgeber. Der Kaiser selbst kam wieder in die Stadt, aber ich habe nicht versucht, ihn zu sehen, denn das hätte bedeutet, mich eine Stunde von der Seite meiner kranken Freundin zu entfernen. Sie erzählte eine lustige Anekdote über den ersten Besuch des Kaisers: Ein Stadtbewohner war verstorben; die Beerdigung fand statt und die Glocken läuteten; da aber die Glocken stets die Ankunft des Kaisers ankündigen, feuerten die Kanonen Salut, die Truppen formierten sich zur Parade, die Generäle bestiegen ihre Pferde etc. Der Leichenzug zog langsam an ihnen vorüber. Selten wurde ein Schornsteinfeger so prunkvoll bestattet. Der Kaiser traf zwei Stunden später ein.

Als Ehrenbezeugung für den Kaiser stand in der Kirche ein Thron. Der Thron selbst ist reichlich vergoldet und mit rotem Samt bezogen; sechs Stufen führen zu ihm hinauf, die mit grünem Samt und goldenen Bändern auslegt sind; der Wandschirm hinter dem Thron und dessen Baldachin waren aus rotem Samt mit goldenen Kordeln. Neben dem Thron befinden sich ein prächtiger Himmel und das Wappen Russlands; zu dessen beiden Seiten sind die Wappen der sechs finnischen Provinzen zu sehen. Es wird gesagt, dass dieser Prunk hierbleiben wird. Während der Woche habe ich auch einen Tag in Sköldvik verbracht, und das mit dem größten Vergnügen. Meine lieben Verwandten, die dort leben, haben in diesem unglückseligen Krieg ebenfalls viel verloren.

FREITAG, 7. APRIL

Der Generalgouverneur ist nun nach Porvoo zurückgekehrt, und daher sagte mir mein Papa, dass wir morgen weiterreisen würden. Das traf Jeanette und mich wie eine Bombe. So möge unsere Vereinbarung, fleißig zu schreiben, fortgesetzt werden, damit ich ehrlich zu meinem Wort stehe.

SAMSTAG, 8. APRIL

Nachdem ich nun zehn Tage lang die beispielhafte Gesellschaft meiner Jeanette (Fräulein von Törne, jetzige Frau Major Standertskjöld) genossen und ihr und ihrer *Tante* für die Freundlichkeit gedankt hatte, die sie mir während meines Aufenthalts erwiesen hatten, setzte ich meine Reise mit meinem Papa um 9 Uhr abends fort. Wir nahmen Kurs gen Helsinki und fuhren die ganze Nacht durch.

SONNTAG, 9. APRIL

Aufenthalte in Gasthöfen, schlechte Straßen und noch schlechtere Pferde führten dazu, dass wir in Helsinki erst um 11 Uhr am Morgen eintrafen. Mein Papa, der sich noch nicht mit Bestimmtheit hatte entscheiden können, fragte sich nun auf der Landstraße, wohin wir genau fahren würden. Das Ergebnis war, es zunächst bei der guten und hilfsbereiten Freifrau von Rotkirch zu versuchen, die uns vor unserer Reise in die Gefangenschaft acht Tage lang so großmütig beherbergte, da wir in Helsinki nicht bleiben wollten. Wir fuhren also in diese Richtung, aber die Pferde wurden auf dem Eis müde. Ich und Stille marschierten zur Insel Kulosaari, wo uns die ehrwürdigen Herrschaften nicht nur Pferde gaben, sondern nach landläufiger Gastfreundschaft auch ein gutes Abendessen. Durch einen glücklichen Zufall trafen wir hier auch die Freifrau von Rotkirch, deren weiches Herz uns ein Dach über dem Kopf nicht verwehren konnte. Wir fuhren gemeinsam los und kamen um 6 Uhr morgens in Herttoniemi an.

Somit habe ich meine neunmonatige abenteuerliche und außergewöhnliche Reise in die Gefangenschaft beendet. Ich sehe, dass mein Papa in besserer Verfassung zurückgekehrt ist, als er losfuhr, und meine eigene Gesundheit war immer gut. Ich stelle fest, dass unsere Freunde und Bekannten (von denen wir schon viele getroffen haben) uns genauso innig und freundlich umarmen wie früher. Mir ist bewusst, dass ich auch viele neue Kontakte zu anderen Menschen geknüpft habe. Deshalb möchte ich jetzt einen Moment allein sein und meine Dankbarkeit für die Vorsehung zeigen, um die Güte, die ich während der Reise von den Menschen erfahren habe, zumindest mit herzlichen Segenswünschen zurückzuzahlen. Denn in guten Zeiten habe ich mir geschworen, bescheiden zu bleiben; wenn ich mit Widrigkeiten zu kämpfen hatte, habe ich mich auch demütig in mein Schicksal gefügt und dann dem Allmächtigen gedankt, der mir so segensreiche Lehrer auf meinen Weg schickte. Diese Verpflichtung ist nun erfüllt, wenn auch nur unzulänglich.

Liebe Jeanette, habe ich nun mein Versprechen auch dir gegenüber eingehalten? Du warst es ja, die mich dazu überredet hat, Tagebuch über die Zeit meiner Reise zu führen. Ich bin deinem Wunsch gefolgt, als wäre es ein Gebot. Hier ist nun das Ergebnis in all seiner Unvollkommenheit.

Deine treueste Freundin

Adelaide

Postscriptum

Cecilia Bååth-Holmberg:

En svensk flickas dagbok under krigsfångenskap i Ryssland 1808-1809 (1912)
[Tagebuch eines schwedischen Mädchens während der Kriegsgefangenschaft in Russland 1808-1809]

Das schwedische Mädchen, dessen Tagebucheinträge hier veröffentlicht werden, war die schöne und intelligente 19-jährige Adelaide von Hauswolff.

Sie wurde 1789 in Viapori geboren, wo ihre Kindheit und Jugend schon früh in einem zerrütteten Elternhaus endeten, in dem eine junge Ehefrau ihren Mann betrog und eine Mutter ihre Kinder im Stich ließ.

Auf der ersten Seite des alten Manuskripts steht in diskretem und unsicherem Stil Folgendes geschrieben:

Tagebuch von meinen Reisen in Russland,
als ich meinen Vater in seine Kriegsgefangenschaft begleitete
1808–09

Dieses Tagebuch ist ein Dokument von echtem kulturhistorischem Wert und Interesse; sehr persönlich gehalten, vermittelt es einen lebendigen Einblick in die Gefühle und Schicksale der Gefangenen sowie das Leben im Russland jener Zeit. Insbesondere die Aufzeichnungen über das russische Gesellschaftsleben, in dem die inhaftierten Schweden herzlich willkommen waren, haben manchmal denselben Ton und dieselbe Stimmung wie die Beschreibungen, die der bekannten russischen Oper *Eugen Onegin* so viel Vergnügen und Atmosphäre verleihen. Es ist eine Freude, dieses junge, liebenswürdige, tapfere schwedische Mädchen zu sehen, um das sich die Gesellschaft im Reich der Barbaren scharte und das so schelmisch ausgelassen sein konnte, dass es den ganzen Ballsaal dazu brachte, ihre artige Polonaise zu unterbrechen und Seil zu springen, was den kleinen Mädchen in kurzen Röcken in unserer heutigen Zeit wahrscheinlich auch noch sehr vertraut ist.

Das Tagebuch gibt auch einen tiefen Einblick in die Art und Weise, wie Vater und Tochter, beide gleichermaßen ehrlich und warmherzig pro-schwedisch, den großen Kummer über das Unglück des Vaterlandes im Feindesland tapfer ertrugen, und der Leser empfindet tiefe Sympathie für das Bild des schwermütigen, stillen Majors von Hauswolff, dessen einziger Sonnenschein im Leben seine furchtlose, liebevolle Tochter war.

Aber damit wir beide richtig verstehen, muss man einen Blick in ihre schicksalhafte Vergangenheit werfen, die so eng mit einer der schwersten Andenken der Geschichte des schwedischen Volkes verbunden ist. Es ist auch durchaus gerechtfertigt, eine kurze Beschreibung der Orte zu geben, an denen diese Schicksale in der historischen Tragödie von 1808 miteinander verflochten waren.

*

Der Name Sveaborg weckt nichts als düstere Bilder und ruft in jedem Schweden den Gedanken an die Tage vor hundert Jahren wach, da schwedische Männer und Frauen ihre Ehre und die Interessen ihres Landes, ja fast dessen ganze Existenz, für russisches Gold verkauften.

Für uns heute Lebende hat Viapori fast etwas Unwirkliches, wie die Handelsstadt Vineta, die der Legende nach im Meer versank, und es ist schwer, die Zeit wieder lebendig werden zu lassen, als diese *Svea rikes värn och fäste* [Schutz und Trutz des schwedischen Reiches, d. Übers.] das Zentrum aller patriotischen Hoffnungen für schwedische Männer und Frauen beiderseits des Bottnischen Meerbusens war.

*

Das Seegebiet Kruunuvuorenselkä bildet einen tiefen Einschnitt vom Finnischen Meerbusen bis nach Helsinki und in die Region Uusimaa. Im Westen wird die Bucht von der Landzunge Helsinginniemi begrenzt, die weit nach Süden reicht und an deren äußerem Rand sich heute Finnlands stolze Hauptstadt, Helsinki befindet, die vor einhundert Jahren eine unbedeutende Kleinstadt mit einfachen Holzhäusern, einer Handvoll zweistöckiger Steinbauten und einer kleinen schwedischen Garnison war.

Die Bucht ist voll von Schären und Inseln mit den typisch schwedischen Namen: Blåbärsholmen [Blaubeerland], Kalholmen [Kälberinsel] etc. – als ob die Inselgruppe Roslagen [nordöstlich von Stockholm, d. Ü.] in Gedanken aus dem Meer aufsteigen würde. Auch nach Süden, in Richtung Finnischer Meerbusen wird diese in der schwedischen Geschichte so bekannte Bucht durch eine Inselkette fast abgeriegelt: die Inseln Susisaari, Susiluoto, zusammen Mustasaaret, Särkkä, Pukkisaari, Vallisaari etc., die schmale Meerengen oder Fahrrinnen zum Meer hin bilden.

Auf einigen dieser Inseln, den fünf zuerst genannten, erhoben sich – und erheben sich noch immer – massive graue Befestigungen, melancholisch, aber dennoch imposant in ihrer trägen Monotonie, die zusammen diese zumindest früher uneinnehmbare

Befestigung bilden und Anfang des 19. Jahrhunderts in ganz Europa als „Das Gibraltar Schwedens" bekannt war.

Inmitten von Sanddornbüschen ragte die Burg Ehrensvärd empor, deren graue Mauern wie direkt aus dem Granit von sieben kahlen Felseninseln gewachsen schienen. Mittels ihrer auf den Wallanlagen dicht aufgereihten Geschütze beherrschte sie die Meerenge und konnte zusammen mit der an ihren Molen stationierten Flotte – ebenfalls Ehrensvärds Idee und Werk – jeden Gegner vertreiben, der sich zwischen die Felsen und Untiefen der finnischen Küste wagte. Ja, diese Flotte könnte selbst für St. Petersburg im mächtigen Russland zu einer bedrohlichen Gefahr werden.

Dergestalt war das Viapori der Schweden. Ihr äußerster Vorposten war Kustanmiekka auf der Insel Susiluoto. Diese extrem starke Befestigung war in der Lage, den Feind aufzuhalten, selbst wenn es diesem gelänge, die Befestigungen der anderen Inseln zu erobern. Solange die schwedische Flagge auf seinen Türmen wehte, hätte sich Finnland nicht von seinem Mutterland gelöst. Das monumentale, mit einer Zugbrücke versehene Königstor führte vom Meer in das Innere der Festung, und auf der anderen Seite des Tores standen – und stehen noch immer – die symbolischen Worte:

SVEABORG
welche das Meer
auf der einen Seite
und das Ufer auf der anderen Seite
berührt, gibt
DEM WEISEN
DIE HERRSCHAFT
sowohl auf dem Meer als auch auf dem Land.

„Weise" auf seine Weise war auch Alexander von Russland, der diese Herrschaft vom feigen Schwedenkönig eroberte, aber nicht im ehrlichen Kampf, sondern als Dieb mit goldenen Kugeln und goldenem Schießpulver.

Von Susiluoto führte eine Brücke zur Insel Susisaari, wo sich Forts, Stützwälle, die einzige Mühle der großen Festungsanlage, Schutzmauern, bombensichere Kanonenhöfe, Mehlspeicher, Geschützkammern und viele sogen. Friedensgebäude befanden – ein wahrhaft kompliziertes System aus sichtbaren und unsichtbaren Gängen, Häusern mit Dachbatterien und Schießscharten, Vorratsspeichern, Höfen, Mauern und Wällen: sozusagen das Herz von Viapori.

„Der Eingang zur Festung", so ein Besucher im frühen 19. Jahrhundert, "ist ein langer und schmaler Gewölbegang. Alles um uns herum – die massiven Mauern, die zahlreichen Befestigungen, die verschlungenen Labyrinthe, die unglaubliche Zahl an Geschützen und die großen Militärtruppen, Außenposten und Wachen – zeigten die Stärke und Bedeutung des Ortes."

Hoch oberhalb des Torganges befand sich ein hübsches weißes, geschwungenes Gebäude, das „Haus des Generals". Es war mit Wohnungen für die Familien hochrangiger Offiziere ausgestattet. Dort wohnte auch der Oberbefehlshaber mit seiner Frau und seinen Kindern.
Im Festungshof selbst und gegenüber dem "Haus des Generals" zwischen den hohen, zypressenähnlichen Pappeln kann man das von Gustav III. errichtete und von Sergel ausgeführte Grabmal sehen, unter dem der Schöpfer und Gründer von Viapori ruht. Auf der anderen Granitseite des Grabmals steht, dass es errichtet wurde, da

es auf dem Lebensweg des Kriegsherrn und Mitbürgers weise sei, dem Vaterland aus tiefstem Herzen von Nutzen sein zu können und zu wollen.

Es war eine bittere Aufforderung an den letzten Kommandanten von Viapori, als er mit den Feinden seines Landes verhandelte, jeden Tag das Lebenswerk von Ehrensvärd, die Festung und die Marine, vor Augen zu haben, und dem Gegner dennoch diese zu übergeben.

Es mutet zutiefst tragisch an – geradezu als Ironie des Schicksals – dass dieses "Haus des Generals", in dem so viele Verschwörungen und Verrat stattfanden, von genau drei Bastionen mit folgenden Namen umgeben ist: *Āra* [Ehre], *Dygd* [Tugend] und *Gott Samvete* [Gutes Gewissen].

„Die Festung Viapori", heißt es in einer alten Beschreibung aus dem späten 18. Jahrhundert, "muss man als Stadt ansehen. Hier gibt es mehrere Händler und zahlreiche offene Läden..."

Als unser letzter Krieg mit Russland ausbrach, befand sich in dieser „Stadt" eine Garnison von 6750 Mann; dazu kamen die Familien der Offiziere mit 500 Personen, und weitere 600 Frauen von Unteroffizieren und Soldaten mit ihren 700 Kindern sowie 300 Handwerker aller Art. All diese so genannten „zusätzlichen Mäuler" stellten eine enorme Schwachstelle für die Verteidigung der Festung dar; für diese fast 2000 Frauen und Kinder wurden nicht wenige Lebensmittel benötigt – die Mühle der Festung musste jeden Tag 30 Fässer Roggen mahlen. Und noch schlimmer war die Dimension, die diese unruhig wuselnde, lärmende Menge für die Gebäude hatte, die eigentlich zur Verteidigung gedacht waren. Familien mit Kindern bewohnten alle Dachböden, alle Flure, alle sogen. Friedens-

und Kanonenhöfe – überall waren die Räume zu Wohnzwecken eingerichtet, während die Offiziersfamilien, denen das „Haus des Generals" nicht ausreichte, bald die Kasernen und Quartiere in kleine Wohnungen umgewandelt hatten.

*

In einer dieser kleinen Wohnungen wohnte Major Hans Gustaf von Hauswolff, einer der Offiziere im Viapori von 1808, der zusammen mit den Hauptleuten Aminoff, Wärnhjelm, Duriez und Båth am häufigsten im Zusammenhang mit der großen Tragödie erwähnt wird. Er gehörte zur Gruppe der tapferen und furchtlosen Krieger, die König und Vaterland gegenüber stets unerschütterlich loyal und gehorsam waren.

Wie Duriez und Båth schrieb auch er seine Beobachtungen während der monatelangen Belagerung von Viapori auf, allerdings nicht in Form von gedruckten „Lageberichten", sondern in einem Tagebuch. Dieses Manuskript ist in denselben roten Einband gebunden, das auch das Reisetagebuch seiner jungen Tochter umgibt. Es wurde in Auszügen abgedruckt in mehreren Werken verwendet, u. a. in: *Ruotsalaisen kenraaliesikunnan suuri sotatieteellinen työ sodasta 1808–09* [Das große militärische Werk des schwedischen Generalstabs über den Krieg von 1808–09], in dem berühmten, vom finnischen Professor J. R. Danielsson ins Schwedische übersetzten Werk „*Finska kriget och Finlands krigare*" [Der Finnische Krieg und seine Krieger] und in dem kleinen volkstümlichen Buch „*Förräderiets spel i kampen om Finland* [Die Rolle des Verrats beim Kampf um Finnland) von der Autorin dieser Zeilen. Es gibt also keinen Grund, diese Tagebuchseiten von Viapori zu den Aufzeichnungen seiner Tochter hinzuzufügen, da sie nur die Kriegsereignisse während der Belagerung betreffen.

In dieser unserer letzten großen Schlacht liegt eine tiefe Melancholie über der Kriegerfigur von Hauswolff. Schweigsam und furchtlos ging er voran und erfüllte seine militärischen Pflichten mit mannhafter Ruhe, ohne zu klagen oder auch nur eine Spur nervöser Angst zu zeigen, die andere als mutig geltende Offiziere befiel, darunter Hauptmann Aminoff, dessen Tagebucheinträge mitunter den Eindruck eines fast komischen Schreckens vor russischen Granaten vermitteln. Auch Major von Hauswolff fühlte sich verpflichtet, die Gedanken und Eindrücke des Tages zu Papier zu bringen, allerdings derart geordnet und systematisch, dass sie trocken und farblos wirken. Erst als die Zeit näher rückt, da bei dem traurig berüchtigten Treffen zwischen dem Festungskommandanten Admiral Cronstedt und dem russischen General von Suchtelen beschlossen wurde, Viapori an die Russen zu übergeben, zeigt selbst der gelassene von Hauswolff das eine oder andere Zeichen von Verzweiflung. Dies betraf nicht seine eigene Sicherheit oder die Sicherheit und Zukunft seiner Kinder – für ihn war dies vollkommen zweitrangig gegenüber der größeren, beherrschenden Frage: Würde der Verteidiger des Vaterlandes, Viapori, ohne einen einzigen Schwertstreich kampflos in Feindeshand fallen, oder würde es gelingen, Rettung und Hilfe aus Schweden zu bekommen, bevor der Tag kam, an dem die Tore für die Russen zu öffnen und die schwedische Flagge in der Festung Kustaanmiekka durch den russischen Adler zu ersetzen sei?

Es scheint fast so, als ob von Hauswolffs Unglück ihn in der Beziehung gegenüber seiner eigenen Familie unsensibel gemacht hätte. Und doch drückt das Tagebuch seiner Tochter immer und immer wieder die innigste Liebe zu diesem Vater aus, dessen Name immer großgeschrieben wird und dem sie auf dem schwierigen Weg der Gefangenschaft treu folgt und alles Erdenkliche tut, um ihn zu trösten und mit ihm zu leben.

Dieser schwermütige, schweigsame Mann, der es vorzog, sich außerhalb seiner militärischen Pflichten in Lektüre und Studium zu vertiefen, muss eine große Liebe zu seinen mutterlosen Kindern gezeigt haben und genoss tatsächlich deren vollstes Vertrauen. Schließlich war er für sie seit ihrer frühesten Kindheit sowohl Vater als auch Mutter zugleich.

Gustaf von Hauswolff war zu Zeiten von König Gustav III. als sehr junger Offizier in die Garnison von Viapori eingetreten. Die Abkommandierung dorthin war damals alles andere als erstrebenswert. Die Festung wurde schlecht instandgehalten und war in Teilen fast baufällig. Als Garnison war es „der unangenehmste Ort, den man sich vorstellen kann, direkt am Rande des Exils", schrieb ein junger Offizier. An sich diente sie sogar fast diesem Zweck: Es war praktisch, um ein auf die eine oder andere Weise missliebiges Offizierselement innerhalb der entfernten Felswände unterzubringen.

Leutnant Johan Gabriel Båth beispielsweise war einer der tapfersten und fähigsten Offiziere in der schwedischen Armee seiner Zeit, aber seine Vorgesetzten mochten ihn nicht. In der Tat kritisierte er seine Vorgesetzten scharf und widersetzte sich ihnen. Deshalb wollte man ihn loswerden. Der beste Weg bestand natürlich darin, ihn nach Viapori zu schicken!

Selbst der Kommandant der Festung, der bis dahin geachtete „Sieger der Seeschlacht von Svensksund", Admiral Cronstedt, wurde ebenfalls aufgrund des Unmuts von König Gustav IV. in der gleichen Art und Weise ins Exil geschickt. „Zur Strafe", so einer seiner Zeitgenossen, "wurde er zum Kommandanten von Viapori und zum Befehlshaber der finnischen Flotte (der zuvor erwähnten Galeerenflotte von Viapori) ernannt. Er musste sofort alle seine Beziehungen und Interessen in Stockholm aufgeben und die neue

Stelle antreten. Eine unbegreifliche Gleichgültigkeit: eine der wichtigsten Verteidigungsstrukturen des Reiches jetzt einem zutiefst Verletzten anzuvertrauen!"

Die Ernennung zum Kommandeur der Garnison von Viapori wurde daher als große Kränkung empfunden!

Man kann den Erinnerungen der eben zitierten Person nur zustimmen: „Aber wer hätte geglaubt, dass der persönliche Groll gegen den König sich gegen das Vaterland wenden würde!" Leutnant Båth – der bald zum Hauptmann ernannt werden sollte – blieb jedoch trotz seiner „Verbannung" dem König und dem Land treu.

Es ist nicht bekannt, ob von Hauswolff als junger Leutnant ebenfalls aus irgendeinem Grund in das düstere Viapori „verbannt" wurde. Sicherlich war es auch für ihn anfangs schwierig, den Übergang zwischen dem leichten Stockholmer Hofleben in der Blütezeit des Zauberkönigs und der düsteren Enge und Monotonie der Felsenfestung zu meistern: „Es gab zu wenig Platz für alles, selbst das Exerzieren der Gardeparade war mit einem Münchhausen-Karussell auf einem Teetisch vergleichbar." Doch hier auf den mit Sanddorn bewachsenen Klippen begegnete er seinem Schicksal – er selbst hielt es für Glück! – in Gestalt eines schönen jungen Mädchens. Schönheit, Liebe und Jugend – das war eine Dreifaltigkeit, die selbst für ihn eine Rosenblüte auf einem Granitfelsen schuf.

Einer der ranghöchsten Offiziere der Garnison war Oberstleutnant Abraham de Frese. In seinen Adern floss nur wenig schwedisches Blut, denn sein Vater war als Krieger in der Armee Karls XII. ins Land gekommen, und seine Mutter war eine Finnin. Es ist nicht genau bekannt, für welche Nationalität er sich hielt. Er starb bereits 1796 auf dem Gut Kulloo in Finnland. Sein einziger Sohn war Offizier in Viapori und wurde dort ausdrücklich als Mitglied der Verrätertruppe erwähnt. Aber zwei seiner Töchter, Helena Charlotta und Karolina Gustava, dabei vor allem erstere, haben sich einen unauslöschlichen Platz in der ersten Reihe der weiblichen Schande verdient – die Taten der Festungsbewohnerinnen waren vielleicht der stärkste Grund für den Hochverrat von Viapori.

Als der junge von Hauswolff in die Garnison von Viapori eintrat, war Helena Charlotta kaum mehr als ein Kind: verspielt, raffiniert und schön. Sie wurde 1771 in Viapori geboren, wuchs innerhalb der Festungsmauern auf und kannte die geistige Atmosphäre der Stadt in Friedenszeiten sowie alle Seitengassen, Gewölbe und Tore wie ihre eigene Westentasche. Kaum war sie dem Spielalter entwachsen, brach der Russische Krieg Gustavs III. aus – und sie erlebte dann die Zeit in Viapori, als dort die ersten verräterischen Pläne ausgebrütet wurden, damals noch von Jan Anders Jägerhorn. Jan Anders gehörte zu den Männern von Anjala und war der Bruder von Fredrik Adolf, einem späteren Verräter von Viapori, den Helena ebenfalls gut kannte. Allerdings war Helena wahrscheinlich zu jung, um sich näher für politische Intrigen zu interessieren, zumal sie damals bereits mit Gustaf von Hauswolff verlobt war. Aber sie konnte nicht verhindern, dass sie vom Geist des Verrats im Freundeskreis ihres Vaters angesteckt wurde.

Die Hochzeit fand bereits 1788 statt, natürlich in Viapori, und zur gleichen Zeit wurden Gerüchte über einen Krieg zur ernsten Wahrheit. Die Hochzeit fand wahrscheinlich im grossen Fest- und Sitzungssaal des geschwungenen weißen Gebäudes im Hof der Festung Susisaari statt, dessen Fassade aus lauter Kanonen mit ihren Plattformen hinter Erker-Fenstern bestand – der Hochzeitsort war also ebenso düster wie alles andere in Viapori auch. Selbst die Flitterwochen standen im Einklang mit dieser Düsternis: Der Krieg war erklärt, und trotz der Ressentiments gegen den König mussten alle Soldaten selbstverständlich auf ihren Posten bleiben.

Aber das Schlachtfeld war weit weg, und das Leben innerhalb der Festung verlief weiterhin nach dem alten eintönigen Muster, das nur durch die Veränderung aufgrund der wachsenden Spannungen gestört wurde. Ein Zeitgenosse hat den Alltag in Viapori als unerträglich beschrieben: Insbesondere für unverheiratete Offiziere war er hart und düster, während Familien Spaß und Freude miteinander hatten.

In der kleinen Wohnung des Majors von Hauswolff herrschte noch Frieden, und die Familie begann zu wachsen: 1789 wurde Tochter Adelaide geboren und später Sohn Carl Ulric.

Aber dann wendete sich das Glück. Die junge Ehefrau Helena hatte ein sprunghaftes Wesen, oder sie hatte so jung geheiratet, dass sie sich ihrer selbst noch nicht sicher war. Wahrscheinlich passten ihre lebhafte Art und der Hang zu Intrigen und schnellen Wendungen nicht zu dem ernsten, rechtschaffenen und bald darauf auch etwas kranken von Hauswolff. Denn schon 1796 brannte ihr Herz und die Flammen loderten für einen anderen.

Der junge, elegante Offizier Hauptmann Karl Wilhelm Reuterskiöld vom Regiment Adlercreutz war gerade aus Schweden in Viapori eingetroffen. Er war sicherlich willkommener Gast im Haus eines älteren Kameraden, und schon bald hatte sich seine junge Frau Helena leidenschaftlich in ihn verliebt. Daraufhin wurde von Hauswolff innerlich verletzt, stiller und zurückgezogener als je zuvor; die Scheidung wurde bereits 1797 wirksam.

Und im Jahr 1800 war Helena Charlotta de Frese zum zweiten Mal Braut auf Viapori, als sie Hauptmann Reuterskiöld heiratete, vermutlich im selben Ballsaal – dem einzigen prächtigen Raum in der Festung –, in dem ihre erste Hochzeit gefeiert wurde und in unmittelbarer Nähe desselben kleinen Hauses, in dem ihr verlassener Ehemann und ihre beiden kleinen Kinder noch wohnten. Es ist nicht bekannt, ob sie vielleicht auch zur Hochzeit eingeladen waren, oder ob man dachte, sie würden die Feierstimmung stören.

Man kann mit Sicherheit davon ausgehen, dass die kleine, dunkle und beengte Wohnung der Hauswolffs an diesem Tag weder heller noch fröhlicher wurde. Die beiden kleinen Kinder erhielten nur noch die Fürsorge und Liebe ihres Vaters. Und schon bald wurde der Vater Festungsmajor auf Susisaari, wo er bereits wohnte, und war mit seinen Aufgaben so beschäftigt, dass die jungen Geschwister in ihrem Leben fast allein gelassen waren.

Umso mehr bewunderte man das zufriedene und ausgeglichene Wesen der heranwachsenden jungen Tochter, ihr stets heiteres Gemüt, deren zärtliche Liebe ihren Vater stets erfreute und die sich um ihn kümmerte, wenn er krank und niedergeschlagen war, und die auf eine selten verstohlene und angenehme Weise allmählich zur Herrin des väterlichen Hauses wurde.

Ihr Vater hat sie keineswegs vernachlässigt. Im Gegenteil, sie genoss eine ausnahmslos gute Erziehung und wurde gelegentlich nach Schweden, insbesondere nach Stockholm und Västmanland geschickt, in dessen Adel sie wohl Verwandte hatte. Sie lernte französische Konversation, Klavierspielen und den Gesang moderner und sentimentaler Lieder; sie verstand es auch, mit ihrem eigenen langen Haar und farbiger Seide kleine Landschaftsbilder auf Papier zu sticken. Hinzu kam, dass ihre Rolle als Hausherrin langsam an Bedeutung gewann. Doch plötzlich konnte die 18-Jährige ihre Rolle tauschen: Mal wurde gelacht und getanzt und gespielt; mal gab es

Bälle und Gesellschaftsstücke und Schlittenfahrten über das Eis nach Helsinki.

Ihr Wesen war eine harmonische Kombination aus der Ernsthaftigkeit ihres Vaters und der Lebhaftigkeit ihrer Mutter: Sie konnte insbesondere mit älteren Kavalieren, die sie oft schätzten, ein Gespräch so feinfühlig führen, was sie wie ein kleines Kind erscheinen ließ; sie konnte anmutig zu jedem Solotanz ihrer Zeit tanzen, bis plötzlich ein helles Mädchenlachen erklang und die höfliche, wohlerzogene junge Dame wie ein freches Kind mitten im Ballsaal ihrer Lieblingsbeschäftigung, dem Seilspringen frönte, dem Favoriten bei kleinen Mädchen.

Und bei allem kindlichen Temperament war Adelaide von Hauswolff bereits mit 18 Jahren eine mutige und entschlossene Dame, die sich für ihren geliebten, schweigsamen und unglücklichen Vater über alles auf der Welt aufopfern konnte.

Frau Helena hatte jedoch mit ihrem neuen Mann weiter in Viapori gelebt, und zwar eine Zeit lang – bevor er Unterkommandant der Insel Pikku Mustasaari wurde – in unmittelbarer Nähe zu der kleinen Wohnung, in der sie neun Jahre die Frau eines anderen war. Dennoch scheint sie in ihrer neuen Ehe sehr glücklich gewesen zu sein, und niemand hat ihr je Sprunghaftigkeit in der Beziehung zu dem Mann vorgeworfen, dem sie in ihren reiferen Jahren ihre wahre Liebe schenkte. Aber es scheint zu jener Zeit wie auch in der unseren abscheulich unnatürlich, eine Frau zu sehen, die ihre ältesten, noch kleinen Kinder so völlig vergessen und im Stich lassen kann. Denn sie dachte sicher nicht an ihr kleines Mädchen und ihren kleinen Jungen im alten Zuhause, zumindest nicht, nachdem die neue Kinderschar um sie herum zu spielen begann.

Es muss eine harte Schule für die junge Adelaide gewesen sein festzustellen, dass ihre Mutter so nah und doch so unendlich weit entfernt war – sie war eine Fremde geworden mit einem anderen Namen, neuen Interessenszielen und einem Herzen, das den dreien gegenüber, denen sie den Rücken zukehrte, eiskalt war. Die drei mussten sie jedoch von Zeit zu Zeit treffen, auch wenn sie ihrem Mann nach Pikku Mustasaari nachfolgte. Bei gemeinsamen Verwandten wie Helenas Schwager, Hauptmann Stjernschantz und ihrem Bruder Hauptmann de Frese, trafen sich die geschiedenen Eheleute und ihre Kinder ab und zu, ohne jedoch das kleinste intimere Wort zu wechseln.

Adelaide von Hauswolff war diesen „lieben Verwandten" jedoch herzlich und liebevoll zugetan. Sie sprach stets voller Zuneigung von ihnen, besonders vom „lieben Onkel Frese". Aber der Name ihrer Mutter kam nie über ihre Lippen.

Man kann sicherlich davon ausgehen, dass die Mutter auch zwischen Vater und Tochter keine Erwähnung fand. Für sie muss sie mehr als nur gestorben gewesen sein; für den eigenen Seelenfrieden müssen sie, sofern möglich, sogar ihre Erinnerungen und Gedanken an sie ausgelöscht haben. Sicher ist, dass in den Tagebüchern von Vater und Tochter nicht der geringste Hinweis auf sie zu finden ist, obwohl sie durch ihren Verrat eine der Hauptursachen sowohl für die große nationale Katastrophe der Kapitulation von Viapori als auch für ihr persönliches Unglück war. Sie waren verarmt und heimatlos, als sie aus der Festung vertrieben und als Kriegsgefangene nach Russland gebracht wurden.

*

Der 1790 in Värälä unterzeichnete Friede war jedoch noch nicht gebrochen.

Alles in allem hatten die jungen Offiziersfamilien trotzdem weiter eine gute Zeit. Unter den 500 „Extra-Mäulern" des Offizierskorps waren „mehr als vierzig Damen – sehr schöne darunter". Ihr gesellschaftliches Leben war besonders rege, hier und dort fanden Treffen statt und es wurden Theaterstücke aufgeführt.

Eine der schönsten und fröhlichsten jungen Damen während des unerwarteten russischen Einfalls in Finnland im Winter 1808 war Frau Major Gustava Sofia Hjärne, geboren in Rosenborg, Schweden. Ihre Eltern hatten ihr das Interesse an dunklen und gefährlichen Verschwörungen in die Wiege gelegt. Ihr Großvater, Staatsrat Funck, stand in russischen Diensten und ihr Onkel, Oberstleutnant im Regiment von Bohuslän unter Gustav III., wurde wegen seiner unklaren Haltung während des dänischen Einmarsches in die Provinz Bohuslän 1788 seiner Stellung enthoben.

Nun lebte sie selbst in Viapori, dem Hauptnest des Verrats an der Wende zum neuen Jahrhundert. Zunächst spielte sie nur die Rolle einer netten und bezaubernden Gesellschaftsdame. Im Offiziersklub von Viapori stieg sie bald über die anderen auf; sie stand im Fokus des Unterhaltungslebens und veranstaltete vor allem Theateraufführungen, in denen sie selbst als Primadonna Ruhm und Bewunderung als hervorragende Schauspielerin erlangte. Unter den Damen von Viapori zu jener Zeit ist sie wahrscheinlich die einzige, deren Bild der Nachwelt erhalten blieb.

Sie erweckt den Eindruck, groß und kräftig und dennoch schlank gewesen zu sein; dunkles, stark gelocktes Haar, von einem Spitzenband zusammengehalten, mit einem Paar dunkel leuchtender Rosen; eine Perlenkette aus drei Strängen mit einer kostbaren Spange am nackten Hals; das gleichmäßige Weiß des Halses wird durch die schwarze Spitze eines leicht verengten Samtkleides betont; ein feines, volles und ovales Gesicht mit einer ziemlich großen und geraden Nase; dunkle, stark gewölbte Augenbrauen und lebhafte dunkle Augen; ein leicht verwegener, anzüglicher und amüsierter Gesichtsausdruck – das ist das Bild von Frau Hjärne, die zusammen mit ihren Freundinnen Helena Reuterskiöld und Anna Brunow – ebenfalls schwedischer Abstammung – russische Agenten belieferte und für russisches Geld die uneinnehmbare schwedische Festung und ihren eigenen Ruhm sowie die Ehre ihrer Männer verkaufte.

*

Für den Augenblick jedoch war Viapori ein angenehmer Ort zum Leben.

An der Ostgrenze verdunkelten sich die Wolken und wuchsen bedrohlich. Die Nachrichten unseres Botschafters, der in der russischen Hauptstadt die schwedischen Interessen vertrat, waren zunehmend beunruhigend und alarmierend.

Aber niemand glaubte diesen Nachrichten, der schwedische König wollte nicht einmal von der Gefahr hören, geschweige sie denn sehen. Er glaubte weiterhin den Freundschaftsbekundungen seines russischen Schwagers und Verbündeten.

In Viapori hatte man jedoch damit begonnen, die Wiederherstellung der teilweise verfallenen Festung zu betreiben und diese wieder verteidigungsfähig zu machen. Die Situation schien zunehmend ernster zu werden. Aber selbst im Februar, als die Russen jeden Moment die Grenze des Reiches überschreiten sollten und die Stimmung in der Festung bedrückter wurde, „blieben die meisten

Ehefrauen, und vor zwei Tagen wurde getanzt", so ein Offizier, der am 11. Februar zu Besuch war, an General Aminoff.

Die meisten Ehefrauen sind geblieben – nicht alle. Einige von ihnen hatten bereits in aller Eile ihr Zuhause und ihre Ehemänner verlassen. Frau Helena hatte ihre kleinen Kinder mitgenommen und war nach Helsinki gegangen, wo sie eine vorübergehende Bleibe fand. Die Tatsache, dass ihre älteste Tochter und ihr Sohn – Adelaide und Carl von Hauswolff – in der Festung blieben, beunruhigte sie nicht.

Ihr jetziger Mann war, wie bereits erwähnt, Unterkommandant der Insel Pikku Mustasaari, deren Befestigungen Helsinki fast gegenüber und näher lagen als die der anderen Inseln, mit Ausnahme der unbedeutenderen Insel Lonna. Auch hier waren die Verteidigungslinien der Reede zugewandt. Die Wohnung des Kommandanten befand sich in einem größeren sogenannten Friedensgebäude in der Nähe der beiden Eingänge zur Festung.

Hier hatte Frau Helena in letzter Zeit ein viel eintönigeres Leben geführt als zuvor, da sie Mittelpunkt der fröhlichen Offiziersgesellschaft der Festung Susisaari war. Ihrer Abenteuerlust hat es vermutlich gefallen, von der trostlosen, einsamen Felseninsel in das zugegebenermaßen unbedeutende, aber doch geselligere Helsinki zu ziehen. Ein Feigling war sie jedenfalls nie gewesen. Es kann also nicht daran gelegen haben, dass sie ihren Mann gerade zu Beginn der kritischen Phase des Krieges verließ.

Aber natürlich hatten sowohl sie als auch ihre Freundinnen und ihre Damengesellschaft die Veröffentlichungen gesehen und gelesen, die die Russen so eifrig und heimlich in der Festung verbreiteten. Dazu gehörten Appelle an „die Ehefrauen von Offizieren, deren Männer entweder in der finnischen Armee oder der Festung waren, *alles* zu tun, um ihre Männer zu überreden, sich den Russen anzuschließen".

Diese Schriften versprachen nicht nur große Prämien und Zukunftsaussichten. Das mag der Grund sein, warum sich zwei der fröhlichsten und deshalb wohl ständig unter Geldsorgen leidenden Offiziersfrauen der Festung auf dem Weg nach Helsinki zusammengetan haben. Denn zur gleichen Zeit wie Frau Reuterskiöld verließ auch Frau Hjärne die Festung. In Helsinki hatten sie bereits gleichgesinnte Seelenverwandte: die verwitwete Frau Oberst Anna Brunow und das bei ihr wohnende Fräulein Carolina de Frese, die jüngere, aber nicht mehr ganz junge Schwester von Frau Reuterskiöld.

*

In Friedenszeiten war das bescheidene Helsinki ein beliebtes Ausflugsziel für die Offiziere der Garnison von Viapori sowie deren Ehefrauen und Freundinnen. Im Winter war die Schlittenfahrt über das Eis eine der beliebtesten Freizeitbeschäftigungen.

„Man kann sich keinen fröhlicheren und angenehmeren Anblick vorstellen", berichtete ein Reisender jener Zeit, "als den, der sich von Helsinki aus in Richtung Viapori bietet – der Weg ist im Schnee mit Bäumen und Fichtenzweigen markiert, die in das Eis gesteckt sind. Allerlei Schlitten, mit und ohne Verdeck, die von den kleinen tänzelnden Finnpferden gezogen werden, eilen den ganzen Tag von früh bis spät hin und her. Offiziere mit Dienern, Ehefrauen, Soldaten, Bauern, Handwerker und Bauarbeiter machen die Eisstraße zu einem Flanierbereich, der voll von Menschen ist und interessanter und unterhaltsamer als der Hyde Park in London oder die Via del Corso in Rom."

Seit dem 21. Februar 1808 war die Eisstraße belebter denn je, da die Russen die Grenze überschritten hatten. Die Straße hatte einen völlig anderen Charakter angenommen.

Die jungen Damen mit rosigen Wangen und in Pelzmäntel gehüllt hatten nun die Eisstraße den langen Schlittenkonvois überlassen, die Tag und Nacht Schießpulver, Pontons, Gewehre, Zelte, Segeltuch, Getreide etc. transportierten. Die Bürger der Stadt fuhren sie mit ihren eigenen Pferden von Helsinki nach Viapori, um die Waffenkammer der Festung aufzufüllen und zu verhindern, dass der gesamte Besitz in die Hände des herannahenden Feindes fiel. In Helsinki gab es nur eine kleine Garnison, die von Oberst Gutoffsky befehligt wurde.

Das Treiben erlahmt, und die weiße Straße lag still und verlassen, bis plötzlich ein Schlitten mit lockeren Zügeln aus der Stadt raste. Im Schlitten saß der Garnisonskommandant vor Entsetzen wie erstarrt. Hinter ihm stürmte das gesamte Bataillon, das die kleine Stadt verteidigen sollte, mit der gleichen Eile und der gleichen wilden Angst. Das Eis war voller Flüchtlinge, die hinter den Mauern von Viapori verschwanden. Dann lag die weiße Straße wieder wie leer und ausgestorben.

Aber eine kleine Gruppe Russen marschierte vom Festland aus in Helsinki ein. In aller Ruhe nahmen sie die kleinen Wohnungen der Stadt in Besitz, richteten dort ihr Hauptquartier ein und verbrachten eine angenehme und entspannte Zeit unter den vermutlich schwedisch gesinnten, aber völlig wehrlosen Einwohnern.

*

Der Salon der Frau Oberst Brunow – in Wirklichkeit nur ein kleines Vorzimmer – wurde zum beliebten Treffpunkt für russische Offiziere und Agenten. Diese Agenten waren Schweden und Verräter aus dem Krieg von 1788: die zwei Männer von Anjala[24], Ladau und Klick, und eine dritte, eher unbedeutende Person.

Nach dem Scheitern des Anjala-Komplotts waren die beiden Erstgenannten zusammen mit vielen anderen verräterischen schwedisch-finnischen Offizieren dazu verurteilt, ihr Leben, ihre Ehre und ihren Besitz zu verlieren, konnten aber noch rechtzeitig nach Russland fliehen. Dort verbrachten sie die Zeit und warteten darauf, dass sich das Blatt wendet und Russland Schweden den Todesstoß versetzen konnte.

Dieser Augenblick war jetzt gekommen: Der russische Adler war bereit, die Krallen in sein Opfer zu schlagen, und – wie ein altes Sprichwort sagt – wo ein Aas ist, da versammeln sich die Geier. Wie die Geier waren zuerst Ladau und ein paar Wochen später Klick nach Finnland und Helsinki geeilt, gleich als die Stadt in die Hände der Russen fiel. Und nun trafen sie im Hause ihrer guten alten Freundin, der Frau Oberst Brunow, die frühere Hausherrin der Familie Hauswolff, immer noch dieselbe Frau Helena, obwohl sie jetzt einen anderen Namen trug. Auch ihre Schwester Fräulein de Frese gehörte zu den alten Viapori-Bekannten aus den Zeiten vor Anjala. Und eine neue Bekanntschaft, die schöne und witzige Frau Major Hjärne war einfach bezaubernd!

Vor allem aber war es eine sehr gute Gelegenheit, alte Bekanntschaften aufzufrischen und neue zu schließen, denn es ging um alte und wertvolle Intrigen und Pläne!

Mitten im lodernden Krieg in Ruhe in einer gemütlichen Wohnung zu sitzen und mit freundlichen und verständnisvollen Damen darüber Rat zu halten, wie man die Mauern von Viapori und des schwedischen Reiches am besten zum Einsturz bringen könnte, war eigentlich etwas, wofür man Frau Helena dankbar sein konnte. Ja, die gesamte russische Belagerungsarmee, oder zumindest der Teil, der in Helsinki wohnte, fühlte sich ihr gegenüber verpflichtet, all diese schönen Wohnungen zu behalten, ohne die sie zum Rückzug gezwungen gewesen wären und ihre Pläne gegen Viapori nicht hätten ausführen können. Von der Festung aus wurde gelegentlich schweres Bombardement auf das von den Russen gehaltene Helsinki gerichtet; in der Stadt herrschte ständige Brandgefahr, und in der Kälte des Winters wäre dies ein großer Verlust für die Belagerer gewesen. Um diese Katastrophe zu verhindern, wandte sich der russische General Buxhövden an Agent Ladau, den immer so eleganten, für die Damen unwiderstehlichen Mann von Welt und ehemaligen Offizier. Man hielt es – wahrscheinlich aus gutem Grund – für das Beste, sich über die Damen an Viapori und seinen Oberkommandanten zu wenden.

Ladau liebte es, den Damen von Viapori den Hof zu machen; er hatte es besonders auf Frau Helena abgesehen, da er die Macht hatte, Gold und grüne Wälder als Belohnung für geleistete Dienste zu versprechen, und bald war die Sache zwischen diesen Seelenverwandten abgemacht.

*

Schon seit Wochen war es gefährlich gewesen, die weiße Straße zwischen der Stadt und der Festung zu befahren; die Kanonenkugeln der Festungskanonen und der russischen Küstenbatterien zischten kreuz und quer über das blau schimmernde Eis. Die alte Route war völlig verwaist.

Eines Tages, als das heftige Geschützfeuer in Viapori pausierte, lenkten plötzlich eine einsame Frau und ein russischer Trompeter ihren Schlitten von der Stadt in Richtung Festung.

Der Schlitten fuhr zur Insel Pikku Mustasaari, der Trompeter blies das Signal, und Frau Helena, die sich – ermutigt durch russische Versprechungen und den Tod verachtend – zwischen die Fronten wagte, verlangte Zugang zur Festung. Sie will ihren Mann sehen; sie will mit ihm über private Angelegenheiten sprechen; sie und ihre Kinder waren in Helsinki ohne Zuhause; sie konnte keine Unterkunft in den von den Russen übernommenen Vierteln bekommen; sie war eine schwedische Frau, die das Recht auf ihr eigenes Heim hatte, selbst wenn dieses innerhalb der Mauern von Viapori war.

Doch ihr Mann konnte oder traute sich nicht, seiner Frau, die sich unter russischem Schutz und von den russischen Linien aus der schwedischen Festung näherte, das Tor zu öffnen. Er konnte nur hinaus aufs Eis zu ihr gehen.

Niemand hat das Gespräch zwischen den Eheleuten gehört, und niemand hat jemals von dessen Bedeutung erfahren. Aber die Garnison von Viapori hatte allen Grund, Frau Helena zu verdächtigen, ein von den Russen bezahlter Bote zu sein, der immer noch versuchte, den Kommandanten von Viapori, Admiral Cronstedt, daran zu hindern, die Häuser der Russen in Helsinki zu bombardieren.

Unmittelbar nach Helenas Aufklärungsreise erging der verspätete Befehl an „die Herren Batteriekommandeure" in den verschiedenen Viapori-Festungen, „ihre Geschütze unter keinem Vorwand auf die Stadt Helsinki zu richten". So erhielten die Feinde Schwedens mit Hilfe der Schweden sicheren Schutz vor dem Winter! Sie konnten nun komfortabel und gefahrlos ihre weiteren Pläne zum Untergang Schwedens ausführen. Die Damen in Brunows Wohnung konnten auch ihre abendlichen Zusammenkünfte in Ruhe fortsetzen, an denen die russischen Offiziere und die Herren Ladau und Klick bereitwillig teilnahmen. Nun war also auch Carl Henrik Klick in der Stadt angekommen.

Vor seiner Verurteilung war er Major in schwedischen Diensten. Er war mit der Tochter von General Armfelt aus Anjala verheiratet und war auch ein Jahr lang Kamerad von Major von Hauswolff in Viapori.

Genau im selben Jahr gewann Gustaf von Hauswolff das Herz seiner 17-jährigen Verlobten. Sicherlich war auch Klick eine elegante und beliebte Begleitung unter den Gästen in dem jungen Haus gewesen.

Gleich an seinem ersten Abend in Helsinki – nach einem langen Gespräch mit General van Suchtelen und vermutlich auf Anweisung, die er damals erhielt – erneuerte er seine Bekanntschaft mit Frau Reuterskiöld und Frau Brunow.

Von allen schwedisch-finnischen Verrätern der Jahre 1788 und 1808 war Klick zweifellos der verachtenswerteste, denn er konnte, wie die meisten anderen, nicht einmal eine besondere finnische Vaterlandsliebe vortäuschen, er hasste Finnland und riet den russischen Herrschern stets, das Land wie eine eroberte Provinz zu behandeln.

Von seinem Wesen her war er ein Mann aus Gustavs Zeiten: rücksichtslos, leichtsinnig, imposant und begabt, sowie mit einer Zunge ausgestattet, die so geschmeidig und flüssig war wie seine Feder, als er als „Autor" der Verschwörung von Anjala fungierte und die Anjala-Erklärung, die Liikkala-Note und andere historisch verrufene Dokumente verfasste. In der Damenrunde von Frau Brunow erschien er zunächst als einfühlsamer, rücksichtsvoller Begleiter. Er war nur in seine Heimat geeilt, um sich zu trösten und die

Tränen zu trocknen, und nachdem er auf der Reise von der unerträglichen Unterdrückung seines Volkes – der Finnen – durch die Schweden gehört hatte, erlitt er einen schweren Nervenzusammenbruch.

Aber die folgenden Tage der Überlegungen mit Frau Helena waren nicht nur sentimental.

Klick war lange genug in Russland gewesen, um sich die perfekte Kunst der Intrige und Wege zur Überwindung eines zweifelnden Gewissens zu eigen zu machen, um beherzt gegen Pflicht und Ehre zu verstoßen. Sein Erfolg bei den Damen von Viapori war vollkommen. Obwohl Frau Reuterskiöld als die aktivste von allen galt, war auch Frau Hjärne mit vollstem Leib und ihrer Seele in diesem Handel mit dabei.

Es war sicherlich kein geringer Preis, zu dem diese Gruppe, die sich „Viapori-Frauenbund" nannte, den Mut aufbrachte, ihr Land zu verraten und ihren sozialen Status und ihre gesamte Zukunft von den Versprechungen eines russischen Generals abhängig zu machen. Aber Klick war ein gewiefter und geschickter Vermittler, der es verstand, sich unter Damen zu geben.

Es dauerte nicht lange, bis man wieder einen kleinen Schlitten mit einer einzelnen Frau und einem russischen Trompeter im Trab über das Eis von Helsinki in Richtung Pikku Mustasaari fahren sah.

Aber jetzt war die Frau tief in Trauer gekleidet. Sie war eine weinende und verzweifelte Mutter, die gekommen war, um den Vater ihrer Kinder auf ein gebrochenes Herz vorzubereiten, eine gebrochene Ehefrau, die Trost und Unterstützung von ihrem Mann brauchte. Bei der Dame handelte sich um Frau Helena, die jammernd und weinend darum bat, dieses Mal eingelassen zu werden. Die Sache fiel ihr so schwer und war für ihren Mann unfassbar, dass ihr Sonnenschein gestorben war, das jüngste Kind, ein kleines Mädchen, das ihr so sehr am Herzen lag.

Der Kurier ging nicht zum Hauptmann von Pikku Mustasaari, sondern zum Admiral und Kommandanten von ganz Viapori. Und dieser, selbst ein guter Familienvater, dessen Frau und Kinder die Belagerung der Festung mit ihm teilten, konnte die Bitte dieser traurigen Mutter nicht abschlagen.

Das Tor der Festung wurde geöffnet, und die, welche sich tief gebeugt hatte, richtete sich auf wie ein Bogen, und ihre Tränen hörten auf zu fließen.

Ihr Besuch zuhause und das Gespräch mit ihrem Ehemann Hauptmann Reuterskiöld dauerten mehrere Stunden an. Von dem toten Kind war keine Rede mehr. Als Frau Helena von ihrer verlogenen und heimtückischen Reise in ihre Wohnung nach Helsinki zurückkehrte, fand sie dort alle Kinder, die sie für Reuterskjöld zur Welt gebracht hatte, einschließlich des jüngsten. Darüber hinaus wurde sie von einem sehr interessierten russischen „Spion" erwartet, ihrem vertrauten Freund in diesem finsteren Spiel, Klick, dem Mann von Anjala.

Hauptmann Reuterskiöld muss einen schweren Gang vor sich gehabt haben, als er sich kurz nach der Abreise seiner Frau an seinen Kommandanten, Admiral Cronstedt, wandte und ihn bat, seiner Frau den Besuch der Festung zu verbieten. Sie hatte seinen Männern 20.000 Golddukaten im Namen des Feindes angeboten, wenn sie Pikku Mustasaari an die Russen übergeben würden.

Wie lange es dennoch dauerte, bis sich die russische Versuchung auf seinen Verstand und seine Handlungsweise auswirkte, ist nicht bekannt. Aber General Buxhövden beschreibt den Ehemann von Frau Helena in seinem Brief an Kaiser Alexander als einen zuverlässigen und leidenschaftlichen Menschen für die Sache des Kaiserreichs! Dem beantragten Verbot wurde möglicherweise stattgegeben. Dessen ungeachtet wusste fast jeder in der Garnison von Viapori, dass Frau Reuterskiöld die Festung wiederholt besucht hatte. Aber ob ihr Schlitten auch einmal vor der Festung Halt machte, wo ihr Mann das Kommando hatte, oder ob er Kurs auf die unter Oberst Fredrik Adolf Jägerhorn stehende Insel Iso Mustasaari nahm, ist nicht eindeutig geklärt. Tatsache ist jedoch, dass letzterer, eigentlicher Anführer des Verrats von Suomenlinna sowie ein vertrauter Berater und enger Verwandter von Admiral Cronstedt, heimlich mit dem belagernden Feind in Kontakt stand. Insbesondere ist bekannt, dass er auf mysteriöse Weise einen Brief von seinem Freund Klick erhielt, der in seinem Tagebuch erwähnt, dass er mit den Damen „R. und B." einen sentimentalen Abend verbracht hat. Einen Brief, dessen Inhalt der Absender als „nützlich zu wissen und zu teilen, aber ein Segen für diejenigen, die ihn wirklich verstanden haben" bezeichnete.

Historische Dokumente zeigen ebenfalls, dass Admiral Cronstedt von dem Moment an, als Oberst Jägerhorn diesen „gesegneten" Brief erhielt, er die Verteidigung von Viapori vollständig umgestellt hat. Von diesem Moment an hatte Schweden seine gefährlichsten Feinde innerhalb der Kanonenwälle der Festung.

Tatsache ist auch, dass der kleine Schlitten der einsamen Dame und ihres Trompeters das Gefährt war, das in dieser trüben Winterzeit am häufigsten die ansonsten menschenleere weiße Straße befuhr.

*

In der Zwischenzeit ging das Leben in Viapori seinen gewohnten Gang.

Auch wenn ein großer Teil des Oberkommandos zunehmend in die von Frau Reuterskiöld und Oberst Jägerhorn geschickt aufgestellten goldenen Fallen der Russen tappte, so gab es doch viele ehrliche Offiziere und die gesamte Besatzung, unter denen Verrat ein Fremdwort war.

Aber die schwedentreuen Offiziere wurden von ihren Vorgesetzten klugerweise in verschiedenen Richtungen und auf verschiedenen Inseln eingesetzt. Es war somit sehr schwierig für sie, bei der Rettung der Festung zusammenzuarbeiten, auch wenn sich der Verdacht des Verrats bei ihnen erhärtete.

Bei den Familien, sowohl im weißen Generalshaus auf Susisaari als auch in den Festungen auf den anderen kleineren Inseln, wuchs mit jedem neuen Bombardement die Angst. Noch beängstigender waren die brutalen Drohungen, die die Russen über ihre geheimen Kanäle unter den Belagerten zu verbreiten wussten.

An Spaß und Geselligkeit dachte niemand mehr. Das Dilemma erreichte seinen Höhepunkt, als die Russen verkündeten, dass sie zumindest der Familie des Kommandanten „die Schrecken ihrer Rache" ersparen wollten und ihr deshalb Schutz in Helsinki anboten.

Jetzt wollten all diese „überflüssigen Mäuler" aus den Ober- und Unterschichten, adlige Offiziersdamen und die einfachen Ehefrauen der Soldaten mit ihren Kindern fliehen, nach Helsinki oder in ihre eigentliche Heimat in verschiedenen Teilen Finnlands – nur raus aus Viapori, bevor es in russische Hände fiel. Doch als Admiral

Cronstedt diese Bitte an den Befehlshaber der russischen Truppen herantrug, erfuhr er sehr höflich, sehr bestimmt und vor allem sehr weise eine Ablehnung.

Fast 2000 „zu stopfende" Mäuler durften die Festung nicht verlassen. Sie mussten dortbleiben und den Lebensmittelverbrauch erhöhen. Gräfin Cronstedt ihrerseits wurde erneut höflichst eingeladen, in Helsinki zu wohnen, wo sie die größtmögliche Rücksichtnahme erfahren würde.

Auf diesen Vorschlag erwiderte Admiral Cronstedt jedoch mit Würde und Entschlossenheit, dass seine Frau das Angebot nicht annehmen könne, solange es nicht auf die Familien aller Offiziere ausgedehnt werde.

So lebten die Familien in Viapori weiterhin in kleinen Wohnungen in Kasernen und Kasematten.

*

Inmitten all dieses Wirrwarrs – mit Bombardements, die entweder in sehr kurzen oder sehr langen Abständen von den wenigen und kleinen Batterien der Russen kamen, und mit den 2000 kleineren und größeren Geschützen der Festung, die mit furchtbarem Gedröhn ein ganzes Feuermeer auf das Eis und die Strände spuckten, wo es kaum Russen gab – lebte die junge Adelaide von Hauswolff ruhig und gelassen neben ihrem Vater in ihrem kleinen Zuhause.

Die verräterischen Reisen ihrer Mutter außerhalb der Festungsmauern konnten ihr nicht verborgen geblieben sein. Was in dieser Zeit in den Herzen des betrogenen Mannes und seiner verlassenen und vergessenen Tochter vor sich ging, kann man sich leicht vorstellen. In Viapori gab es niemanden, der so sehr gelitten hätte wie die beiden: unter dem Leid und der Schande des Vaterlandes wie auch unter ihrem eigenen.

Major von Hauswolff seinerseits erfüllte unermüdlich seine militärischen Pflichten. Als ranghoher Offizier gehörte er dem Kriegsrat der Festung an. Er konnte aus nächster Nähe beobachten, wie sein Kamerad Jägerhorn den scheinbar widerstrebenden Oberkommandierenden Schritt für Schritt immer tiefer in sein Komplott trieb. Lange Zeit wollte er es nicht wahrhaben. Er weigerte sich entschlossen, auch nur den geringsten Zweifel in seinem Kopf aufkommen zu lassen. Es war jedoch unmöglich, einen Vertrauensbruch zu vermeiden.

Am Ende jeden Tages machte er sich Notizen in seinem Tagebuch, manchmal ausführlichere Berichte über die wichtigsten Ereignisse des Tages, manchmal nur ein paar Worte. Wie bereits erwähnt, gibt es jedoch keine Aufzeichnungen über die wiederholten Besuche seiner früheren Frau in der Festung, obwohl diese zu den umstrittensten Ereignissen der Belagerung gehörten.

Aufgrund seiner loyalen Vaterlandsliebe und seiner tiefen Abneigung gegen alles Russische stand er den meisten Offizieren nicht sehr nahe. Unterstützt von den Russen, beförderten diese das umstürzlerische Werk in der Festung. Darunter war auch sein ehemaliger Schwager, Hauptmann Stjernschantz, der natürlich immer noch in engem Kontakt zu seiner früheren Ehefrau stand. Dies konnte von Hauswolffs Neigung, sich von der verräterischen Liga zu distanzieren, natürlich nur verstärken. Auch wurde er nie gebeten, bei den zahlreichen Verhandlungen zwischen dem russischen Kommandeur und dem Kommandanten von Viapori dabei zu sein. Er ahnte nicht einmal, dass ein großer Teil seiner Kameraden im Kriegsrat, in dem der beklagenswerte und beschämende Kapitulationsvertrag unter bestimmten Bedingungen und innerhalb einer bestimmten Frist ausgehandelt wurde, nach den eigenen Worten der Russen bereits „vorbereitet" und gekauft worden war.

Doch in diesen letzten Tagen der Vorbereitung auf die grausame Entscheidung scheint die Hand, die den Stift für die Tagebucheinträge führt, zu zittern vor Erregung, die selbst den zurückhaltenden von Hauswolff zunehmend ergriff.

In der unglückseligen Vereinbarung wurde unter anderem beschlossen, dass Viapori den Russen vollständig und unversehrt zu übergeben ist, wenn das Meereis bis zum 3. Mai nicht verschwunden und die schwedische Flotte zur Rettung bis dahin nicht eingetroffen seien. Im Laufe des Aprils galt die Aufmerksamkeit der gesamten Garnison daher vor allem dem Eis: Seine Dicke wurde gemessen und auf jede erdenkliche Weise untersucht. Die Menschen saßen mit Ferngläsern da und suchten den Horizont ab, ob sie nicht Segel aus Schweden in der Ferne erblicken.

Das Tagebuch von Major von Hauswolff bringt die allgemeine Spannung deutlich zum Ausdruck: Frost oder Tauwetter? Regen und Wind oder immer noch Kälte? Müsste das Eis nicht bereits schmelzen?

Die Begeisterung war groß, als sich ein Riss im Eis auftat! Die Sonne scheint! Weit draußen auf dem Wasser fahren schon die Schiffe!

Aber die Freude war verfrüht, bald war es wieder kalt wie im tiefsten Winter, windstill und frostig, das Eis wurde stärker und die Sorge war groß. Aus Sorge wurde Verzweiflung – in nur wenigen Tagen würde die Frist ablaufen.

Der erste Tag im Mai war gekommen. Bis dahin war von Hauswolff seinem Vorgesetzten am Dienstort gegenüber völlig loyal gewesen. Er scheint die beiden wütenden, aufgeregten Männer, die Hauptleute Duriez und Båth, nicht unterstützt zu haben, die den Betrug durchschauten und sich energisch, wenn auch vergeblich, in einem letzten Protest zur Rettung Viaporis für Schweden einsetzten.

Doch nun erachtete auch er es für notwendig einzugreifen und den Kommandanten zu überzeugen, die Festung zu verteidigen. Auch Major Hjärne stimmte dem zu. Dieser hatte sich zuvor nicht so enthusiastisch bei seinem Dienst gezeigt; sein Wissen über die geringen Pulvervorräte der Festung – einer der hauptsächlichen Vorwände für die Kapitulation – hatte sich als falsch erwiesen. Aber alle haben ihn von vorsätzlichem Verrat freigesprochen. Er wusste also auch nichts von den Aktivitäten seiner Frau in Helsinki. Es hat wahrscheinlich sehr lange gedauert, bis er die Intrige der Frauen in Gänze herausgefunden hat – oder vielleicht hat er nie davon erfahren. Er war ein gutaussehender Mann mit einer aristokratischen, geradezu noblen Erscheinung. Er war noch jung und hing sehr an seiner feurigen und schönen jungen Frau und seinen kleinen Kindern. Man kann ihm kein mangelndes Vertrauen in seine Frau vorwerfen.

Gerne begleitete er seinen älteren Kameraden zum Kommandanten, um „vehement" zu fordern, dass der Vertrag mit dem Feind gebrochen wird, sodass die zahlenmäßig überlegene Garnison die Russen, die Viapori belagern, angreifen und vertreiben kann. Doch ohne Erfolg. Die erste Ehrenpflicht des Feldherrn sollte sein, seine Zusagen gegenüber den Feinden seines Landes zu erfüllen; Ehre und Erfolg dieses Landes sowie sein eigener Treueeid gegenüber seinem König waren zweitrangig. Dann schwanden bei von Hauswolff sowohl die Einstellung als auch die Geduld: Alles war nun „so traurig", so hoffnungslos, dass er keine Zeile mehr in sein

Tagebuch schreiben wollte. Er bindet die Blätter zusammen und geht hinaus, um seinen Dienst bis zum Ende auszuführen. Als letztes in Viapori erhält er den Befehl, dem Feind die Schlüssel zur Festung zu übergeben.

„Was ich allerdings nicht tat, war, sie alle im Wachturm hinzuhängen."

Dies war wohl der einzige Verstoß des Pflichtbewussten Gustaf von Hauswolff gegen einen Befehl.

*

Am Morgen des 3. Mai standen die Einwohner Helsinkis am Meeresufer und blickten über das inzwischen dünne Eis auf die dunklen Mauern von Viapori.

Bitterkeit und Trauer erfüllte alle Gemüter: „Wir hätten lieber unsere Häuser abbrennen lassen, als dass dieses Unglück geschieht".

Die schwedische Flagge wehte noch auf Kustaanmiekka – für eine Stunde, nur noch ein paar Minuten...

Und so schlug die Uhr zwölf – die schwedische Flagge wurde eingeholt, und sie würde nie wieder hier über diesem freien, schwedisch-finnischen Land wehen. Und doch würde es noch hundert Jahre dauern, bevor Russland Finnland, das so leicht durch Verrat erobert werden konnte, seinen provinziellen Stempel aufdrücken würde.

Es vergingen mehrere Tage, bis die Garnison von fast 7000 Mann ein Regiment nach dem anderen in Marsch setzte, bebend vor Wut, Scham und Verzweiflung, um den Russen ihre Waffen zu überlassen und sich widerwillig als Gefangene zu ergeben. Zuletzt war der Befehlshaber, Admiral Cronstedt, an der Reihe, Viapori zu verlassen, das er so schwer verraten hatte.[25]

Acht Tage lang waren 30 Männer damit beschäftigt, das gesamte Hab und Gut des Kommandanten nach Helsinki zu bringen, wo er und seine Familie im Haus von Hauptmann Vendeli untergebracht wurden. Andere Offiziersfamilien folgten diesem Beispiel. Auch sie durften ihre Habseligkeiten und ihren Besitz mitnehmen. Aber in einer kleinen Stadt, in der bereits so viele Russen lebten, gab es keinen Wohnraum für all diese obdachlosen Familien. Sie mussten ihr Bestes geben, um ihr Hab und Gut auf Dachböden und in Schuppen zu lagern und zu verpacken, in der Ungewissheit, ob sie jemals wieder in der Lage sein würden, eine Wohnung für sich selbst zu organisieren und einzurichten.

Major von Hauswolff und seine Tochter besaßen zur damaligen Zeit schöne und teure Sachen; von Hauswolff hatte Kunstgegenstände gesammelt und eine schöne Bibliothek angelegt. Alles wurde nun in einem Lager des Kaufmanns Goven verstaut, wo der Besitz während des großen Brandes von Helsinki ein Opfer der Flammen wurde. Man könnte sagen, dass Vater und Tochter Viapori Hand in Hand verließen und alles zurücklassen mussten, außer ihrer Kleidung, die sie in einem kleinen Paket mitnehmen konnten.

Folglich kamen alle Familien aus Viapori zunächst in Helsinki zusammen. Wie das erneute Aufeinandertreffen von Major Hjärne und Hauptmann Reuterskiöld mit ihren Frauen verlief, wissen wir nicht. Zumindest Letzterer war sich damals des Beitrages seiner Frau an den Ereignissen wohl bewusst. Frau Helena war sogar derart darin verstrickt, dass General Buxhövden in seinem Brief an Kaiser Alexander über ihre „Begeisterung für den Kaiser" schrieb.

In demselben Brief heißt es, Frau Helena habe sich „sowohl durch ihr Handeln, als auch durch den großen Einfluss, den sie auf ihren Mann, den damaligen Kommandanten der Festung Pikku Mustasaari, und auf die vielen Offiziere der Garnison, die Cronstedt zu seinen Beratern machte, ausübte, große Verdienste erworben... Größtenteils dank ihres Einflusses stimmte der Kriegsrat der Übergabe der Festung zu, und sie setzte sich selbst ständiger Gefahr aus, um mit der Garnison in Verbindung zu bleiben. Dann belohnte ich (General Buxhövden) ihren außerordentlichen Enthusiasmus für das Reich und versprach ihr, dass der Kaiser nach dem glücklichen Ende der Belagerung der schwierigen Lage, in der sie und ihre zahlreichen Familienmitglieder sich befanden, gnädig gedenken und ihr für ihre Treue eine Belohnung anbieten würde, die bis in die Zukunft reichen würde...“

Frau Helena hatte also bereits einen Teil ihres Blutgeldes im Voraus erhalten. Die Belohnung von Frau Hjärne hingegen musste noch eine Weile warten, vermutlich weil ihr Mann noch ausgeschlossen war. Es waren harte, bittere Tage, die nun für die Garnison, die Offiziere und die Soldaten von Viapori anbrachen.

Diejenigen Bewohner von Viapori, die sich nicht von den Russen bestechen ließen, hatten praktisch alles verloren, in den Augen der Welt mit inbegriffen auch ihren militärischen Ruhm. Denn die Unschuldigen mussten dort mit den Schuldigen leiden, und so traf alle, die an diesen schrecklichen Maitagen aus den Toren Viaporis marschierten, allgemeine Verachtung und tiefe Abscheu. Zudem hatten ihre Vorgesetzten und Befehlshaber es in ihrem Vertrag mit dem Feind schlichtweg vergessen oder versäumt, ihre Offiziere und Soldaten zu schützen. Sie waren daher alle Kriegsgefangene.

Wenn sie jetzt, mitten im Krieg, die schwedischen Fahnen aufgeben und dem Kaiser die Treue schwören würden – dann würde es ihnen gut gehen; dann würden sie ihren ganzen Sold sowie zahlreiche weitere Privilegien erhalten. „Aber diejenigen, die keinen Eid ablegen wollen, können nicht verlangen, anders als Kriegsgefangene behandelt zu werden." Es bestand also die Wahl: Armut und Elend bei bewahrter Ehre oder finanzieller Friede und die Chance auf Beförderung bei befleckter Kriegerehre. Dies wurde den inhaftierten Familien von Viapori in Helsinki angeboten.

In all dem Zorn und der Trauer entstand unter ihnen ein Gemeinschaftsgefühl: die tiefe Verachtung für alle Verräter, einschließlich ihres ehemaligen Kommandanten. Dies galt insbesondere für Frau Helena und ihren Mann, der kein Kriegsgefangener war und in Helsinki blieb sowie seinen Platz im Kreis seiner Familie wieder einnahm. Als sie versuchten, Kontakt zu ihren früheren Freunden von Viapori aufzunehmen, wandten sich alle von ihnen ab, vor allem aber von der Frau. Offene Verachtung und unverhohlener Abscheu schlug Frau Helena überall entgegen; niemand wollte sie kennen, niemand wollte ihr auch nur die Hand reichen. Und der Verdacht, dass ihr Mann den Verrat mittrug, stand allen, die sie trafen, ins Gesicht geschrieben.

Es ist unwahrscheinlich, dass ihre erste Familie, die bereits jetzt in Gefangenschaft bitter für ihr Verbrechen bezahlen musste, auch nur den geringsten Versuch unternommen hätte, sich ihr zu nähern. Wie berechnend sie auch sein mochte, sie hatte ein Mutterherz; doch die junge und schöne Adelaide von Hauswolff war ihre Erstgeborene, die sie einst geliebt und behütet hatte – es muss ihr ein jedes Mal wie ein Peitschenhieb vorgekommen sein, wenn diese Tochter leise und traurig an ihr vorüberging. Frau Hjärne schien in dieser Zeit ebenfalls keine beneidenswerten Tage zu erleben: Ihr

Betrug war noch nicht offenbar geworden – sie hatte noch weiterhin das Vertrauen ihres Mannes und den Respekt ihrer Freunde. Wann würde sie an der Reihe sein? Wie konnte sie alle Zweifel ausräumen?

Es dauerte einige Zeit, bevor sie einen Weg fand, den Folgen ihres Handelns zu entkommen.

*

Nach einiger Zeit – als noch abgewogen wurde, ob man dem Kaiser die Treue schwören sollte oder nicht – durften viele finnische Offiziere nach Hause im ganzen Land zurückkehren oder auf die Höfe ihrer Verwandten gehen. Um die Finnen zu einem Bündnis mit Russland zu bewegen, zeigten die Russen ihnen gegenüber sogar während ihrer Gefangenschaft große Aufmerksamkeit. Natürlich gaben die Finnen ihr Ehrenwort, dass sie, solange die Sonderbehandlung anhielt, nicht die Waffen gegen ihre Sieger richten würden.

Major von Hauswolff litt zutiefst unter seinem Zwangsaufenthalt in Helsinki unter Russen und Verrätern. Er wollte die Stadt mit seiner Tochter so schnell als möglich verlassen. Sie waren ohne Dach über dem Kopf und ohne Sold, aber ein Treuebekenntnis zu Russland war das Letzte, was sie tun wollten. Alles andere – Hunger leiden, betteln oder sterben. Aber niemals Russen werden!

Von Trauer und Krankheit fast gebrochen, wurde der Mann noch stiller und zurückgezogener, und nicht einmal der Mut und die Liebe seiner jungen Tochter konnten seine Schwermut vertreiben. In Helsinki bestand ihr einziger Ausweg darin, sozusagen von Ort zu Ort zu ziehen und bei Verwandten und Freunden zu Besuch zu sein.

In Zeiten einer nationalen Katastrophe ist das Gemeinschaftsgefühl ein ganz anderes als zu Zeiten, in denen die Tage ruhig in ihren fortwährenden Bahnen verlaufen. Doch für Major von Hauswolff und seine Tochter, wie für andere unschuldige Soldatenfamilien jener Zeit, standen jedoch viele Türen offen, und überall waren sie als liebe Gäste willkommen, denen man eine Last abnehmen wollte.

Später im Frühjahr kursierten Gerüchte, dass alle gefangenen Offiziere, die sich weigerten, den Treueeid auf den Kaiser zu leisten, ins Innere Russlands gebracht werden sollten. Zunächst wollten sie das nicht glauben. Dann hörte man, dass General van Suchtelen bei seinem Besuch in der kleinen Stadt Tammisaari alle dort inhaftierten Offiziere zusammenrief und sie aufforderte, in russische Dienste zu treten oder den Eid abzulegen. Als sie sich einstimmig weigerten, dies zu tun, drohte er ihnen mit schwerer Haftstrafe in Russland. Doch die Drohungen hatten niemanden dazu gebracht, seine Pflicht gegenüber Schweden aufzugeben. Aber in jedem Haus setzte nun unter Ehefrauen und Kindern sowie bei Verwandten und Freunden eine neue Zeit der Angst ein.

Die Situation würde sich also bald klären, und eine Entscheidung war zu treffen. Sollte man versuchen, nach Schweden zu fliehen? Viele andere hatten es bis in die Schären geschafft und trotzten dann in offenen Fischerbooten den Gefahren des Bottnischen Meerbusens.

Aber die ganze Viapori-Garnison als Kriegsgefangene der Russen?

Auch hier in Finnland sahen sie sich mit wachsendem Misstrauen konfrontiert. Wenn die Soldaten der Garnison kamen, spuckten die Bauern auf der Straße hinter ihnen aus; die Bäuerinnen schrien sie an, wenn sie hungrig und kaputt gen Heimat wanderten:

Ihr zwei, ihr seid keinen Schluck Wasser wert – ihr seid kaum das Fressen aus dem Sautrog wert! Ich frage mich, wie die Offiziere in Schweden aufgenommen würden, wo man sie alle des Verrats verdächtigt? Nein, lieber seinem Schicksal mit reinem und ruhigem Gewissen begegnen.

Als Anfang Juli in allen Kirchen die Proklamation des russischen Generals Kamenski verlesen wurde, in der er sie vor die Wahl stellte, entweder den Treueschwur zu leisten oder ins Exil zu gehen, zögerte niemand. Die Offiziere der Viapori-Garnison von nah und fern, Alt und Jung, eilten nach Helsinki, wo sie zusammenkommen sollten, und von wo aus die Gefangenentransporte aufbrechen sollten. Trauer und Wehklagen erfüllten ihre Häuser, nachdem sie sich auf den Weg machten: Alte Eltern glaubten, sie würden ihre Söhne nie wiedersehen; Ehefrauen und kleine Kinder weinten um ihre Ehemänner und Väter.

Einer von ihnen, der weithin angesehene Hauptmann H. Wärnhjelm, hat es später wie folgt interpretiert, was er und seine Kameraden fühlten: „Die Gewissheit darüber, die absoluten Anforderungen an die Ehre erfüllt zu haben, und der Glaube an den allmächtigen Gott beruhigten die Seelen, auch wenn die Tränen mit Macht in die Augen traten."

*

Ein Offizier, der sich dem Druck der Russen entzog, weil sie sich seiner ohnehin sicher waren, war Hauptmann Reuterskiöld. Dessen ungeachtet war seine Lage immer unerträglicher geworden. In seiner Verzweiflung wandte er sich an General von Buxhövden und bat ihn darum, ihn als Kriegsgefangenen mit nach Russland zu schicken, sodass er seinen Kameraden seine Unschuld beweisen könne.

Ihm wurde – wenn auch widerwillig – erlaubt, einen Kriegsgefangenen zu spielen. Der General sah sich sogar gezwungen, sich dafür beim Kaiser zu erklären und zu entschuldigen. Und so wurde Frau Helena auch von diesem Mann, den sie anscheinend wirklich geliebt hatte, aufgrund ihres Verrats getrennt.

Von all ihren früheren Freunden verachtet, musste sie mit ihren vielen kleinen Kindern in Helsinki bleiben. Außerdem stellte sie plötzlich fest, dass sie fast mittellos war – das russische Geld, das sie bereits erhalten hatte, war schnell aufgebraucht. Sie wandte sich ihrerseits an General von Buxhövden, beklagte sich über ihre Situation und bat darum, dass ihr und ihren Kindern ein Gefangenentransport zu ihrem Mann bewilligt würde. Außerdem bat sie den Kaiser, ihr Mittel zu gewähren, teils für die Reise, teils für sie und ihr künftiges Leben. Denn ihr Mann hatte gesagt, dass er niemals in sein Heimatland zurückkehren würde; er wollte alle alten Bindungen abbrechen und für den Rest seines Lebens in Russland bleiben.

Der humane General erhörte auch diese Bitte: Zudem hatte er auch einen guten Grund, ihr für ihre Dienste einen Gefallen zu erweisen. In seinen ausgewiesenen Briefen an den russischen Außenminister bat er darum,

> ... auch die Reisekosten von Frau Helena auf die allergnädigste Weise zu decken, und die Summe dem Ingenieur Generalmajor Schwanenbach, derzeit in der Festung Viapori, zukommen zu lassen – zu dem ich in dieser Hinsicht das meiste Vertrauen habe – damit er ihr nach seinem Ermessen, ohne dass es jemand erfährt, dieses Geld so gebe, dass es bei ihren Landsleuten keine Unzufriedenheit stifte. Was die

versprochene Belohnung anbelangt, die sie nach meiner vollen Überzeugung durch die von ihr geleisteten Dienste verdient hat, so mögen Sie, Eure Hoheit, und Eure Majestät, meine Bitte in dieser Angelegenheit gnädigst anerkennen und Hauptmann Reuterskiöld und seiner Frau eine lebenslängliche Pension von 1.200–1.500 Rubel gewähren, die in Russland zu verwenden sei.

Als Reaktion erging jedoch der Befehl, dass Kapitän Reuterskiöld nach Finnland und zu seiner Frau zurückzuschicken sei. Daher kam er zurück, fand die Bedingungen aber immer noch derart bedrückend, dass er sofort in seine vorgetäuschte Gefangenschaft zurückkehrte.

Doch bereits 1810 – als die mächtige Hand Russlands jeden Russlandfreund in Finnland schützte – kehrte er in seine Heimat zurück und wurde zum Inspektor des Militärkommissariats Finnlands ernannt. Es scheint jedoch, als ob die Ehegatten nie wieder zusammenkamen. Frau Reuterskiöld suchte und fand Schutz und Sicherheit für den Rest ihres Lebens auf dem Hof ihres Schwagers und ihrer ältesten Schwester, Hauptmann und Frau Stjernschantz, in Sköldvik, Porvoo.

*

Mitten im Sommer 1808 war Frau Helena nicht allzu besorgt darüber, dass ihr erster Ehemann und ihre Tochter Adelaide im Begriff waren, in einer großen Gefangenenkarawane ins russische Landesinnere zu ziehen.

Als sich die Nachricht von General Kamenskis Proklamation in ganz Finnland verbreitete, waren Vater und Tochter bereits eine

Woche lang bei Freifrau Rotkirch auf Schloss Herttoniemi zu Gast. Major von Hauswolff hatte sich sofort nach Helsinki begeben, um weitere Informationen einzuholen. Der Gefangenentransport sollte am 18. Juli aufbrechen – es war aber schon der 16. Juli; somit war also keine Zeit zu verlieren.

Er war sofort nach Herttoniemi zurückgekehrt, um seine Tochter auf eine große und ungewisse Trennung vorzubereiten. Es war ihm nicht einmal in den Sinn gekommen, seine Tochter mitzunehmen. Und doch hätte er wissen müssen, was passieren wird. Seitens dieser Tochter hatte er bereits erfahren, dass sie es sich trotz ihres jungen Alters zur Lebensaufgabe gemacht hatte, ihr Bestes zu tun, um die Wunden zu heilen, die ihre Mutter ihrem Vater zugefügt hatte.

Adelaide von Hauswolff war damals, wie bereits erwähnt, 19 Jahre alt und ein echter Sonnenschein für alle, denen sie nahestand. Fröhlich und heiter, sanftmütig, reinen Herzens und loyal, ein frühes Erwachsensein angesichts ernster Widrigkeiten. Dieses Feuer hatte ihren Charakter gehärtet und geschärft. Verrat am schwedischen Vaterland? Niemals! Den einsamen, kranken und traurigen Vater im Stich lassen? Niemals! Ihre Entscheidung fiel unmittelbar und wurde sofort umgesetzt. Trotz der Proteste ihres Vaters hatte sie ihren Willen durchgesetzt. Denn wenn es von ihr abhinge, würde es dem Vater nie an Gesellschaft und Fürsorge mangeln.

Ihr Enthusiasmus hatte auch die beiden Bediensteten der Familie erfasst, die aufgrund des Unglücks von Vater und Tochter ihrer Herrschaft treu ergeben waren und nun mit ihr das Brot der Gastfreundschaft in fremden Häusern aßen: der Kammerdiener Sarström und die Kammerzofe Stille. Beide hatten unter Tränen darum gebeten, auf die beschwerliche Reise mitkommen zu dürfen und mit einer Stimme erklärt, dass es nichts ausmache, wenn sie nicht mehr so bezahlt werden könnten wie früher, wenn sie nur helfen könnten. Ihre Namen hätten daher einen Platz unter den vom Dichter verewigten sich aufopfernden Helfern verdient, wie die des alten Spelts und der Lotta Svärd[26].

Das Packen war schnell erledigt – es gab wirklich nicht viel zu packen, nur die nötigste Bekleidung, darunter natürlich das schöne Festkleid der jungen Dame mit den breiten Bändern vom Stift der Edelfrauen!

So wurde beschlossen, dass die junge Adelaide mit nach Russland, nach Sibirien, kommen sollte – dorthin, wohin das Schicksal diese Heimatlosen treiben würde.

*

Und wie ist es mit der fröhlichen Frau Hjärne, die so kurz davor war, ihren stolzen Mut zu verlieren? Der Weg zur Errettung war nun auch für sie frei. Vielleicht hatte ihre Freundin Helena ihr erzählt, warum Helenas Mann mit nach Russland wollte, so dass sich auch Frau Hjärne freiwillig meldete, um zusammen mit den königstreuen Schweden die Reise anzutreten. Sie verstand sicher auch, dass eine kurze, ihrer Meinung nach erträgliche Zeit in der Kriegsgefangenschaft sie – und ihren Mann und ihre Kinder – vor noch bittereren Emotionen in ihrem Heimatland bewahren würde. Denn der Märtyrerschein der Gefangenschaft würde die arglistigen Verdächtigungen zerstreuen und zeigen, dass sie kein besonderes Objekt russischen Wohlwollens war, geschweige denn Sach- oder Geldgeschenke von ihnen erhalten hat.

Es ist ziemlich sicher, dass sie sowohl sich selbst, als auch ihre kleinen Kinder für die Reise mit neuem Mut versehen hatte. Die Beziehung zwischen den Eheleuten war voller Liebe; dank ihrer furchtlosen Art konnte sie ihre gesamte künftige Reise nur als ein ungewöhnliches und völlig harmloses Abenteuer betrachten. Auch musste sie nicht auf alle Früchte ihrer Beteiligung an dem Verrat verzichten. „Verborgen ist nicht vergessen", und es war besser für sie und ihre Familie, wenn sie die Belohnung erst etwas später erhielte.

Wie dem auch sei – als sich die große Gefangenenkarawane am 18. Juli auf dem Markt in Helsinki einfand, waren unter ihnen auch zwei junge Frauen, Fräulein von Hauswolff und Frau Major Hjärne – letztere mit ihren beiden Kindern, einem Sohn und einer Tochter. In der Karawane befanden sich mehrere Offiziere der Garnison von Viapori und weitere, bei den Kämpfen im Norden gefangen genommene Offiziere. Unter ihnen war neben den Majoren von Hauswolff und Hjärne auch Oberst Bergenstråhle mit seinem Sohn als Adjutant, die beide bei dem erfolglosen Angriff auf Vaasa gefangen genommen wurden, Major Olivestam, die Hauptleute de Frese, Duriez, Wärnhjelm, Ljungberg, Aminoff etc., die Leutnante Elving, Wärnhjelm, Aminoff und viele andere, die aus den erfolglosen Tagen des Kampfes im harten Winter mehr oder weniger bekannt waren.

Für die junge Adelaide war die Anwesenheit von Frau Hjärne großer Trost und eine große Hilfe zugleich. Letztere hütete ein Geheimnis, das es ihr leicht machte, ihre fröhliche Einstellung beizubehalten. Ihre Mitgefangenen, Major von Hauswolff und seine Tochter, ahnten jedoch nicht, dass sie an ihrem eigenen Unglück und dem ihres Vaterlandes ihren Anteil hatte. Das Schicksal wollte es, dass Major Hjärne und seine Familie zur gleichen Zeit wie Major von Hauswolff und seine Tochter ins Exil gingen, sodass ein herzliches Band der Freundschaft zwischen den beiden jungen Frauen entstand; Adelaide von Hauswolff findet auf der Gefangenenreise nach Russland nur schöne Worte des Respekts und der Zuneigung für ihre Mitschwester.

Sowohl sie als auch ihr Vater fühlten sich dieser unverzagten, forschen und stets freundlichen und liebenswerten Dame zu Dank verpflichtet.

*

Fräulein von Hauswolff hatte eine Freundin, die sie auf ihre mädchenhafte Art sogar bewunderte und stets lobte. Es war das „gute" Fräulein Jeanette von Törne, ein Waisenmädchen, das von ihrem Onkel, Leutnant von Törne, in Porvoo aufgezogen wurde.

Die beiden jungen Mädchen führten einen regen Briefwechsel. So wie es junge Mädchen zu allen Zeiten getan haben, schrieben sie einander lange, und viele sowie – nach den Texten von Adelaide von Hauswolff zu urteilen – sicherlich lebendige und schöne Briefe, gefühlvoll und warmherzig im Stil der Zeit.

Angesichts der sehr langen Trennung aufgrund der Reise in die Gefangenschaft, voller Ungewissheit und eines unvorhersehbaren Endes wurde Jeanette von Törne von ihrer „lieben Freundin, ihrer Adelaide" versprochen, dass Adelaide die Ereignisse eines jeden Tages in ihrem Tagebuch niederschreiben würde. Briefe per Post würden zwangsläufig keine von beiden erreichen. Es würde Monate oder sogar Jahre dauern, bis sie sich wiedersehen.

*

Der Leser des Tagebuchs eines schwedischen Mädchens wird sich zweifelsohne fragen: Wie endete die Geschichte von ihr, ihrem Vater und ihren engsten Mitgefangenen?

Nach Friedensschluss kehrte Major Hjärne mit seiner Familie nach Finnland zurück. Es ist nicht bekannt, wie lange seine Frau ihre Beteiligung an der Intrige von Viapori vor ihm verheimlichen konnte, oder ob er jemals davon erfuhr. Sicher ist jedoch, dass er ein russischer Beamter in Finnland wurde. In dieser Arbeit war er erfolgreicher als in seiner militärischen Karriere: Er wurde zunächst Generalzolldirektor, dann Gouverneur, Geheimrat und letztlich russisch-finnischer Freiherr. Da er nie als besonders gescheit galt, könnte sein schneller Aufstieg auch auf die „große Begeisterung (seiner Frau) für das Reich" während der Belagerung von Viapori zurückzuführen sein.

Die Anerkennung Russlands wurde Frau Hjärne auch in anderer Form zuteil. Nach dem Tod ihres Mannes, und obwohl dieser nicht unmittelbar in russischen Diensten stand, erhielt sie 2.500 Silberrubel pro Jahr. Dadurch wurde ein bereits seit Jahren bestehender Verdacht erneut geweckt und bestätigt. Sowohl ihre Zeitgenossen als auch die Nachwelt waren sich einig in ihrem Urteil, dass „nichts getan werden konnte, um Frau Hjärnes Ruf zu retten".[27]

*

Major von Hauswolffs Sehnsucht, nach Schweden zurückzukehren, die er während seiner Gefangenschaft in Russland mitunter äußerte, erfüllte sich nie.

Nach seiner Rückkehr nach Finnland erfuhr er vom Urteil des Kriegsgerichts Tornio vom 11. Februar 1809, das sowohl Admiral Cronstedt als auch alle Mitglieder des Kriegsrats von Viapori wegen schweren Hochverrats zum Tode durch Enthauptung verurteilte. Die Tatsache, dass das Urteil – das zumindest für ihn selbst so ungerecht war – nach dem Sturz des Königs nicht unterzeichnet wurde, hat seine Verbitterung sicher nicht gemindert. Der Gedanke, nach Schweden zu ziehen und dort für sich und seine Familie ein Auskommen zu suchen, war von da an unmöglich.

Diese allerletzte Erfahrung schien Major von Hauswolff nicht glücklicher oder fröhlicher zu machen. Seine letzten Jahre verbrachte er in Helsinki, wo er 1840 starb. Seine Tochter als wahre und eigentliche Partnerin in seinem Leben hat ihn nie verlassen. Obwohl die Tochter jung, schön, gut und bei allen beliebt war, blieb sie unverheiratet. Sie sorgte für das Wohlbefinden ihres Vaters und wurde an seiner Seite in Frieden alt. Als die Zeit ihres Vaters abgelaufen war, verließ sie Helsinki. Aber auch dann ließ sie ihren Vater nicht lang allein.

Bereits zwei Jahre nach dem Tod des Vaters folgte ihm seine Tochter – am 15. November 1842 in Lilla Brevik in der Gemeinde Karjaa.

Tärna, Dezember 1911

Cecilia Bååth-Holmberg

237

ANLAGE 1.

Briefe von Gustaf Hjärne und Gustaf von Hauswolff an den Generalgouverneur von Finnland Fredrik Vilhelm von Buxhövden wegen einer Verlegung nach Wyborg.

Von Hjärne:

Auf Ersuchen Seiner Exzellenz, Generalleutnant Graf Kamenski, habe ich ihm schriftlich mein Ehrenwort gegeben, dass ich während des gegenwärtigen Krieges zwischen Russland und Schweden in keiner Weise gegen Russland oder seine Verbündeten dienen werde, weshalb es mir zunächst gestattet wurde, in Finnland zu bleiben; da ich aber jetzt als Kriegsgefangener nach Nowgorod verbracht worden bin, möchte ich Eure Exzellenz untertänigst bitten, entweder die von mir gegebene Zusicherung als unnötig zurückzugeben oder die Erlaubnis zu erhalten, in Wyborg zu bleiben.

Viele der Schwierigkeiten, die das Leben mit meiner Familie in einem Land mit sich bringt, dessen Sprache ich nicht spreche, sind der Grund, warum ich freiwillig nach Wyborg gehe, wo meine Familie und ich zumindest wegen meiner mangelnden Sprachkenntnisse nicht auf unsere grundlegendsten Bedürfnisse verzichten müssen.

Im Vertrauen auf die Güte und den gesunden Menschenverstand Eurer Exzellenz wage ich es, auf eine gnädige Antwort zu hoffen.

Mit tiefster Hochachtung habe ich die große Ehre als

Ihr bescheidener Diener Eurer Exzellenz zu verbleiben

Gustaf Hjärne
Major der Königlich Schwedischen Artillerie und Ritter der Königlichen Ritterschaft
Novgorod, den 03.09.1808

Von von Hauswolff:

Eure Exzellenz, die allen, auch einigen meiner Kameraden, Edelmut und Wohlwollen entgegenbringt, so dass einige nach Hause zurückkehren, und andere in Wyborg bleiben durften, bitte ich um die größte Gnade, dass wir mit meiner Tochter und der Dienerschaft unseren Wohnsitz von hier in Nowgorod nach Wyborg verlegen dürfen. Es wäre sehr unmäßig von mir zu leugnen, dass ich hier gut und mit aller Höflichkeit und Freundlichkeit aufgenommen werde, aber ich stütze mein Gesuch darauf, dass Eure Exzellenz der jungen Dame und mir erlauben würden, Wyborg vorzuziehen, wo Hauptmann Falk und Baron Rehbinder mit ihren Frauen von Eurer Exzellenz die Erlaubnis erhielten, zu bleiben – ein erheblicher Grund für mein Gesuch ist das Erfordernis des Zusammenlebens, das hier durch den Mangel an Sprachkenntnissen unmöglich ist, und umso mehr, als unsere Grundbedürfnisse aus diesem gleichen Grund teurer und schwieriger zu befriedigen sind, sogar in dem Maße, dass Lebensmittel schwer zu beschaffen sind.

In der Hoffnung, dass Eure Exzellenz unser Gesuch nicht missverstehen, erwarte ich eine wohlgesonnene und annehmbare Antwort, denn ich habe bereits meine unwiderrufliche Zusicherung geleistet, dass ich mich nicht fragwürdig äußern oder verhalten werde, und da ich von der Mutter meiner Tochter geschieden bin, wurde mir versprochen, dass wir in Hamina oder Wyborg bleiben könnten.

Mit tiefster Hochachtung habe ich die große Ehre als

Ihr bescheidener Diener Eurer Exzellenz zu verbleiben

Gustaf von Hauswolff
Major der Königlich Schwedischen Artillerie und Ritter der Königlichen Ritterschaft
Novgorod, den 03.09.1808

ANLAGE 2.

Zeitung *„Dagens Nyheter"*

30. Oktober 1883

NEUE INFORMATIONEN ZUR GESCHICHTE DER KAPITULATION VON VIAPORI

Die Ereignisse der Belagerung und Kapitulation von Viapori im Jahr 1808 sind jetzt endlich aufgeklärt.

Die geheimen Schritte zur Übergabe der Festung an die Russen waren zum Zeitpunkt der Ereignisse bereits zugange, aber es hat bisher keine endgültigen Beweise dafür gegeben. Im Artikel der Zeitschrift Valvoja [Observer] (1883, Nr. 7) „Anjalamies K. H. Klick Venäjällä" [Der Mann von Anjala – K. H. Klick in Russland] (1883, Nr. 7) veröffentlicht Prof. J. R. Danielson nun einen aufgefundenen Brief des Grafen Buxhövden, datiert Helsinki, den 6. Februar 1809 und adressiert an den stellvertretenden russischen Außenminister Graf Soltikow, der diese düsteren Umstände beleuchtet. Das Dokument ist in russischer Sprache abgefasst, und der Aufsatz von Herrn Danielson liegt in gedruckter Form vor, mit der beiliegenden finnischen Übersetzung. Wegen seiner großen Bedeutung erlauben wir uns, eine schwedische Übersetzung des gedruckten russischen Textes gemäß Helsingfors Dagblad zu veröffentlichen. Im Brief heißt es:

Hochwohlgeborener Graf Alexander Nikolajewitsch!

Während der Belagerung der Festung Viapori erwarb sich die Frau eines schwedischen Garnisonsoffiziers, Hauptmann Reuterskiöld im Regiment Adlercreutz, große Verdienste um unsere Sache, sowohl durch ihre eigenen Bemühungen, als auch durch den Einfluss auf ihren Ehemann. Der Mann war damals Kommandant der Festung Pikku Mustasaari. Darüber hinaus beeinflusste sie auch viele der Offiziere, die Admiral Cronstedt in seinen Kriegsrat berufen hatte. Ihr Einfluss auf die Kapitulation der Festung war nicht unerheblich, und sie setzte sich oft Gefahren aus, indem sie mit dessen Garnison die Verbindung hielt. Ihr außerordentlicher Eifer für das Kaiserreich wurde schon damals belohnt, und überall wurde ihr im Namen des Kaisers versprochen, dass der Kaiser als zusätzliche Belohnung für ihre Hingabe nach erfolgreichem Abschluss der Belagerung gnädig mit ihrer vielköpfigen Familie und ihren beengten Wohnverhältnissen umgehen und ihr weiterhin seine Unterstützung zusichern würde. Nach Einnahme der Festung Viapori und der Abordnung der gefangenen Offiziere nach Russland schenkte ich dem in Finnland verbliebenen Hauptmann Reuterskiöld besondere Aufmerksamkeit, da ich mich auf seine Prinzipien und sein Engagement für die Interessen des Reiches voll verlassen konnte; als er aber spürte, dass der Verdacht, den seine Kameraden im Kriegsrat bereits gegen ihn hegten, sich nur noch verdoppelte, bat er mich eindringlich, ihn den anderen nach Russland hinterher zu schicken.

Nun ist seine Frau zu mir gekommen und hat mir berichtet, dass sie aufgrund ihrer Scheidung und der extremen Armut sowie der Tatsache, dass sie von ehemaligen Bekannten und Verwandten gefangener finnischer Garnisonsoffiziere, die ihr früheres Leben kannten und sie hassten und verfolgten, im Stich gelassen wurde, auch bereit wäre, dieses Land zu verlassen und zu ihrem Mann zu ziehen, der sich, nachdem er den Kontakt zu seiner Heimat abgebrochen hatte, in der Stadt Kaluga aufhielt, wo er sich mit seiner Familie niederlassen wollte: (was die Ehefrau auch wollte), sobald sie sich Hoffnung machen konnte, durch die Liberalität des Herrschers die Mittel zu erhalten, um nach St. Petersburg zu reisen, wo sie auf ihren Mann zu warten und auch sich und ihre Familie zu versorgen gedenke. In Anbetracht der bedeutenden Verdienste, die sie sich um das Reich erworben hat, bitte ich Sie demütig, dies an Seine Majestät den Kaiser zu überreichen und die hochrangige Erlaubnis zu erteilen, dass Hauptmann Reuterskiöld von Kaluga nach St. Petersburg und seine Frau und Kinder von Helsinki nach St. Petersburg reisen können, von wo sie dann gemeinsam nach Kaluga reisen, und auch die Kosten der Reise auf die gnädigste Weise zu decken, welche Summe dem Ingenieur in der Festung Viapori, Generalmajor Schwanenbach – zu dem ich in dieser Hinsicht das größte Vertrauen habe – geschickt werden möge, damit er nach seinem Ermessen, ohne dass es jemand weiß, ihm dieses Geld so geben kann, dass es nicht den Unmut ihrer Landsleute erregt. Was die versprochene Belohnung anbelangt, die sie nach meiner vollen Überzeugung durch die von ihr geleisteten Dienste verdient hat, so würden Sie, Eure Hoheit, und Eure Majestät, meine Bitte in dieser Angelegenheit gnädigst anerkennen und Hauptmann Reuterskiöld und seiner Frau eine lebenslängliche Pension von 1.200–1.500 Rubel gewähren, die in Russland zu verwenden sei. In vortrefflicher Hochachtung möge unsere Ehre bewahrt werden.

Euer Ehren
Ihr bescheidener Diener
Graf Buxhöveden.
Gesendet aus der Stadt Helsinki am 6. Januar 1809.
An Seine Exzellenz Graf A. P. Soltikow.

Frau Reuterskiöld selbst hieß Helena Charlotte de Frese und war mit Major H. G. von Hauswolff verheiratet gewesen, bevor sie die Frau des damaligen Hauptmanns Carl Wilhelm Reuterskiöld wurde. Dieser wurde in Västmanland geboren und war der Sohn von Major Reuterskiöld. Er diente zunächst im Regiment Västmanland und dann im Regiment Stackelberg. Im Jahr 1804 wurde er Hauptmann im Regiment Adlercreutz der leichten Infanterie. Er lebte dann in Viapori, wo er zwischen 1800 und 1804 drei Töchter bekam. Nach der Unterwerfung Finnlands an Russland trat er bald in die russische Armee ein, zunächst als Major im Zweiten Finnischen Jägerregiment und dann als Inspektor im Kriegskommissariat; er wurde Oberstleutnant, Ritter des St.-Annen-Ordens und in das finnische Ritterhaus aufgenommen, womit er sein Vaterland für immer preisgab. Später wurde er noch zum Bataillonskommandeur und schließlich zum Direktor der Witwen- und Waisenstiftung der finnischen Armee berufen. Er starb im Jahr 1832 in der Provinz Turku. Seine Frau war bereits 1811 verstorben, kurz nachdem sie eine weitere Tochter zur Welt gebracht hatte.

QUELLENVERZEICHNIS

BÜCHER

Uola, Mikko 2013: „*Sarellit ja Oksaset. Pieni sukuhistoria. [Die Sarells und die Oksanens. Eine kleine Familiengeschichte.]*" Selbstverlag.

von Hauswolff, Adelaide 2007 (Hrsg. Margareta Marin): „*Journal hållen under resor i Ryssland då jag följde min far i hans fångenskap 1808 och 1809 [Tagebuch, geführt auf den Reisen in Russland, als ich meinen Vater 1808–1809 in seine Gefangenschaft begleitete.]*" Buchverlag Pontes, Lysekil.

UNVERÖFFENTLICHTE MASTER-ARBEIT

Pitkänen, Heidi 2020: *"Olen todellisuuden ja romantiikan välissä". Omaelämäkerrallisuuden muodot ja merkitykset Carl von Hauswolffin (1791–1843) muistelmakäsikirjoituksessa Länsi-Intiasta ja Etelä-Amerikan rannikolta.* Pro-gradutyö Turku 2020 [*Ich stehe zwischen Realität und Romantik".* Formen und Bedeutungen der Autobiographie in Carl von Hauswolffs (1791–1843) Memoiren von den Westindischen Inseln und der südamerikanischen Küste.] Masterarbeit, Universität Turku 2020. https://urn.fi/URN:NBN:fi-fe20201217101298

Verweise

[1] Der im norddeutschen Stralsund geborene Hans Gustaf von Hauswolff (1762–1840) amtierte zur Zeit der Belagerung von Viapori 1808 als Festungsmajor. Die Familie war 1689 in den Dienst des schwedischen Königs getreten und wurde um ihre Leistungen für den König geadelt. Gustaf schrieb über die Belagerung ein Tagebuch, *Journal öfver Sveaborgs Belägring, börjad från den dag första Skott lossades, den 15 Mars 1808 [Tagebuch der Belagerung von Suomenlinna, begonnen am Tag der Landung nach Abgabe des ersten Schusses, dem 15. März 1808]*, das detailliert und glaubhaft ist sowie eine wichtige Quelle zur Aufklärung der Kapitulation von Viapori darstellt. Das Tagebuch, das in der Königlichen Bibliothek von Stockholm aufbewahrt wird, hat Oskar Rancken E. G. Palmén im Historischen Archiv, in den Bänden VI und VII veröffentlicht. (Anm. d. Übers.)

[2] Cecilia Bååth-Holmberg (1857–1920) war eine belesene Frau, die unter anderem zur Volksbildung beitrug, indem sie mehrere Bücher, vor allem Biografien und verschiedene kulturhistorische Schriften, verfasste.

[3] Hierzu gibt es umfangreiche Literatur, siehe z. B. J. R. Danielson, *Finska kriget och Finlands krigare* [Der Finnland-Krieg und Finnlands Krieger], Helsinki 1897, S. 195; Allan Sandström, *Sveriges sista krig* [Schwedens letzter Krieg], Örebro 1994, S. 48; Herman Lindqvist, Historien om Sverige: *När riket spräng-des och Bernadotte blev kung* [Geschichte Schwedens: *Als das Reich in die Luft gesprengt wurde und Bernadotte König wurde]*, Stockholm 1998, S. 216. siehe auch Maila Talvio, *Linnoituksen iloiset rouvat* [Die lustigen Festungsweiber], Helsinki 1941; Martin Hårdstedt, *Suomen Sota [*Der Finnische Krieg], Helsinki 2007, S. 84–93; Vainio-Korhonen, Kirsi, *Sophie Creutzin aika. Aateliselämää 1700-luvun* Suomessa [Adelsleben in Finnland des 18. Jahrhunderts zu Zeiten von Sophie Creutz.], Helsinki 2008, S. 125–131, 138–149, 348–349.

[4] Mon Répos ist ein großer Park im englischen Stil, der 2–3 km vom Zentrum von Wyborg entfernt liegt und für Besucher stets geöffnet ist. Er wurde von Pjotr Aleksejevitš Stupišin dem Oberkommandierenden der Festung Wyborg bereits in den 1760er Jahren angelegt. Nach seinem Tode im Jahr 1782 wurde der Park vom Generalgouverneur von Altfinnland und Prinzen von Württemberg Friedrich Wilhelm übernommen, der dem Park den französischen Namen *Mon Répos* (Meine Ruhestätte) gab. Im Jahr 1788 wurde der deutschstämmige Baron Ludwig Heinrich von Nicolay, Sekretär von Friedrich Wilhelms Schwester, der Zarin Maria Fjodorowna, zum Eigentümer des Parks. In dieser Familie verblieb der Park bis zum Jahr 1943. „Erinnerst Du Dich an Monrepos?", 1955

von der Sängerin Annikki Tähti aufgenommen, ist einer der Evergreens finnischer Schlagermusik.

[5] Der Fluss Rajajoki bildete von 1323–1617die Grenze zwischen Schweden und Russland. Die Provinz Wyborg westlich des Flusses Rajajoki, war von 1812–1940 Teil des autonomen Großherzogtums Finnland und der unabhängigen Republik.

[6] Tauria ist der altgriechische Name für die Halbinsel Krim. Das Taurische Palais war früher als Schloss Potemkin bekannt. Marschall Potemkin gliederte die Halbinsel Krim, die von der Türkei unabhängig geworden war, im Jahr 1783 Russland an. Zur Belohnung schenkte ihm die Zarin Katharina II. bzw. Katharina die Große einen Palast in St. Petersburg.

[7] Major und königlicher Oberadjutant Jan Anders Jägerhorn (1757–1825) war einer der frühen Vorkämpfer für die Selbstständigkeit Finnlands. Im August 1788 übergab er das Liikkala-Memorandum des Anjala-Bunds an Kaiserin Katharina die Große, und musste noch im gleichen Jahr wegen seiner königsfeindlichen Aktivitäten nach Russland fliehen. Am 13. Oktober 1789 wurde er in Abwesenheit zum Tode verurteilt und büßte seinen Adelstitel und sein Vermögen ein. Einer der Unterzeichner des Memorandums, Oberst Johan Hästesko, wurde im September 1790 auf dem Marktplatz im Stockholmer Bezirk Östermalm enthauptet.

[8] Göran Magnus Sprengporten (1740–1819) war der Vater der ersten finnischen Kadettenschule und der erste, wenn auch nur kurzzeitige Generalgouverneur des autonomen Finnlands. Während des Krieges zwischen Schweden und Russland unter Gustav III. 1788–1790 lief Sprengporten auf die russische Seite über und kollaborierte mit den Männern des Anjala-Bundes.

[9] Henrik Gustaf Standertskjöld (geb. 1773) war der Cousin und zukünftige Ehemann von Adelaides Freundin Jeanette von Törne.

[10] Die religiösen und philosophischen Schriften des dänischen Theologen Kristian Bastholm waren zu jener Zeit beliebt.

[11] In der Gorschakoff-Fürstendynastie war dies vermutlich General Alexej Iwanowitsch (1769–1817), der u. a. Gouverneur der Region Wyborg und Kommandeur des Garnisonsregiments Wyborg war. Er kämpfte 1806–07 an der polnischen Front gegen Napoleon und wurde 1812 Kriegsminister.

[12] Die Schreiben befinden sich im Anhang 1

[13] Carl Olof Cronstedt (1756–1820) war ein finnlandschwedischer Vizeadmiral und in den Jahren 1801–1808 Kommandeur von Viapori (Suomenlinna). Cronstedt ist vor allem für den Sieg Schwedens in der zweiten Seeschlacht von Suomensalmi vor Kotka im Juli 1790 bekannt, eine der weltweit größten in Bezug auf die Anzahl der Schiffe und die Größe der Streitkräfte sowie die größte Seeschlacht in der Ostsee. Bekannt ist er auch für seine umstrittene Kapitulation vor den Russen in Viapori am 3. Mai 1808. Cronstedt wurde 1809 in Schweden zum Tode verurteilt, aber der Prozess wurde auf russischen Druck eingestellt.

[14] Die Quadrille ist ein alter Gesellschaftstanz, der vor allem im 18. Jahrhundert beliebt war. Zudem war die Quadrille auch der Name eines Kartenspiels.

[15] *Stiftstjärnan* war das Emblem der Stiftung (*stiftelse*) für unverheiratete adlige junge Frauen. Ziel der Stiftung war es, die finanzielle und sittliche Zukunft der Mädchen bis zu ihrer Heirat abzusichern. Der *„ Vadstena jungfrustift "* wurde 1738 (in Finnland 1817) offiziell gegründet, und die Stiftung ist noch immer dem Ritterhaus unterstellt.

[16] Dies war der letzte große Brand in Helsinki, bei dem ein Viertel der Stadt von 8000 Einwohnern zerstört wurde. Das Feuer brach aus, als der Diener des Kaufmanns Cadenius nach einem Abend mit einem russischen Soldaten eine Laterne unachtsam löschte.

[17] Leichter russischer Wagen oder Schlitten mit bespanntem Segeltuch über der Rückbank.

[18] Mitten im Krieg, als Finnland sich noch nicht von seinen Beziehungen zu Schweden gelöst hatte, hatte Kaiser Alexander – im Juni 1808 – eine Gruppe von Vertretern des finnischen Volkes nach St. Petersburg beordert, um mit ihnen über die Angelegenheiten des Landes zu sprechen. Dies geschah genau am Neujahrstag 1809, sehr zum Leidwesen aller Schwedenpatrioten, einschließlich Major von Hauswolff und seiner Tochter. Der Rat an den Kaiser lautete, so bald wie möglich den Reichstag nach Porvoo einzuberufen, der im März desselben Jahres stattfand, als Vater und Tochter gerade von ihrer langen Gefangenenreise in jener Stadt ankamen. Wie man weiß, erschien Kaiser Alexander selbst in Porvoo und verkündete dort in einer Proklamation, dass er das Großherzogtum Finnland übernommen hatte. Der Frieden mit Schweden war noch nicht geschlossen, und Finnland gehörte noch immer zu ihrem Heimatland! (Fußnote von Cecilia Bååth-Holmberg in ihrem Buch „En svensk flickas dagbok" [Tagebuch eines schwedischen Mädchens], S. 238).

[19] Die Eremitage ist eines der berühmtesten Museen der Welt. Rund eine Million Objekte sind in verschiedenen Gebäuden ausgestellt, von denen der Winterpalast der eindrucksvollste ist. Der Winterpalast war die Residenz der Zarenfamilie in St. Petersburg.

[20] Es ist nicht sicher, welche Kirche Adelaide hier gesehen hat. Möglicherweise handelt es sich um die Vorgängerin der St. Isaakskirche, da mit dem Bau der St. Isaakskirche erst 1818 begonnen wurde.

[21] Die Statue des „Ehernen Reiters" von Peter dem Großen ist eines der Symbole und eine der beliebtesten Sehenswürdigkeiten der Stadt St. Petersburg. Sie wurde von Étienne-Maurice Falconet in Bronze gegossen und 1782 fertiggestellt.

[22] Für Peter den Ersten von Katharina der Zweiten

[23] Der Marmorpalast war ursprünglich ein Geschenk Katharinas an ihren Geliebten Grigori Orlow. Der Palast ist aus mehreren verschiedenen Marmorsteinen erbaut und ein Meisterwerk des Architekten Antonio Rinaldi. Heute ist es Teil des Russischen Museums und beherbergt eine große Sammlung moderner Kunst.

[24] Die Männer von Anjala bildeten den so genannten Anjala-Bund, eine Verschwörung von 113 finnischen und schwedischen Offizieren gegen König Gustav III. im unpopulären schwedisch-russischen Krieg von 1788-1790

[25] Schon seit hundert Jahren wird die Schuld oder Unschuld von Admiral Cronstedt untersucht und diskutiert; von vielen Seiten wurde versucht, ihn zum Märtyrer zu machen, teils aufgrund ungünstiger Umstände, teils aus Verbitterung. Aber diese Diskussionen müssen angesichts der überwältigenden und eindeutigen Beweise, die 1905–1907 in „Les relations diplomatiques de la Russie et de la France, publ. par le grand duc Nicolas Mikhaëlowitsch, utförligt relaterade i Historisk Tidskrift 1908" [Die diplomatischen Beziehungen Russlands und Frankreichs, hrsg. von Großherzog Nikolaus Michailowitsch, ausführlich dargelegt im Historischen Journal 1908], zum Schweigen gebracht werden.

[26] Anspielung auf die Gedichte in Johan Ludvig Runebergs „Fänrik Ståls sägner" [Erzählungen von Fähnrich Stål], den Kriegsknecht und Lotta Svärd.

[27] Siehe. J. R. Danielson, *Finska kriget och Finlands krigare* [Der Finnische Krieg und seine Krieger], S. 198.

In Finnland und Russland zu Beginn des 19. Jahrhunderts gebräuchliche Masseinheiten:
1 schwed. Meile ≙ ca. 10 km | 1 russ. Meile ≙ 7 Werst ≙ ca. 7.468 m | 1 Werst ≙ ca. 1.077 m (bis 1835)
1 Arschin (Elle) ≙ 28 Zoll ≙ ca. 71 cm | ¼ Elle ≙ 7 Zoll ≙ ca. 17,75 cm
1 Pud ≙ 40 Pfund ≙ ca. 16,39 kg | 1 Pfund ≙ ca. 410 g
https://de.wikipedia.org/wiki/Alte_Masse_und_Gewichte_(Russland)